小谷野敦のカスタマーレビュー

2002〜2012

小谷野敦

アルファベータ

私は実名で書く - 序文

これは、書籍、ＤＶＤなどのみならず、日用雑貨から電化製品まで売っているネット通信販売「アマゾン」で、だいたい書籍とＤＶＤについて書いたレヴューを集めたものである。私など、先日、近くの店でインスタントのカプチーノがなくなってしまったので、アマゾンで買ったくらいである。

そのアマゾンには「カスタマーレビュー」という、本来は商品を買った者がそれをレビューするという欄がある。そこで私は多くの本やＤＶＤのレビューを書いてきた。初めは、匿名のものも書いたが、途中から実名にした。特に深い考えがあって始めたものではないが、初めて書いたのは二〇〇二年くらいだったろうか。だとしたら十年くらい書き続けてきたわけである。

私は文筆家なので、プロである。プロは本当は、タダで文章を書いてはいけないのである。しかし、根が学者なので、学者というのは学術雑誌にタダで論文を書き、学会ではタダで発表をする。その根性で書いていたともいえるし、何も考えていなかったとも言える。だが、途中からは、意図的に、実名で、かつ無償で書くようになった。一つには、まだブログというものが発達しておらず、初期には、自分の意見を自由に発表できなかったから、というのがある。活字媒体は、昔からその傾向はあったが、二十一世紀になって、インターネットが発達してから、悪口はネットに任せろとばかり、書物や映画について、褒めるものしか載せなくなったと言っても過言ではない。だから、そのことへの対抗策として、ネットに書くということを始めたのである。ただし、二〇〇七年にブログを始めてからは、むしろ意識的に、人目につくことを意図して、アマゾンに書いている。

酷評が多い。ざっと見渡してみると、世評の高い映画を酷評していることが多く、それだけ映画評論の世界が腐敗していること、及び、鑑賞者の眼も衰えている、つまり愚民化していることを示していると思う。ただ、書籍にせよ映画にせよ、否定的に書くのは、なるべく、世評が高いものに限ることにしている。賞をとったりしたものがひどかった場合は、特に酷評になっている。それは当然のことで、世間から見捨てられているようなものは、私だってわざわざ観たり読んだりしないし、そんなものを酷評する意味がないからである。

例外はあって、学者が書いた学問的な書物で、私の専門領域に近いものは、しかるべき学問的論評を加えている。それが批判的なものであった場合、私はなるべく、著者本人にそれが伝わるようにしている。中にはネット上で論争になることもあり、手紙を出しても梨のつぶてのものも多い。『現代文学論争』(筑摩選書)で書いたような、『こゝろ』論争とか『春琴抄』論争のようなものは、今では活字媒体で行われることがあまりなくなってしまった。ネット上で出来るからだが、同時に、頭を低くして、通り過ぎるのを待つような、まあいわば遁走するタイプの学者が多い。

ところで、学問的可否と、映画や小説の価値判断とは、まったく別のものである。アリストテレスから、二十世紀の文学理論にいたるまで、藝術‐文学作品の普遍的価値基準を探ろうとした人は多いが、結局は無理であった。ある程度まで、その作品を自分がいいと思う理由、悪いと思う理由を述べることはできるが、最終的には、個々人の好みとか、それまでの読書体験とか人生体験から来る傾向を越えることは出来ない。

だが、アマゾンの他の人のレビューを見ていて、感心するようなレビュアーもいれば、その一点の悪口を言うために登録したようなのもいる。中で気になるのは、多量の小説のレビューを書いていながら、それが現代の、片々たる通俗作家の作品であったりするケースにままぶつかることである。果してこういう人は、古典的な小説をどの程度読んでいるのか、と不安になる。さすがに、個人の好みだとは言っても、多く読み、多く観て、勉強している人のレビューのほうが、信頼が置ける、程度のことはある。ただ、映画評論家の類が信用できないのは、映画会社のひも付きだからでもあり、小説家や評論家もまた、出版社のひも付きであったり、書評する本の書き手と知り合いだったりしたら、やはり信用できない。かといって、文筆専業の人の場合、あまり好き勝手に酷評をしていたら、仕事がなくなる。出版社だって映画会社だって、褒めてくれる評論家を求めているからである。そういう事情は、文学史や音楽史、演劇史を見ても昔からのことで、御用評論家とかちょうちん持ち評論家というのは、昔からいた。ただ、演劇史やオペラ史によく出てくる、敵である劇作家、作曲家の作品の初演に、野次や罵声を飛ばして妨害するというようなことは、今では文明化が進んでなくなった。しかしその結果、たとえば文藝雑誌の書評欄は、仲間による刊行祝辞みたいなものばかりになってしまった。

さらにまた、ネット上には罵詈雑言・誹謗中傷があふれているので、一般人がひどく丁寧化して、「好きな作家さんは」などと言い、作家名に「宮部みゆきさん」などと敬称をつけることが増えてきた。気持ち悪いのである。「好きな作家は司馬遼太郎」でいいのであって、ある種の勘違いと、丁寧にしておけば問題ないだろうという、ことなかれ主義が感じられる。

私が学生の頃、いわば初めてのアニメブームが起きていて、アニメ雑誌も五誌くらいあったと思うが、私が愛読していたのは、やや異端的な『アニメック』で、これは大資本がついた『アニメージュ』などとは雰囲気が違って面白かった。その中で、読者が、「一生懸命作っているアニメをけなすのはひどい」と書いたのに対して、編集部だったか、プロなのだから、一所懸命に作ったとかいうことは関係ないです、と書いていた。これで、若かった私は目からウロコが落ちたのだが、「作家さん」などと言っている人たちは、この「一所懸命作ったんだから」と言う者と同じような感覚でいる気がする。

さて、一方、アマゾンレビューは、昔はなかったのだが、ある時から、コメントがつけられるようになり、私も酷評したりすると、匿名の卑怯者が罵倒コメントなどをするようになった。西洋のアマゾンでは、レビューも実名が推奨され、実名であることを証明した者はしかるべき印がつくようになっているが、日本ではそうはなっていない。いくらか、日本文化のダメなところと言えるかもしれない。

私自身の著作なども、あれこれ書かれて、これではずいぶん不快な思いをしたものである。そもそも、アマゾンは販売をする場所なのだから、そこで批評をするのは、書店で批判的な文章がポップになって立っているようなものだ。お前も書いてるじゃないか、と言うやつがいるが、だから私は実名で書いていて、いつでも著者などから苦情は受け付けることにしている。しかし、大方は匿名である連中には苦情の持ち込みようがない。天下の悪法・個人情報保護法とプロバイダー責任制限法の下で、匿名の卑怯者は言いたい放題である。私は、コメントで反論するのはもちろん、明らかに誹謗中傷に類するものはアマゾンに苦情を言って削除させてきた。しかしアマゾンは、苦情を言うと、ガイドラインに抵触しているので削除した、などと言うのだが、実は私がレビューを書きこんでも、載らないことがある。おおむね、点数が一点だと載らないことが多い時期があって、その当座は、ミクシィのほうに書いたりしていたが、最近は一点でも載ることが多い。

だがアマゾンは、苦情申し立ての窓口というのを、著者用には設けておらず、私は「カスタマーサービス」というところから、「その他」を選んでメールを出すしかないのである。誠実な対応とは言えず、私は何度も、レビューを載せる基準、削除の基準などについて話し合いをしたい、と言ったのだが、応じない。電話をしても、レビュー掲載の担当者につないではくれない。私はそういう点で、日本のアマゾンをいい企業だとは思っていない。

匿名でも、それなりに納得する批判ならもちろんいいのだが、ちっとも具体的な指摘はせずに、間違いだらけ、とするものがある。私がコメントして、具体的に書いてくれ、と言ってもたいていは梨のつぶてである。アマゾンレビューは、コメントがつくと報せる機能もあるが、それを選択しないこともあるから、それはいいとして、どうもアマゾン側で、具体的な指摘をすると載せないという選択をするという噂もある。がしかし、理系の書物などへの批判では、具体的で詳細で長いものが載っていることもあって、羨ましくさえ感じる。

最近は小説も出すようになったが、私は「つまらない」というレビューには、反論したことはない。先に述べたとおり、それはやむをえないし反論も出来ないからである。ただ、そのレビューを書いた人の、ほかのレビューを見ると、通俗小説とか漫画のレビューばかりだったりすることがあって、これにはげんなりする。ふだん娯楽小説を読んでばかりいる人が、純文学小説を読んで、わけが分からないと言われても、それじゃあなたは田山花袋とか近松秋江とか島尾敏雄とか読んでそういうことを言っているのかと問いたくなる。

「逆襲」されたことといえば、作家の絲山秋子がいる。これは、『本の雑誌』二〇一〇年三月号の、豊崎由美との対談なのだが、絲山が、私がアマゾンレビューで石川淳の『紫苑物語』に「誹謗中傷」めいたことを書いている、と口火を切っている。当該レビューについては、本文を参照されたい。明らかに作品のことを言っているのに「誹謗中傷」とは大げさな話で、石川淳は、漢文・フランス語が出来るから尊敬されているが、本当にその小説は面白いのか、というのは、かねて言われていたことで、かつて呉智英が言い、しかし本当にも面白い、と結論づけたことがあり（『別冊宝島　現代文学で遊ぶ本』一九九〇）、金井美恵子は、石川が死んだあと、はじめに褒めてくれたのが石川淳だから今まで言わなかったけど、石川淳って面白くないのよね、と座談会で発言していた。それを踏まえてのことで、事実誤認はない。以下も批評として正当なもので、異論があるならあるでよろしい。しかし、文学作品に対する批判・批評を「誹謗中傷」と呼ぶ感覚は、最近しばしば見かけるが、プロの口から出ると、プロでもこういうおかしな意識を持っているのかと思って怖い。

さて次に絲山自身の『海の仙人』のアマゾンレビューだが、これは引用しておく。「「ファンタジー」などという得体の知れない存在が登場するあたり、川上弘美の亜流でしかない。芥川賞受賞作に比べると、そういうものを導入した時点で、作者の独自性は損なわれており、とうてい評価できない」。

絲山は、芥川賞受賞作「沖で待つ」のほうがあとなのに、こういう風に書くのは作為を感じると言っているのだが、なに、単にこちらのほうを後で読んだまでで、作為など何もない。あとさきと言っても僅々二年で、特に変なところはない。どうもこの対談は、もどかしい。文藝雑誌の書評というのが、仲間による褒め書評しか載らなくなって、それこそ参考にならなくなっているわけで、活字媒体全体にそうなのに、そちらを問題にしないで、本当のところが分かることの多いアマゾンレビューを問題にしているのが、分からない。絓山はその頃、作家は批判されても泣き寝入りだと言い、『本の雑誌』に、作家からの反論というのを載せていたが、今どき、反論があればブログですればいいのであって、泣き寝入りしているとしたら泣き寝入りしたいからだとしか思えないのだ。

さらに豊崎は私を「ご自分も作家なのに」と言っていて、まあ私などは「自称作家」なのでありがたいが、芥川賞候補になっても、『文學界』以外の文藝雑誌でその単行本を書評されたこともない「文壇外弱小作家」である。それはそうと、自分も作家だと、他人の作品を褒めなければいけないかのような物言いは奇妙で、それこそ吉岡栄一の『文芸時評』(彩流社)が言う通り、石川淳の「朝日新聞」での文藝時評以来、褒め書評しか載らなくなったとか、そういう状況への甘えも見てとれないでもない。実際には、作家が批評をすることだってあるわけだ。もっともこの「作家」というのは、物書きという意味かもしれないが、それでも分からない。

それと、豊崎が、自分のしているのは弱いものいじめか、と自問しているが、これは簡単なことだと思う。『紫苑物語』は「古典」であり、講談社文芸文庫に入っている。『海の仙人』は藝術選奨新人賞受賞作である。そういった作品は、むしろより厳しく見られるべきものである。たとえば、無名の新人の作品など、必要もないのにわざわざ引きずり出して読んでけなす、といったことをしたら弱い者いじめっぽいが(まあ『文學界』の「新人小説月評」は、芥川賞候補になりうる作品の評なので仕方ないとして)、私はそういうことをしているわけではない。ただ、自費出版とかで、変すぎておかしい、といった時にはレビューを書いたりする。

だいたい、私のレビューなどというのは、売れ行きにさしたる影響を与えない。現に豊崎由美があれほど渡辺淳一を、それこそ「誹謗中傷」していても、ちゃんと売れているのだ。書評というのは、受け取る側の不快を引き起こすし、匿名批判は許されないものだが、売れ行きに影響しないのである。それと、豊崎由美のような批評家が、こうして作家とあまり親しくすると、その作家について「正直」にはなれないのではないか、という懸念がある。

さてその後、絲山ではなく豊崎と、ツイッター上でやりとりする機会があり、豊崎は、「ファンタジー」（これは生き物のようだ）のような存在は、川上弘美以前の作品にも出てきた、と言うので、具体的に何でしょうかと問うと、それこそファンタジーの中とか、と言うので、純文学でやったのはありますか、またファンタジーというのは具体的にどんな作品ですか、と問うたら、以後この件については沈黙してしまった。

あるいは、おかしなレビューを実名で書いている者がいて、調べたらM大学の教授だったので、これは五、六年前のことで、私も当時独身で血気盛んだったから、直接電話したら、明らかに白ばっくれて、「同姓同名じゃないですか」などと言っていたということもあった。

そういうことをへて、二〇一一年から、私は、基本的に匿名の人間とは議論をしないことにした。私以外に、文筆家がアマゾンレビューを実名で書いている例は見かけたことがない、というに近いので、私はよほどの変わり者なのだろうが、これはむろん、アマゾンレビューに限らず、匿名で批判的なことを書く者たちと、それを道徳的に問題があると思わない日本社会との、戦いの一環なのである。

『投書狂グレアム・グリーン』（クリストファー・ホートリー編、新井潤美訳、晶文社、二〇〇一）という本がある。二十世紀英国の大作家グリーンが、あちこちの新聞、雑誌に投書したものを集めたものだ。

グリーンが現代の作家だったら、私と同じようなことをしたかもしれない。
そのアマゾンレビューをまとめて一冊にしたらどうか、ということで、出来たのがこの本である。ほか、ミクシィのレビュー欄に書いたものもあわせた。

小谷野敦

小谷野敦のカスタマーレビュー（二〇〇二～二〇一二年）

凡例

書名、映画名

赤目四十八瀧心中未遂
監督：荒戸源次郎
出演：大西滝次郎、寺島しのぶ
ジェネオン・ユニバーサル／二〇〇五年
おすすめ度：★☆☆☆☆
（二〇〇五年五月十二日）

出版社、DVDメーカー（映画制作会社ではない）

発行年（制作・公開年ではない）

★が多いほど高い評価
満点は5つ。0はない。

このレビューが書かれた日
（読んだ日、観た日ではない）

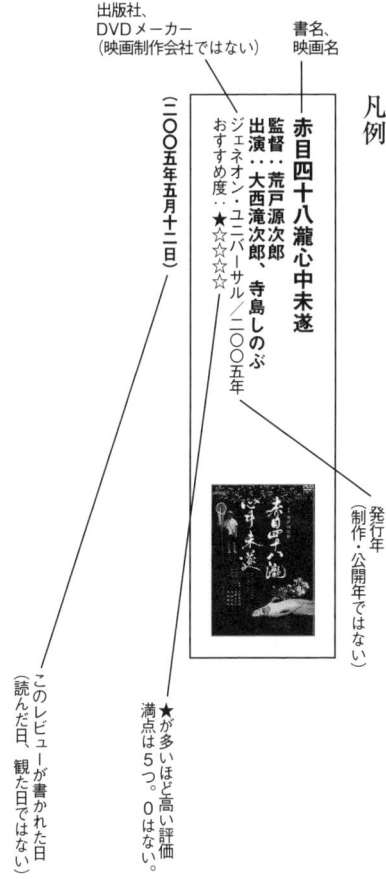

精神科医を精神分析する
佐藤幹夫
洋泉社／二〇〇二年
おすすめ度：★★★★☆

精神分析は科学ではない（二〇〇二年八月十八日）

否定的な書評が多いので、あえて書く。かつて岸田秀は、心理学者の説明がつまらないと言い、呉智英は、宮城音弥を俎上にあげて、常識で分かる程度のことを言っているだけだと論評した。本書もその系譜に連なる、通俗精神科医批判である。精神分析というのは、厳密な意味では科学とは言えない。ユング心理学や森田療法は一種のカルトである。臨床心理学もまた、とうてい有効に機能しているとは言えない。その困難は中井久夫が書いているとおりである。佐藤は、いくぶん基本的知識において粗雑だし、日本語の間違いも見られるが、町沢静夫、斎藤学、福島章といった「マスコミ精神科医」たちの杜撰なレッテル貼りやイデオロギー性を叩いている。インテリにとって彼らが「インチキ」であるのは当たり前かもしれないが、彼らがテレビを観る大衆だけでなく、書を読むような読書階層にも人気があることを考えれば、本書には十分な意義があると思う。中井久夫の文業を指針とする著者の感覚は誤っていない(※)。フロイトやアドラーの「説明」が非科学的であることは、ポパーが夙に指摘した通りだが、現代日本ではポパーは過小評価されている。宮台真司のような社会学者による「事件」の「説明」もまたポパーの批判を免れないが、それが若者の支持を得ている現状においては、著者にはさらに研鑽を積んで、宮台、香山リカ、河合隼雄といった大物に挑んでもらいたいと思う。

(※) その後、私個人の中井に対する評価は下がった。

嬉遊曲、鳴りやまず 斎藤秀雄の生涯
中丸美繪
新潮社／二〇〇二年
おすすめ度：★★★★★

堂々たる傑作評伝（二〇〇二年九月九日）

日本エッセイストクラブ賞受賞作だが、もう一つくらいノンフィクション賞をとってもおかしくない、堂々たる傑作評伝である。小澤征爾、藤原真理、山本直純のような日本を代表する音楽家を育てた斎藤秀雄の評伝だが、その父で明治期の英語学者だった斎藤秀三郎の、学問の鬼ともいうべき生活ぶりの描写から引き込まれ、その血を引いた秀雄の、全霊を音楽に捧げた生涯が骨太に描かれてゆく。手紙が来ても差出人を見れば中味は分かるといって開封しなかったといった秀三郎のエピソード、美男子だった秀雄のドイツ人女性との結婚と破綻、美貌の歌手田中路子との艶聞など興趣は尽きない。偉大な人物は多く変人でもあり、秀雄もまた周囲と軋轢が絶えない人だったとか、レッスン中に煙草を手放さなかったといったり、全編に人間臭さが漂う。と同時に、民主主義は偉才を育てえないのではないかという疑問も抱かせる。必読の書である。

花の脇役
関容子
新潮社／二〇〇二年
おすすめ度：★★★★★

名著が廉価で手に入る幸せ（二〇〇二年九月十二日）

「歌舞伎が好きだ」という人ならぜひ一読すべき本である。マスコミは、主役を演じるいわゆる御曹司にばかり目を向けるが、関のこの本を始めとする「脇役」ものは、当代随一の歌舞伎芸談の書き手による、脇役たちの物語。けれどベテランである関の文章には、変な力が入っていない。「一見さんお断り」みたいなところもない。普通に歌舞伎の好きな人なら、楽しく読める。なかでも、御曹司中村勘九郎の舞台稽古を見たあと、中村屋の番頭格、中村助五郎の稽古を見ずに帰っていく松竹社長永山武臣が助五郎に「きみがうまいのはわかってるから」と言う場面など、鮮やかである。これを読めば筋書きの見方も変わるだろう。こんな名著が文庫版で読めるのは、幸せである。

西欧の植民地喪失と日本
オランダ領東インドの消滅と日本軍抑留所
ルディ・カウスブルック　近藤紀子（訳）
草思社／一九九八年
おすすめ度：★★★★★

「朝日新聞」の姿勢（二〇〇二年九月二十日）

日本軍がアジア諸国を侵略したといった類の「反省」は日本のメディアに頻繁に現れるのに、英国やオランダが行ったことはほとんど問題にされない。そしてひたすら、英国人やオランダ人が、太平洋戦争中、日本軍の捕虜になって苦しんだといった記述ばかりが現れる。その最たる場が「朝日新聞」である。

しかしオランダ人であり、抑留経験もあるカウスブルックは、多くのオランダ人が、日本の侵攻によって結果的に東インド（インドネシア）を独立させられたことに怨みを抱き、黄色人種でありながら白人に逆らうなどというのは生意気だと思っている、と指弾する。しかしこれほど重要な本を「朝日」は書評に取り上げようとせず、アジアのみならず英国やオランダに対してさえ、ひたすら、日本の「反省・謝罪」が足りないと言い募るのだから、「自虐」と呼ばれても仕方あるまい。ようやく、日英同盟百年を期に、木畑洋一氏による英国の帝国主義への批判が載ったのが救いである。戦勝国の行為も指弾されなければならないという当然の立場に「朝日」が立ち返ることを期待したい。

自伝の世紀
佐伯彰一
講談社／二〇〇一年
おすすめ度：★★★★★

ゴシップの楽しみ（二〇〇二年十月九日）

硬いタイトルのせいで、この本の面白さが伝わらないのではないかと思う。確かに理論的な考察もあるのだが、全体としては西洋の文学者などの自伝を論じつつ、これがまことに興趣尽きないゴシップ集になっている。佐伯節とも言うべき独特の軽味のある文章で、俎上にあげられた人々の俗物性やら恋愛遍歴やらが語られて、読み始めると不思議とやめられない。いや、理論的な部分など飛ばして読んだほうがいいかもしれない。

二〇〇三年

娼婦と近世社会

曽根ひろみ
吉川弘文館／二〇〇二年
おすすめ度：★★★☆☆

歯痒い（二〇〇三年四月三十日）

近世の売買春を美化しようとする一部の傾向に対して、その実態を捉えようとする専門の歴史学者の試みとして、全体の趣旨には賛同できる。「熊野比丘尼」や「藝者」の章は、実証史学の成果として評価できる。だが、疑問点も少なしとしない。たとえば遊女への蔑視が近世後期からだとするのは、網野善彦、服藤早苗らの、中世以来という説に大きく背反するもので、しかるべき反論を必要とするだろう。また西鶴等文藝作品の読みも、第一に読者層の範囲が十分に考慮されておらず、近代以降の評価に寄りかかりすぎている。近世文藝の女性たちが恋に積極的なのは類型であり、かつそれは「男が恋に狂うのは恥ずかしい」とする武士的、男尊女卑的感性から来ていることを踏まえるべきであろう。また宇佐美ミサ子『宿場と飯盛女』もしかるべく参照してほしかったと思う。参考文献が少なく、古すぎる。今後に期待したい。

文士と姦通

川西政明
集英社／二〇〇二年
おすすめ度：★★★☆☆

読者対象は？（二〇〇三年五月六日）

評価が難しい本である。後のほうの、有島・志賀・藤村・漱石の話は、文学愛好者なら既知のことで、一般読者向けの啓蒙的意味しかない。逆に前のほうは、もっと詳しく書いて欲しいところがたくさんある。著者が妙に抽象的な議論を展開するのが不満である。もっと好奇心むきだしで書いて欲しかった。

また石坂洋次郎の『麦死なず』事件について書くべきだったろう。読者対象が絞りきれていないという印象を持った。

レーニン

レフ・トロツキー　松田道雄（訳）
中央公論新社／二〇〇一年
おすすめ度：★☆☆☆☆

新訳を出すべきである（二〇〇三年五月十二日）

こういう本を出版していいのだろうか、と言わざるをえない。これは四十年前に故松田道雄が訳出したものの文庫版だが、本書に付せられた森田成也氏の「注記」によれば、これは「かなり珍妙で、とんでもない誤訳を多数含んでいる」英訳からの重訳であり、森田氏はそのいくつかを挙げているのだが、読者が読ませられるのはそのとんでもない英訳の翻訳なのである。ならば森田氏なりが新訳を出すのが良心的な出版というものではないか。しかもこの本は、森田氏の注記のあとに「解説」がついているのだが、ページ上方には森田氏の「注記」のサブタイトルが表示されている。中央公論社というのは、こんな出版社ではなかったはずだ。

肉体不平等　ひとはなぜ美しくなりたいのか？
石井政之
平凡社／二〇〇三年
おすすめ度：★★★☆☆

盲点（二〇〇三年五月二十九日）

ちょっと驚いたのは、この著者が、「スポーツで体を鍛える」ということが誰にでもできると思っていることだ。人には運動神経のあるなしというものがあるのだから、いかに十代であってもダメな者はダメ。美にこだわるあまり、高校一年で柔道初段になったという著者は、運動神経には目が行き届かなかったらしい。若い男がもてる第一の要因は、スポーツが得意、ということではないかと私などは思う。

期間限定の思想　「おじさん」的思考〈2〉
内田樹
晶文社／二〇〇二年
おすすめ度：★★★☆☆

読んでも内田樹にはなれない（二〇〇三年五月二十九日）

なるほど内田樹はいい。だが、内田樹を読んだからといって内田樹になれるわけではない。内田樹を真似して女子大生に説教しても、内田樹のような甘いマスクと合気道で鍛えた体と人柄の魅力を持ち合わせない者は、受け入れられないだろう。かつさまざまな個別事例において内田樹のように対応するには内田樹と同じ能力を要求される。つまり内田樹を読んでも「正しいおじさん」にはなれるかもしれないが、内田樹のように女子大生に受け入れられるとは限らない。要するに説教というのは、何を言うかではなくて誰が言うかが問題なのだ。

秋霖譜
森有礼とその妻
森本貞子
東京書籍／二〇〇三年
おすすめ度：★★★★★

謎は解かれた！（二〇〇三年七月二十八日）

明治初期、「妻妾論」を発表して日本における女性の地位の低さを訴え、自ら「契約結婚」を実施した初代文部大臣森有礼は、なぜその妻・広瀬常と離婚したのか。このことは長らくまったくの謎とされ、常が外国人の子を産んだなどという風説さえあった。だが本書は、小説形式を取りながらも、常の実家・広瀬家が養子とした重雄が、自由民権運動の一環である静岡事件で、森の恩人である伊藤博文の暗殺を企てて捕えられたことが離縁の原因であることを明らかにした。憲法発布の日に森を暗殺した西野文太郎が、皇祖崇拝の黒住教徒であったことも。快著である。

二〇〇五年

下妻物語
監督：中島哲也
出演：深田恭子、土屋アンナ
東宝／二〇〇四年
おすすめ度：★★☆☆☆

（二〇〇五年三月二日）

なんか、世間で騒いでいる割には大した映画じゃなかった。「キューティーハニー」を観ていたから、すぐに、あこういう映画ね、と分かってしまったし、筋はありきたり。

だいたい常総鉄道を「電車」と言っていたが、あれは電車ではない。ディーゼルカーである。私は子供のころその線路でよく遊んだものだ。

泳ぐのに、安全でも適切でもありません
江国香織
集英社／二〇〇五年
おすすめ度：★★☆☆☆

（二〇〇五年三月五日）

最初の表題作はまあまあだけど、先へ進むとどんどんつまらなくなっていきます。山本周五郎賞受賞作。

中世ヨーロッパの歌
ピーター・ドロンケ　高田康成（訳）
水声社／二〇〇四年
おすすめ度：★★★★☆

（二〇〇五年三月十八日）

「恋愛、十二世紀の発明」などということを、未だに言う人がいる。しかし、一九六七年に初版が出た本書によって、十二世紀南仏のトゥルバドゥール以前に、さらに東洋にも、似たような発想からなる恋の歌が存在したことは証明されていた。遅すぎた翻訳と言えようが、「十二世紀の発明」説を未だに信じている人々は本書を読むべきである。

ただし「ばらの騎士」のマルシャリンなどと書いてあるのは「元帥夫人」だし、不適切な訳語が散見されるので四点。

池袋・母子餓死日記
覚え書き
公人の友社（編）
公人の友社／一九九六年
おすすめ度：★★☆☆☆

（二〇〇五年四月二十三日）

内容については、アマゾンあたりの紹介文に譲るとして、そもそもこの日記を翻刻、刊行した編集責任者が誰であるか、まったく分からない。わずか二ページのまえがきに、妙にお説教じみた文章が並んでいて、この母子が行政に救済を求めたのか、議論することに何の意味があるでしょうか、とか、小ざかしい議論やエゴイスティックなナンタラを何する前にこの事実をなんたら、と書いてあるのだが、そもそもこの母子がなぜこういう状況に立ち至ったのかは、まったく分からない。そしてそんな状態で出版した責任者の名すら分からない。もしプライヴァシーゆえに詳しいことが書けないというなら、そのことを断るべきである。かつ、新聞報道、雑誌記事等を示しておくこともできる。
書物の出し方として、納得がいかない。

感じない男
森岡正博
筑摩書房／二〇〇五年
おすすめ度：★★☆☆☆

（二〇〇五年四月二十六日）

著者は、渡辺淳一の『男というもの』を、男はこうあるべきだと決め付けていると批判しているが、どうもこの著者にも、自分の感じ方を「男はこうだ」と決め付けるところがある。たとえば、男はなぜミニスカートが好きなのか、女性に訊いてみると「脚がよく見えるからじゃない？」と答えるが、男は、パンツが見えるかもしれないから好きなのだ、と言う。私は男だが、初めて知った。制服についても、同じ。もちろん、射精の後の虚脱感は分かる。だが、生身の女より制服のほうがいい、少女のほうがいい、となると、それは「変態」である。そして、男の性は後天的に身に付けられるものだ、と書いて「野生児の研究」を引き合いに出すのだが、一般に「狼に育てられた少年」などとされている野生児は、単に知能発達に障害のある子供が親に捨てられただけではないかというのが、最近の定説ではないかと思う。
なんか変な本である。

赤目四十八瀧心中未遂
監督：荒戸源次郎
出演：大西滝次郎、寺島しのぶ
ジェネオン・ユニバーサル／二〇〇五年
おすすめ度：★☆☆☆☆

（二〇〇五年五月十二日）

素材、および寺島しのぶを生かすことのできなかった失敗作。大阪のドヤ街の薄汚さはまるで表現されていないし、寺島もまた下層の女とは思えないほど清潔感が漂ってしまうのは、脚本と監督の責任である。「折を見て」なんて、下層の女の言葉遣いではない。しかも主役の男の演技たるや素人並で、大学卒の男が下層の女に惹かれていく心理はまったく表現されず。

誰も知らない
監督：是枝裕和
出演：柳楽優弥、北浦愛
ジェネオン・ユニバーサル／二〇〇五年
おすすめ度：★☆☆☆☆

（二〇〇五年五月十五日）

こういうふうに撮れれば褒められる、というのがみえみえである。西洋で評価されたからといって日本でまで追従することはあるまい。カンヌでグランプリをとった「地獄門」を日本では評価しなかった往年の映画評論家たちの見識というのはないのか。

ビッグ・フィッシュ
監督：ティム・バートン　出演：ユアン・マクレガー、アルバート・フィニー
ソニー・ピクチャーズ／二〇〇三年
おすすめ度：★★★★☆

（二〇〇五年五月二十三日）

最近のアメリカのほのぼのものにはうんざりしていたが、これは割りにいいのでは。私の好きなヘレナ・ボナム＝カーターが、いつ出てくるのかと思っていたら最後のほうで出てきてからがくんと映画の格まで上がった気がした。さすが大女優。ヴェトナム人のふざけた描き方がなかったらもっと評価されたかも。

まあ、実は妻一筋だった、ってところは、なんかアメリカの保守派にうけそうだけど（あ、最初のほうでヘレナは魔女役で出るのね。見落とした）。

チルソクの夏
監督：佐々部清
出演：水谷妃里、上野樹里
角川エンタテインメント／二〇〇四年
おすすめ度：★★☆☆☆

（二〇〇五年六月四日）

最近はやりの「軽スポ根」と「純愛」を組み合わせた、実に甘ったるい低能映画で、こんなものがキネマ旬報ベストテンに入るのは、映画評論家の七〇年代へのノスタルジーでしかあるまい。

一点を除いて、仲良し四人組とか、日韓の壁とか、お定まりにお定まりを重ねていて、会話のやりとりに二箇所おかしなところはあるし、まるで他人の惚気を聞かされたような気分。これで金とるな、である。

一点だけ良かったのは、流しのお父さん。それがなければ星一つだ。

イルマーレ
監督：イ・ヒョンスン
出演：チョン・ジヒョン、イ・ジョンジェ
松竹／二〇〇四年
おすすめ度：★★★★☆

（二〇〇五年七月三日）

チョン・ジヒョンが美しい。ファンタジーのいい映画である。

最後の場面はいつのことだ。男が交通事故で死んだためにイルマーレが空いてチョン・ジヒョンが入居してくるんじゃないのか？　とするともし死ななかったら、ああいう場面はありえないだろう。これは岩井俊二の「ラブレター」にインスパイアされてそれをSFにしたんだな。

血と骨
監督：崔洋一
出演：ビートたけし、鈴木京香
ポニーキャニオン／二〇〇五年
おすすめ度：★★☆☆☆

（二〇〇五年七月六日）

こういう話だろうなあ、と思って観たらやっぱりそういう話だったというのはやはりまずいだろう。原作は読んでいないが、こういう話だという噂は聞いていて、たけしが主演だと聞いてこういう話だと思っていたら、やっぱり大阪へ来た朝鮮人の乱暴親父の生涯の話で、意外性というものがまるでない。

隠し剣　鬼の爪
監督：山田洋次
出演：永瀬正敏、松たか子
松竹／二〇〇五年
おすすめ度：★★☆☆☆

（二〇〇五年七月二十日）

途中までは、なんだ「たそがれ清兵衛」の二番煎じか、と思う。家老を殺すところで、一転する。だが、松たか子と一緒に行くところで、やっぱりダメである。このラストさえなければ四点である。伏線で松たか子がいてもいいのだが、いざ訪ねてみると嫁入った後で、郎党一人連れて旅立ってゆく、というのが、正しく人間の真実を写した作品だろう。山田洋次だってそのことは分かっているはずなのに、俗情に媚びたのである。ドン・キホーテ的な男は女の支持を必要とするらしい。「ラ・マンチャの男」のように。あれも松たか子だ。

父、帰る
監督：アンドレイ・ズビャギンツェフ　出演：コンスタンチン・ラヴロネンコ、ウラジーミル・ガーリン
角川書店／二〇〇五年
おすすめ度：★☆☆☆☆

（二〇〇五年七月二十三日）

ああ退屈だった。まるで往年の日本自然主義小説のつまらないやつと、志賀直哉のつまらないやつをくっつけてタルコフスキー風に撮ったみたい。

こういう父親は、今どき日本にはあまりいないからね。それとも映画評論家連は、こういう父親を持った人ばかりなのだろうか（キネマ旬報海外3位）。

日本梅毒史の研究
医療・社会・国家
福田真人、鈴木則子
思文閣出版／二〇〇五年
おすすめ度：★★★☆☆

（二〇〇五年七月二十四日）

鈴木則子の論文一本を読んだところである。徳川期の医学書を手がかりに梅毒観を探った好論文ではある。ただ、徳川前期は遊廓が文化的洗練を見せていたからさほど恥ずべき病ではなかったが、後期、そうではなくなった、という結論は、前期の史料自体が限られているため疑わしいが、徳川期日本人がおおらかに性を楽しんでいたわけではないというのはその通りである。ただどうも鈴木氏は粗忽で、人名の間違いがやたら多く、「山崎暗斎」「保科政之」「荻野美保」といった具合（それぞれ闇斎、正之、美穂）。人名に無頓着な人というのがいるらしい。

プッチーニ：
歌劇《トゥーランドット》
指揮：ジェイムズ・レヴァイン
ユニバーサル・クラシックス／二〇〇三年
おすすめ度：★★★★★

（二〇〇五年八月十日）

絶世の美女の話なのに、トゥーランドットが美しくない上演も少なからず。その中でエヴァ・マルトンのトゥーランドット姫は美しい。ゼッフィレッリの演出もさすが。と言うかゼッフィレッリが美しくないトゥーランドットを演出するはずもなし。一九八三年、マゼル指揮での演出を、八七年、レヴァインが指揮したもの。未見の方はぜひ。

理由
監督：大林宣彦
出演：岸部一徳、久本雅美
アスミック／二〇〇五年
おすすめ度：★★☆☆☆

（二〇〇五年八月二十五日）

原作に欠陥があることは、既に指摘したことがある（『軟弱者の言い分』）。欠陥というより、作者の主題そのものに、異議がある。映画でも、その欠陥は引き継がれている。それどころか、全体に拡大されている。たとえば、観ていて「オレオレ詐欺」を思い出す。なぜそんなものに引っかかるのか、不思議である。「庶民の愚かさ」というものだ。この映画にも、庶民の愚かさが満ち満ちている。それは見栄のための高級マンション購入だったりするが、ほかにも、もっと早く警察や弁護士に相談していれば良かったのに、といった疑問を感じてならない。なかんずく、殺人の動機について、大林宣彦もまた理解しているようである。だが、この動機は私には理解できず、ただ犯人は精神異常者だったと考えるほかない。原作者も監督も、そうではない、と強調しようとする。しかしムリである。

庶民の生活にさまざまな不合理があることは分かる。だが、それを伝えるやり方において、原作も映画も失敗している。

翼のはえた指
評伝安川加寿子
青柳いづみこ
白水社／一九九九年
おすすめ度：★★★☆☆

（二〇〇五年八月二十六日）

よくも悪くも普通の評伝である。ピアニストしての閲歴が並べられていくだけで、特におもしろいというわけではない。

レクイエム
「ああ此の涙をいかにせむ」
作曲：古関裕而　歌：藍川由美、斉藤京子
コロムビアミュージック／一九九七年
おすすめ度：★★★★★

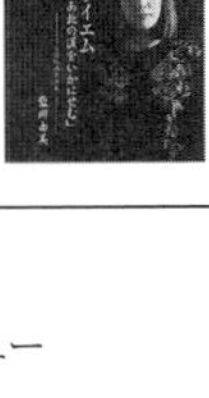

（二〇〇五年八月三十一日）

藍川由美のCDはすぐに廃盤になってしまう。これもそうだが、ようやく入手した。たとえ忌まわしい歌詞の軍歌や戦時歌謡でも、曲として優れているものは優れている。藍川の歌唱力と斎藤京子の力強い伴奏がマッチした、是非再発売してほしいCDである。

僕の彼女を紹介します
監督：クァク・ジョエン
出演：チョン・ジヒョン、チャン・ヒョク
ワーナー・ホーム・ビデオ／二〇〇五年
おすすめ度：★★☆☆☆

（二〇〇五年九月四日）

名画とされる「第三の男」だが、監督キャロル・リードの前年の「落ちた偶像」を観ると、リードは元来こういう作風で、「第三の男」が偶然仕上がりが良かっただけだということが分かる。同様にこの映画を観ると「猟奇的な彼女」が例外的な秀作だったことが分かる。チョン・ジヒョンのプロモーション映画とでも思えばいいが、シナリオが実にくだらん。特に後半部はひどい。「冬ソナ」みたいなものである。

生物から見た世界
ユクスキュル、クリサート
日高敏隆、羽田節子（訳）
岩波書店／二〇〇五年
おすすめ度：★★★★☆

（二〇〇五年九月十五日）

もう二十四年ほど前、ある雑誌で「記号論」の読書案内の中に、この本（思索社版）があった。面白そうな気もしたし、古本屋で見かけたこともあるのだが、なんだか難しいことが書いてありそうで敬遠していた。今度文庫に入ったので読んでみたら、挿絵入りの楽しい本だった。中味は題名どおり。原書が一九三四年で、一九四二年に日本語訳が出ていたという古典。最初のほうに「すべからく」の誤用があるから一点マイナス。

でも、癒される本です。

電磁波は〈無害〉なのか
ケータイ化社会の言語政治学
菊池久一
せりか書房／二〇〇五年
おすすめ度：★★★★☆

（二〇〇五年十月十六日）

タバコの害が必要以上に声高に叫ばれる一方、携帯電話などの電磁波の害はほとんど語られることがない。携帯が普及しはじめた九〇年代半ばから、睡眠導入剤の処方が増えてきたのは偶然なのか？　あることがらについては語られ、あることがらについては語られない、その政治的構造を論じたもの。ただし全体としては「言語政治学」の理論的考察に充てられているが、せめてこの序文程度の文章でさえ、新聞に載らないものか。

父と暮らせば
監督：黒木和雄
出演：宮沢りえ、原田芳雄
バンダイビジュアル／二〇〇五年
おすすめ度：★☆☆☆☆

（二〇〇五年十月十八日）

舞台はまだましだった。映画にする必然性が感じられない。現代日本では、原爆を扱うと批評家の評価がそれだけでアップする。日本では誰でも安心して批判できるもの、それが原爆だ。

阿修羅城の瞳
監督：滝田洋二郎
出演：市川染五郎（七代目）、宮沢りえ
松竹ホームビデオ／二〇〇五年
おすすめ度：★☆☆☆☆

（二〇〇五年十二月十一日）

鶴屋南北が出てくるのだが、役者から「師匠」とか呼ばれて、まるで劇団の主宰者作家みたいだ。当時の座付き作者というのは地位が低く、いちばん偉いのは座頭、ついで看板役者、座付き作者が看板役者に威張ったりしない。山田風太郎の『八犬伝』を読んでもそれは分かる。それに「首が飛んでも動いてみせるわ」って「四谷怪談」の原作にはないセリフだし、「四谷怪談」は南北七十一歳の作で、いくらファンタジーだからといって実在の人物を出すならちゃんと考証してほしい。それを除いてもどうってことはない作。

二〇〇六年

ミリオンダラー・ベイビー
監督：クリント・イーストウッド　出演：クリント・イーストウッド、ヒラリー・スワンク
ポニーキャニオン／二〇〇五年
おすすめ度：★☆☆☆☆

（二〇〇六年一月十八日）
暗きゃ名作って考え方は、まるで往年の自然主義だ。ボクシングなんて帝政ローマ時代の見世物並みの野蛮なシロモノだから廃止しろ、って話ならいいんだが、そこまで言ってないだろう。神父は言いたかったかもしれないが。

古文書の面白さ
北小路健
新潮社／一九八四年
おすすめ度：★★★★★

復刊希望（二〇〇六年二月一日）
日本エッセイストクラブ賞受賞作ながら、忘れられた名著である。題名のために、古文書入門と勘違いされているのではないか。
これは一人の在野の国文学者の激動の半生史であり、足立巻一の『やちまた』に匹敵する名著である。買わなければ損である。

晶子とシャネル
山田登世子
勁草書房／二〇〇六年
おすすめ度：★★☆☆☆

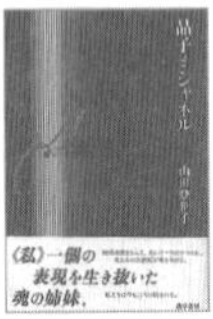

晶子の評論は弱い（二〇〇六年三月五日）
こんな題だが、全体としては与謝野晶子論である。晶子短歌に関する評はおもしろい。ただ、田山花袋『蒲団』がベストセラーになった、とあるのは間違いである。そもそもそんな単行本は出ていない。
次に、短歌に比べると晶子の評論は良くないと著者は述べているが、後半に入ると、その良くない評論を評価し始めてしまう。母性保護論争における晶子は、自分が超人的能力の持ち主であることを度外視して、同じことが誰にでもできるとする過ちを犯した。だが著者は、「母性保護論」が過去のものとなった今云々と晶子を評価する。いったい母性保護論がどうして過去のものなのか、理解できない。少子化対策で政府はどんどん母性保護を進めているというのに。

遊女歌舞伎

高野敏夫
河出書房新社／二〇〇五年
おすすめ度：★★☆☆☆

(二〇〇六年三月五日)

あかん。遊女歌舞伎は研究が乏しいので期待して読んだが、やはり史料そのものが少ない。

しかも売春は男性支配社会が生み出しただの、遊女の巫女的性格だのと、従来の遊女論の悪いところを両方兼ね備えていて、始末におえない。

ハウルの動く城

監督：宮崎駿
ブエナ・ビスタ／二〇〇五年
おすすめ度：★★★☆☆

(二〇〇六年三月二十日)

うーんラストに盛り上がりがなかった。それまでは泣くくらい良かったんだけど。ラストは千尋の勝ちだな。

たばこ・ストレス・性格のどれが健康を害するか

ハンス・J・アイゼンク
清水義治、永島克彦、水沼寛(訳)
星和書店／一九九三年　おすすめ度：★★★★★

(二〇〇六年三月二十三日)

喫煙よりもストレスや性格のほうが健康を害する要因だと説いた本。九三年にはこんな本もちゃんと邦訳して出せたんですね。

シベリアの理髪師

監督：ニキータ・ミハルコフ　出演：オレグ・メンシコフ、リチャード・ハリス
東宝／二〇〇一年
おすすめ度：★★★★★

最近のミハルコフでは最高 (二〇〇六年三月二十六日)

実に大時代で派手やかなロマンスが堪能できる。サービスたっぷり、最近のミハルコフ作品のなかでは最高だと思う。中でも、ジュリア・オーモンドがちょっと崩れた感じ、ろうたけた熟女風の魅力を醸し出しているところがいいのである。

中国近世の性愛　耽美と逸楽の王国
呉存存　鈴木博（訳）
青土社／二〇〇五年
おすすめ度：★★★★★

充実の一冊（二〇〇六年四月十三日）

明清代の性愛ということで、一夫多妻制、男色など中身は充実している。特に男色については、日本独自の風習のような誤解もあるので、本書でその誤解は解けるだろう。なおp22に出てくるオーストリアの騎士「エーリク」は、正しくはウルリッヒ（フォン・リヒテンシュタイン）だろう。

源氏と日本国王
岡野友彦
講談社／二〇〇三年
おすすめ度：★★★☆☆

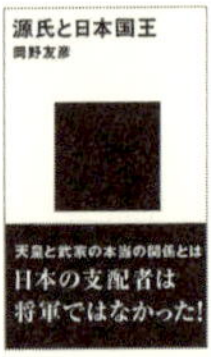

（二〇〇六年四月十九日）

困った。途中まで、目からウロコのすごい本だと思っていた。前から気になっていた徳川将軍の「源氏長者」という称号の由来は分かったし、村上源氏の久我家の意味とかも分かった。未だに、源頼朝が源氏長者だったと書いている人もいるのだから、貴重である。とはいえ、おかしな推測も多い。養子に入っても氏は変わらないと言いつつ、豊臣秀吉の氏は平氏→藤原氏→豊臣氏と変わってその間苗字は羽柴だったと書いてあるし（ホントかね）、源氏長者が日本国王だと大風呂敷を広げるし、しかし天皇は皇帝でもあったから、当然王より上なのだが、そのへん曖昧だし。

ヴァギナの文化史
イェルト・ドレント　塩崎香織（訳）
作品社／二〇〇五年
おすすめ度：★★★☆☆

周知の事柄が多いが（二〇〇六年四月二十日）

読んでいて、題名に偽りあり、ではないかと思ったが、これは日本語題で、原題は『世界の起源――ヴァギナの科学とフィクション』である。ヴァギナを中心とした性科学に、日本を含む世界各国の古典から現代文学に至る引用が織り交ぜてある。

「ヴァギナの言語学」はあまり日本人には興味が沸かず、「ヴァギナの解剖学」「オルガスムの生理学」「処女をめぐる…」「フロイトと…」「生殖…」「クリトリス切除」などは、これまで類書を読んできた人にとってはほぼ周知の事柄であまり面白くない。面白くなるのは「バイブレーターの歴史」「ヴァギナの匂い」あたりからだろう。

驚いたのは、ヴァギナ・デンタタに触れたところで、それがフェラチオの際の不安から来ているという説が出てこないことで、博識の著者も金関丈夫は読んでいなかったのか。あるいは金関の独創的見解なのだろうか。翻訳はこの種のものとしては優れている。もっとも黒木香が出てくるところで「ポルノスター」とあり、「AV女優」と訳さなかったのは著者が女性で黒木をよく知らなかったからだろうか。売れているようだが、世が世なら検察が摘発しそうな女性器の絵ならず写真も豊富に載っているせいもあろう。とはいえ、性に関心のある人は一種の事典として備えておく価値はある。しかしなぜオランダはこういう国になったのだろう。

やおい小説論
女性のためのエロス表現
永久保陽子
専修大学出版局／二〇〇五年
おすすめ度：★★★☆☆

粗密が激しい（二〇〇六年四月二十三日）

具体的な作品を引用して論証する箇所が、まるで引用を楽しんでいるようにくどくて詳細なのに、それ以外の箇所は論証もなしに書かれていたりする。上野千鶴子が直感的に書いた文章は論証もされず引用され、やおいの読者がヘテロセクシャルの女性であると何の文学社会学的実証もなく書いてあり、男はレズビアン・ポルノを好むと、それがどの程度広く受け入れられているか論証せずに言っている（さして多くはないだろう）。結論として、やおいはヘテロセクシャルなテクストだとしているが、前半部の結論が「ジェンダー・ロールから自由な」であるのに対し、エロ場面の分析で覆されたという構成になっている。だが、それならなぜレズビアン小説ではないのかを先に説明すべきだろう。あとで検討されてはいるが、ここはやはり女の同性愛恐怖を勘案すべきだったろう。概して上出来とは言いがたい。しかし、エロ小説に関して博士論文が書かれたこと自体、画期的なことだとは言えるだろう。

江戸の恋
「粋」と「艶気」に生きる
田中優子
集英社新書／二〇〇二年
おすすめ度：★☆☆☆☆

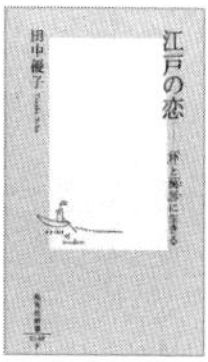

駄本（二〇〇六年四月二十八日）

とっくに絶版になったと思っていたら、まだ生きていたのであえて書く。遊廓の恋を礼讃するなら、ソープランドへ行く現代の男も礼讃してもらいたいものである。ヌード写真はなぜ女性一人の裸なのか、と書いてあるが、本来のポルノグラフィーは男女交合写真である。碌に現代の性風俗を知らない著者が（といって徳川時代のこともよく知らないらしい）ひたすら近世を美化した江戸幻想本（詳細は拙著『中庸、ときどきラディカル』に書いた）

東ゴート興亡史
東西ローマのはざまにて
松谷健二
中公文庫BIBLIO／二〇〇三年
おすすめ度：★★★★★

おもしろい（二〇〇六年五月四日）

よく知らない外国の歴史もの、久しぶりである。西ローマ帝国がオドアケルに滅ぼされ、その後を東ゴートが継いだが、ほどなく東ローマに滅ぼされた。大王テオデリックを中心に、小説めいた書きぶりで、満足である。フェリックス・ダーンの『ローマの戦』も読んでみたくなった。

魔法使いの弟子
ロード・ダンセイニ　荒俣宏（訳）
ちくま文庫／一九九四年
おすすめ度：★★★★★

傑作の名訳（二〇〇六年五月十四日）

大学時代、ラヴクラフトやブラックウッドを読んで、意外に面白くないのに失望していた私に、級友がダンセイニを勧めてくれた。当時すでにこの翻訳は出ていたのだが、たまたま、それから二十年も読まずにうち過ぎた。

しかし、ファンタジー小説の傑作である。翻訳がうまい。ややこしい構文も見事に読みやすく訳してある。さすが団精二の筆名も持つ荒俣宏である。原題は「掃除女の影」だが、十六世紀イスパニアを舞台に、まるで『ハウルの動く城』の原作のように見えるが、そうではなくて「ハウル」の原作がダンセイニの影響を受けているのだ。

魔法使いに弟子入りして錬金術を教えてもらおうとした領主の息子が、代償として譲り渡した影を取り戻す話だが、その影のしまわれた箱を開ける呪文が漢字三つであるために読めず苦労する、というあたりは、漢字が読めてそれがだいたいどんな音か分かる日本人には、ひときわ面白く感じられるだろう。

日露戦争
もうひとつの「物語」
長山靖生
新潮社／二〇〇四年
おすすめ度：★★★☆☆

（二〇〇六年五月五日）

日露戦争百年記念刊行。新聞による情報合戦を描いて好著。ただし「命題」の誤用が三箇所、それから「防人歌は防人が作った」（161項）というのは間違いで、あれも宮廷貴族が防人のふりをして歌ったものだから、ちょっと減点。

ピノッキオの冒険 DVD-BOX

監督：ルイジ・コメンチーニ
ビデオメーカー／二〇〇三年
おすすめ度：★★★★★

（二〇〇六年五月十七日）

小学六年生の一九七四年にＮＨＫで放送していた『ピノッキオの冒険』がＤＶＤになっているのを知って衝動買い。

いや〜良かった。記憶していた以上のクオリティ。ジェペット爺さんが妙に若々しいと思って調べたら、当時五十一歳。妖精役はジーナ・ロロブリジーダ、当時四十五歳だが、なかなかの美しさ。

一番いいのは、人形ピノッキオが動くのとか、サメやマグロの作り物だった。あとは音楽。

メゾン・ド・ヒミコ

監督：犬童一心
出演：オダギリジョー、柴咲コウ
角川書店／二〇〇六年
おすすめ度：★★☆☆☆

（二〇〇六年五月二十日）

「ジョゼと虎と魚たち」で芸術選奨新人賞、二年後に本作で同文部大臣賞と、スピード出世している犬童一心の「優等生映画」。こう作ればヒットして評価もされるということが分かって作っているのが見え見えである。ウェルメイドと評するには、藝術的に見えるようにしてあってあざとい。

デブだと思って採用した女子がけっこうかわいかったという些細なエピソードだけを評価して二点である。

児童性愛者 ペドファイル

ヤコブ・ビリング　中田和子（訳）
解放出版社／二〇〇四年
おすすめ度：★★☆☆☆

疑問である（二〇〇六年五月二十一日）

第一に、著者を含め、人々が児童性愛者に向ける視線が、かつて同性愛者に向けられたものとそっくりであること。

むろん人は、同性愛は合意のもとの行為だが児童性愛はそうではないと言うだろう。だが、十二、三歳を越えた者は未開社会では十分セックスの対象でありうるし、光源氏が若紫と結ばれた時は数えで14歳、つまり13歳くらいだった。

日本では、性交合意年齢は十三歳とされ、それ未満の者とのセックスは合意のあるなしを問わず違法であるが、児童買春禁止法ではそれが十八歳にまで引き上げられている。しかし現民法では女子は十六歳で結婚可能である。結婚によるセックスにおいて合意を示せる年齢でありながら買春において合意を示せないというのは、法的に不整合ではないか。

著者も訳者も解説の梁石日も、児童性愛が、同性愛はもちろん、他の「変態」つまりＳＭなどと同列に論じられないことを「合意がある」ことによって説明しているが、訳者はまた、「対等な関係であること」を付け加えている。ならば売買春はすべて対等な関係とは言えないだろうし、世の多くの成人男女のセックスが、対等であるとも考えられない。

十八歳以上で売春をしたりＡＶに出演する女が、正常な判断力を持っているとは限らない。事実、知能が低い者たちがいる。あるいは「バカ」で、のちのち後悔する者もいる。児童性愛をめぐっては、こういった根源的な問いが問われないまま、「世間では悪いことになっているらしいから、糾弾する側に回ろう」という雰囲気だけができあがっている。それは恐ろしいことである。

いつか読書する日（映画）
監督：緒方明
出演：田中裕子、岸部一徳
アミューズソフトエンタテインメント／二〇〇六年
おすすめ度：★★★★☆

（二〇〇六年五月二十五日）

前半は文句なしの傑作だが、後半がドラマティックに過ぎる。岸部一徳がいい人なのは前半で十分分かったからダメ押しをしなくていいのである。私ならもっとバナールなラストにするが、それが緒方―青木流だから仕方あるまい。

とはいえ前半の、不如意を抱えた庶民の暮らしぶりの描写は、適切なシナリオに演出、映画でなければできない表現に溢れていてすばらしい。店長と結婚できなさそうな女の子はどうなるんだろう。

リンダリンダリンダ
監督：山下敦弘
出演：ペ・ドゥナ、前田亜季
バップ／二〇〇六年
おすすめ度：★☆☆☆☆

死ぬほど退屈（二〇〇六年五月三十日）

高校生が集まって何かやるという、まるでオナニーを覚えたサルのような同巧異曲の映画の一つをキネ旬六位に入れる映画評論家の顔が見てみたい。女優がかわいいとか、それだけか？

素顔の私を見つめて…
監督：山下敦弘
出演：ペ・ドゥナ、前田亜季
ソニー・ピクチャーズ／二〇〇六年
おすすめ度：★★★☆☆

（二〇〇六年六月八日）

うーん。暇つぶしにはいい映画。「ジョイ・ラック・クラブ」と似ていて、アメリカのシナ人社会を描いて、レズビアンとか高齢未婚の母とかシリアスな問題を扱っているのに、女優がみな美人で裕福でコメディタッチなので娯楽作品にしかなっていない。「オール・アバウト・マイ・マザー」が気持ち悪くて藝術なのに対して、こちらは気持ちいい分非藝術である。

しかしリン・チェンは好みだ。

マグダラのマリア
エロスとアガペーの聖女
岡田温司
中央公論新社／二〇〇五年
おすすめ度：★★★★

（二〇〇六年六月十二日）

『ダ・ヴィンチ・コード』のおかげでにわかベストセラー。それはともかく、聖書に出てくるマグダラのマリアは「罪の女」とは別人だというのが現代聖書学の定説である。だがキリスト教社会では同一と見なされてきた。日本で、遊女は聖なるものだったという怪しい説が現れたのも、マリア伝説の影響によるだろう。

それにしても、数多く挿入されるマリアの図版はエロティックだったりコケティッシュだったりして美しい。残念ながら日本にはこれほどのレヴェルの女性美の表現は生まれなかった。

愛についてのキンゼイ・レポート
監督：ビル・コンドン
出演：リーアム・ニーソン、ローラ・リニー
松竹／二〇〇六年
おすすめ度：★★★★★

（二〇〇六年六月十三日）

映画としての出来はともかく、こういう人がいたことを知るために多くの人に観て欲しい映画である。日本では未だに性行動に関するキンゼイ並みの調査研究はない。妻役のローラ・リニーがとてもステキだった。

宿場と飯盛女
宇佐美ミサ子
同成社／二〇〇〇年
おすすめ度：★★★★★

飯盛女研究の頂点（二〇〇六年六月十五日）

吉原遊女に関する興味本位の本は多いが、各宿駅にいた娼婦としての飯盛女については、五十嵐富夫『飯盛女』くらいしか研究書がなかった。本書は、それを超えて、宿場の周囲の若者たちが遊びにうつつを抜かすことを憂えて娼婦の取締りを願い出る者たち、具体的な飯盛女の生涯などを追った、遊女幻想に陥らない優れた研究である。

古代への情熱
シュリーマン自伝
シュリーマン　村田数之亮（訳）
岩波文庫／一九七六年
おすすめ度：★☆☆☆☆

嘘つきシュリーマン（二〇〇六年六月二十二日）

現在までの研究で、このシュリーマン自伝は嘘八百であることが明らかになっている。シュリーマンは成金で、それまで四十六歳になるまで考古学になど何の興味もなく、それまでの研究成果を利用して莫大な金をつぎこみ、自分の業績を宣伝しまくったのである。詳細はツァンガー『甦るトロイア戦争』やトレイル『シュリーマン—黄金と偽りのトロイ』に詳しい。

パリの女は産んでいる
〝恋愛大国フランス〟に子供が増えた理由
中島さおり
ポプラ社／二〇〇五年
おすすめ度：★☆☆☆☆

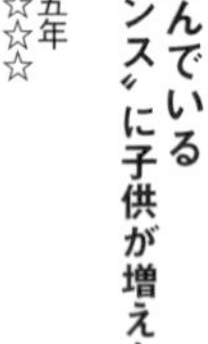

結論は出ている（二〇〇六年六月二十二日）

もう十年くらい前から、この手の日仏比較男女論は出ていて、雑誌などにもよく出るが、同性婚姻とか婚外子差別とか既に言われていることだし、たとえばパリと東京では仕事をするにも過密度や多忙度が違うから法整備だけではどうしようもないし、そもそもこの著者は、「もてない男女」問題が日本では大きいということを、フランス在住の美人にありがちなことだがまるで分かっていない。そしてフランスに限らず西洋では、カップル文化の圧力が強いために、日本人以上に妥協してカップルになるのだという結論も出ている。これまでこの手の本を読んだことのない人以外には何の新鮮味もない。四十代前半で「おばさん」扱いする日本、と著者は言うが、日本では三十代半ばの女が、四十代の男を「おじさん」扱いするということも知らないのか、知らないふりをしているのか。なぜ日本エッセイストクラブ賞なのか、疑問である。

ニワトリはハダシだ
監督：森崎東
出演：肘井美佳、浜上竜也
GPミュージアムソフト／二〇〇六年
おすすめ度：★★★☆☆

(二〇〇六年六月二十五日)

う〜ん、在日、知的障害、検察と警察とヤクザの癒着、などありがちだがまあ娯楽ものとしてはよろしいか。しかし日の丸があるからいじめがあるというのは変である。外国でもいじめはある。

主演の肘井美佳、こんなにステキなのになぜブレイクしないのか。石橋蓮司と岸部一徳がかっこいい。私もこんな五十代になりたいと思いました。あ、分かってない人がいるから書いておくが、サム君が記憶力がいいのは、知的障害によくあるイディオ・サヴァン症候群というやつである。

ALWAYS 三丁目の夕日
監督：山崎貴
出演：吉岡秀隆、堤真一
バップ／二〇〇六年
おすすめ度：★☆☆☆☆

(二〇〇六年七月三日)

何という安っぽく傷だらけのシナリオであろうか。脚本・監督の山崎なる者は、特殊技術は身につけていても映画作りにおいてはど素人であると言うほかない。こんな駄作を、読売グループの力で金ばらまいて名作に仕立ててしまうのだから、世の中は怖い。

天使の傷痕《しょうこん》
西村京太郎
講談社／一九七六年
おすすめ度：★★★★★

(二〇〇六年七月十四日)

うーん、いいなあ。某氏が「西村京太郎もあの頃は良かったのに」と言うので読んでみた。なるほどいい。社会派推理である。まあしかし売れなかったし、ブルートレインが売れたから、その後のことはしょうがない。ただ湯河原に西村京太郎記念館があって、なのにタクシーの運転手が谷崎潤一郎を知らないのは許せない。

うつうつひでお日記
吾妻ひでお
角川書店／二〇〇六年
おすすめ度：★☆☆☆☆

つまらないものはつまらない（二〇〇六年七月十八日）

いくら吾妻ひでおであっても、つまらないものはつまらない。

いかに言い訳しようとも、金とって人様に売るものではない。

褒めている連中に憎悪を感じるほどにつまらない。「マニア」以外には何の意味もない本である。字は小さくて読みづらいし。

わらの男
監督：ピエトロ・ジェルミ　出演：ピエトロ・ジェルミ、ルイザ・デッラ・ノーチェ
アイ・ヴィー・シー／二〇〇四年
おすすめ度：★★★☆☆

（二〇〇六年八月二日）

妻子ある男の浮気話、といえばつまらなそうだが、なんか独特の雰囲気がある。しかしこの題名は何かしら。「わらの女」とか「わらの犬」とか、西洋ではわらって何か含意があるのだろうか。

泳ぐひと
監督：フランク・ペリー　出演：バート・ランカスター、ジャネット・ランガード
ソニー・ピクチャーズ／二〇〇五年
おすすめ度：★★★★☆

（二〇〇六年八月二日）

ジョン・チーヴァーの名短編の映画化だが、どうも日本では原作映画ともにあまり知られていない。実に「ビザール」で、全体にそこはかとない異様な雰囲気の漂う、いい映画です。女優たちも、なんだかその辺にいそうな美人を集めていて、日常の雰囲気を醸し出しているし、二枚目バート・ランカスターに、頭のおかしくなった中年をやらせるというのも、よし。ヌーディスト夫婦の許を立ち去る時にさりげなく全裸の後ろ姿を見せるのも気持ち悪くて心憎い。「気持ち悪さ」を藝術にしたものですね。

迷走フェミニズム
これでいいのか女と男
エリザベット・バダンテール　夏目幸子（訳）
新曜社／二〇〇六年
おすすめ度：★★☆☆☆

訳さなくていい気がする（二〇〇六年八月七日）

日本でもフェミニズムは迷走しているが、フランスのそれとは違うようだ。バダンテールはラディカル・フェミニズムとして故ドウォーキンらのポルノ反対派を挙げ、批判しているが、日本にドウォーキン派などあまりいない。むしろ精神分析派が多いだろう。本当は日本のフェミニストが、非科学的である精神分析に拠る非学問フェミニズムを批判する本を書くべきなのである。あまり日本で読む意味はない。

ときめきアリス　定本
吾妻ひでお
チクマ秀版社／二〇〇六年
おすすめ度：★★★☆☆

（二〇〇六年八月九日）

これはいいよ。吾妻本来の美少女とエロとSFの世界。なんだか『失踪日記』で始めて吾妻を知ったとかいう若い人のために、昔の『美々』とか『チョコレート・デリンジャー』とかどんどん復刊してほしいね。

エマ（1）
森薫
エンターブレイン／二〇〇二年
おすすめ度：★☆☆☆☆

（二〇〇六年八月十四日）

これはひどい。作者には英国の階級社会というものがまるで分かっていない。メイド相手に中流の若者たちが本気で恋をしたりするものか。さすがにその辺を意識してはいるのだが、女家庭教師のもとへ父親までが見舞いにいったり、階級が二つに分かれていると言ったりするが、英国の階級は上流、アッパーミドル、ロウワーミドル、下流と四つに分かれるのだ。ジョーンズ家は貴族ではないからまあアッパーミドルだろう。エマは下流なので、二つもずれている。

『ハワーズ・エンド』とか読んだことがあるのだろうか、この作者は。

それに「当時は医療未発達で人は短命だった。ロンドンだけで日に三千人が死んだ」とあるが、平均寿命と一日に死ぬ人数との間に何の相関関係があるのか。

ある子供
監督：ジャン＝ピエール・ダルデンヌ、リュック・ダルデンヌ　出演：ジェレミー・レニエ
ハピネット・ピクチャーズ／二〇〇六年
おすすめ度：★★★☆☆

(二〇〇六年八月十九日)

最後に女に許されてしまうところが気に入らないから減点。水に漬かるあたりの惨めさは良かったんだがな。ところで知らない人がいるかもしれないが、あの赤ん坊はばらされて臓器を使われるはずだったんだよ。コロンビアあたりでは盛んに売買されてます。

近代作家研究叢書 (79)
魔の宴
木村荘太
日本図書センター／一九九〇年
おすすめ度：★★★★★

天下の奇書 **(二〇〇六年八月十九日)**

「魔の宴」という題である。著者木村荘太は、谷崎潤一郎の友人で一緒に『新思潮』を出した。その父木村荘平は牛肉屋を経営し数多くの妾をもって三十人の子をなした。荘太は四男だが、そのあとは荘五、荘六、荘七と続いて荘十、荘十一、荘十二、女のほうは途中から六、七、八、九女、十女、士女、という具合の命名。上のほうに明治初期の女流作家木村曙がいて、荘八は画家、荘十は直木賞作家として知られる。

そこからして凄いが、荘太は大正初年、『青鞜』の伊藤野枝の文章に感激していきなり手紙を書いて会いに行き、顔がそんなにまずくなかったとて恋文を出す。あげくの果て野枝は辻潤と同棲していると分かり、二人で自分の雑誌に手紙を引用してこのできごとを書く。

あるいは異母妹に恋をして苦しみという具合で、木村のナルシシズムとロマンティシズムが凄い。本書刊行直前に自殺。天下の奇書である。

卍まんじ
監督：井口昇
出演：秋桜子、不二子
アートポート／二〇〇六年
おすすめ度：★★★★★

谷崎はB級映画がよく似合う **(二〇〇六年八月二十一日)**

谷崎原作映画として、私が観たうちでの最高傑作。全体がセピア色の映像なのは当然として、舞台を一九七一年に移しつつも何やら昭和初年のようでもあり、B級映画的な独自のエロ美学を打ち立てている。なかんずく、秋桜子の不機嫌そうな美貌がすばらしい。あるいはキャスティングも怪しくていい。谷崎先生が観たら随喜すること間違いなし。何しろ最初の映画化は若尾文子と岸田今日子である。岸田今日子が美しいとはとうてい言いがたい。

愛 一語の辞典
柳父章
三省堂／二〇〇一年
おすすめ度：★☆☆☆☆

全編無効（二〇〇六年八月二十一日）

柳父氏の研究には敬意を払うが、「愛」という語についてのそれは迷走を重ねたあげく、全編無効になった。第一に、ルージュモンの、恋愛はトゥルバドゥールに始まったとか、西洋の愛はエロスとアガペーに分かれるとかいった説はもはや通用しない。第二に、愛という語は気恥ずかしいと著者はくりかえすが、主観としか思えない。第三に、漢語と日本語で愛の意味はずれているという説明が、日本では愛人は淫らだがシナでは夫婦が使うなどというのは、単なる二〇世紀以後の現象に過ぎず、歴史的背景を背負っていない。私見では、西洋人が、博愛と男女間の恋慕とを同じ語で表した時点で錯誤は生じていたのだ。

「ゴッド」は神か上帝か
柳父章
岩波書店／二〇〇一年
おすすめ度：★★☆☆☆

（二〇〇六年八月二十一日）

「ゴッド」は唯一神を表す語だから、多神教の「カミ」に訳したのは間違い、というのは誤った俗説である。西洋にも多神教はギリシャ、ローマにあって、それらも「ゴッド」その他の語で呼ばれているのだから。

キング・コング
監督：ピーター・ジャクソン　出演：ナオミ・ワッツ、ジャック・ブラック
ジェネオン・ユニバーサル／二〇〇六年
おすすめ度：★★★☆☆

長い（二〇〇六年八月二十二日）

最初の部分が、当時の映画産業の雰囲気を表現していて良かったので（真実かどうかはともかく）期待したが、髑髏島での部分をもう少し短くしてほしい。どうせバカ話なんだから。

ナオミ・ワッツが美しいので三点。でなければ二点。

新編　悪場所の発想
広末保
筑摩書房／二〇〇二年
おすすめ度：★☆☆☆☆

過去の遺物（二〇〇六年八月二十四日）

所詮は一九六〇年代の民衆史観とアングラ文化の中から生まれた仇花的仮説であり、「悪場所」と呼ばれたのはもっぱら遊里のことだった。歴史学的には一顧だにされない、文学的想像であり、学術的価値は現在ではゼロに近い。

取り替え子
チェンジリング
大江健三郎
講談社／二〇〇四年
おすすめ度：★★★★★

（二〇〇六年八月三十一日）

大江健三郎はやはり凄い。ノーベル賞受賞後も、枯れた作品でお茶を濁したりはしない。伊丹十三をネタにして繰り広げられるスキャンダラスな小説世界は、他の若手作家を優に凌駕しています。

痴人の愛
監督：増村保造
出演：安田（大楠）道代、小沢昭一
角川エンタテインメント／二〇〇一年
おすすめ度：★★★★☆

（二〇〇六年九月二日）

原作よりいいね。やはり安田道代がいい。谷崎原作映画は、エロティックコメディーにするのがいいようだ。

実録　阿部定
監督：田中登
出演：宮下順子、江角英明
ジェネオン／二〇〇五年
おすすめ度：★★★★☆

（二〇〇六年九月五日）

「愛のコリーダ」には及ばないにしてもよく健闘している。むしろ黒木瞳を阿部定にした大林宣彦の気が知れない。

F・ヘルス嬢日記
監督：加藤彰
出演：真弓倫子、金山一彦
東映／一九九九年
おすすめ度：★★★★★

知られざる名作だなあ（二〇〇六年九月六日）

佐伯一麦『一輪』を原作とするものだが、実に切ない「パリ、テキサス」みたいな味わいの名画である。荒井晴彦脚本がいいのか、真弓倫子がいいのか金山一彦がいいのか、みんないいのである。

ベートーヴェン ピアノ協奏曲第5番「皇帝」&第3番
出演：ヤルヴィ（パーヴォ）
BMG JAPAN／二〇〇五年
おすすめ度：★★☆☆☆

詐欺的商法（二〇〇六年九月七日）

ディスク1も2も同じ演奏を収録していて、2のほうは仲道郁代に焦点を合わせた編集だというが、こういうのを買う人は仲道さんの映像目当てなのだから、2だけでもっと廉価に出せばよいではないか。あからさまな水増しの詐欺的な売り方だと思う。むしろ一九八七年頃よみうりテレビで放送された読売日響との演奏をＤＶＤ化してほしい。

セックス・チェック 第二の性
監督：増村保造
出演：安田道代、緒形拳
角川エンタテインメント／二〇〇六年
おすすめ度：★★★☆☆

（二〇〇六年九月九日）

うーん不思議な映画だ。エロティックなようで、そうでもないし、しかしつまらなくはないが、ちと最後があっけない。原作は寺内大吉。

鉄男～TETSUO THE IRON MAN～
監督：塚本晋也
出演：田口トモロヲ、藤原京
アクセスエー／二〇〇〇年
おすすめ度：★★☆☆☆

（二〇〇六年九月十日）

変な映画。ワンアイディアじゃないか。

人はなぜレイプするのか
進化生物学が解き明かす
ランディ・ソーンヒル&クレイグ・パーマー
望月弘子（訳）
青灯社／二〇〇六年　おすすめ度：★★★☆☆

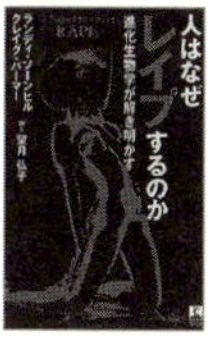

売春合法化こそ最善（二〇〇六年九月十二日）

アマゾン・コムに寄せられたレビューを見ると、著者が「レイピスト」と呼ばれていたりする。米国で大きな非難攻撃を受けた書だが、そもそもティモシー・ベイネケやスーザン・ブラウンミラーのようなフェミニズム系の論者が、強姦は性欲からではなく支配欲と女性への憎悪から生まれるのだと主張したこと自体、日本の一般人は知らないことだ。私もかつてこれらの著作を学生に読ませたことがあり、反省している。

だから本書の、強姦は男の性欲が引き起こすといった主張の、どこが目新しいのか、一般読者には分からないだろう。著者は強姦を減らす方法についていくつかの提案をしているが、最善の方法である、売春の合法化には触れていない。その意味では、著者もまたフェミニストに遠慮しているのだと感じさせる。なお参考文献表における邦訳の提示が不十分。

ナオミ　谷崎潤一郎「痴人の愛」より
監督：高林陽一
出演：水原ゆう紀、斎藤真
東映ビデオ／二〇〇五年
おすすめ度：★☆☆☆☆

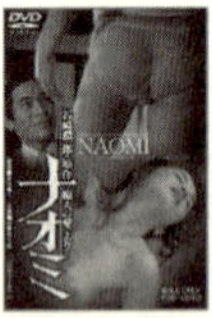

ひどい（二〇〇六年九月十九日）

よくまあこうもダメダメ尽くしの映画化ができたものだ。女優もダメ、脚本もダメ、監督もダメ。一九八〇年ころには、こういう何らエロティシズムに達していないへんてこ映画が流行ったものである。変な歌は入るし。

「大きなかぶ」はなぜ抜けた？
小長谷有紀（編）
講談社／二〇〇六年
おすすめ度：★☆☆☆☆

書評にだまされる（二〇〇六年九月二十二日）

毎日新聞の書評を読んでおもしろそうだと思って買ったが、要するに論文集で、表題作は、どんな意外な結論かと思ったらそんなもの全然なし。「桃太郎」にしても、柳田國男を読んでいれば特に意外ではない。書評にだまされた、の典型。

愛しのペット
獣姦の博物誌
ミダス・デッケルス　伴田良輔（監修）、堀千恵子（訳）
工作舎／二〇〇〇年
おすすめ度：★★☆☆☆

（二〇〇六年九月二十三日）

面白そうな副題だが、それほど面白くない。面白いところも散在しているが、全体としては、それほどでもない。

江戸川乱歩猟奇館 屋根裏の散歩者
監督：田中登
出演：宮下順子、石橋蓮司
ジェネオン／二〇〇五年
おすすめ度：★☆☆☆☆

（二〇〇六年九月二十八日）
キネマ旬報ベストテンに入っているから、もっとおもしろいかと思った。

「反日」以前
中国対日工作者たちの回想
水谷尚子
文藝春秋／二〇〇六年
おすすめ度：★★★★☆

岩波は真実を語るべきである **（二〇〇六年十月二日）**
わが敬愛する水谷さんの二冊目の本である。ところが本書中、シナの対日工作員だった故趙安博のインタビューで、一九九八年に『世界』に掲載されたもののうち、戦後の部分が『世界』編集部の意向で削られたとあり、そこには日本共産党が伊藤律の処刑を中共に依頼したところ断られたとあって、これは当時新聞報道されたものだが、水谷さんはこれを、当時日共と中共の雪どけムードに水をさすことを『世界』編集部が恐れたからだろう、と書いている。この箇所が正確ではないというので岩波が文春に抗議、文春は謝罪広告を出すというのだが、ネット上の謝罪広告を見ても、ではなぜ『世界』編集部がカットしたのか、真実が分からない。こんな説明では読者は納得しないだろう。文春と岩波は、真実をはっきり語るべきである。

太陽の塔
森見登美彦
新潮社／二〇〇三年
おすすめ度：★☆☆☆☆

（二〇〇六年十月三日）
こういう文章でプロとして通用するということに驚く。よく大学生が使う文章で、独りよがりで「おもしろいだろう」と思っているのだろうが、読むほうはしらけるだけである。

ロボコン
監督：古厩智之
出演：長澤まさみ、小栗旬
東宝／二〇〇六年
おすすめ度：★★★★☆

（二〇〇六年十月十日）
BSでやっていたから録画して観た。

最近はやりの高校生共同作業ものの中では、いいほう。シナリオは練れている。カネをかけている。
　優勝までさせることはなかったと思うが、キャスティングもいい。しかし、長澤まさみみたいなかわいい子がいたら、なんかロボットがどうこう以前のことがたくさんあると思う。しかしヒロインが長澤まさみだからヒットしたので、芸術性を捨てて興業をとったということか。

風林火山
監督：稲垣浩
出演：三船敏郎、中村錦之助
東宝ビデオ／二〇〇四年
おすすめ度：★★☆☆☆

橋本忍の驚くべき無知（二〇〇六年十月十一日）
　板垣信里（中村賀津雄）が「上杉の攻撃は来週あたり」などと言う。明治以前に「来週」なんてものはないよ。橋本忍もいい加減なシナリオ書くなあ。これが、戦後映画界の偉大なシナリオライターなのか。

多民族国家中国
王柯
岩波書店／二〇〇五年
おすすめ度：★☆☆☆☆

（二〇〇六年十月十三日）
　現在神戸大学教授の王柯は、東京大学で博士号をとり、その学位論文を一九九五年、『東トルキスタン共和国研究』（東京大学出版会）として刊行し、翌年のサントリー学芸賞を受賞している。主に一九四六年以前のウイグル独立運動を扱い、その背後にソ連があったことを強調しつつ、ソ連の援助なくして東トルキスタン独立は不可能だったとも書いている。そして、トルコ系イスラム住民によってイスラム聖戦の名の下に行われた民族独立運動は、その強大な求心力・生命力と破壊力で近現代の中国の国家権力を今も脅かしていると同時に、またその異種の性格で中華文明、中華国家の包容力を問い続けている。近現代の中国政治にとって、東トルキスタン民族独立運動の意義は、まさにここにあったといえよう。
として、現在の中共政府が、新疆ウイグル自治区の共産党書記長に漢民族を当てていることも記している。
　ところが、それから十年たって王が刊行した二冊目の著作である本書では、中華思想は漢民族ではない異民族が受け入れたために生まれたものであると述べられ、目立たない文言を用いつつも、よく読めば中華思想を肯定的にとらえ、中共の独立運動弾圧を支持する内容のものである。王は、現在、民族独立運動はチベットとウイグルの二つしか（傍点）ないと言い、チベットでもウイグルでも独立運動は民衆の間で広く支持されていないと書いているが、これは中共政府の見解を代弁しているだけである。あるいは、ダライ・ラマはノーベル平和賞を受賞してから「国際社会に呼びかけて中国に圧力をかけていたが、中国政府は動揺せず、ダライ・ラマの国際戦略はかえって中国と交渉する門を閉ざす結果を招いたことになる」と書いてあたかもダライ・ラマの責任のように書いているが、王にはそもそもチベット独立を支持する気などない。あるいは、今度はソ連ではなく、オサマ・ビンラディンらのイスラムのテロ組織とウイグル独立運動の結びつきを強調して、「テロ・民族分離主義・極端宗教主義」とその独立運動を名付けているが、では中共は「極端社会主義」ではないのかと言いたくなる（むろん社会主義は常に極端なものである）。さらに、ソ連が崩壊したために西欧諸国は、独立運動を「中国に対するカード」にしたと書いているが、そのことで独立運動自体を貶めようとしているのが透けて見える。

その上、「あとがき」で王はこう書いている。

中国がチベットや「東トルキスタン」の独立を絶対に認めない理由については、中国国外の研究者はドミノ理論でそれを解釈する傾向がある。つまりどこかひとつの地域の独立を認めれば、ほかの地域や民族にもかならず同じような動きが起こる。（略）しかし中国国民にとって、周辺の民族が中国に見切りをつけるということは、支配者の資質が問われる問題でもあり、多民族国家体制を維持できるかどうか、つまり「中国」が成り立つかどうかという根本的な問題にもかかわっている。たとえば、一九四五年の末、外モンゴルの実質的独立を認めた中華民国政府の指導者蒋介石は、まもなく大陸における支配力を失った。その教訓で、台湾に逃れた彼は、生涯外モンゴルの独立を承認せず、台湾で発行していた「中華民国地図」では外モンゴルを中国領のままにしたのである。

これは奇妙な、ある意味では恐ろしい文章である。なかんずく、「中国国民にとって」の箇所は、「漢民族にとって」でなければ意味が通らず、著者は無意識のうちに漢民族中心主義という本音を漏らしている。そのあとは、あたかも共産党と国民党といった漢民族間のヘゲモニーを握るために、少数民族を独立させてはならないと言っているとしか取れない。これでは帝国主義者の文章であり、中共支配が崩れることを著者は懸念しているのだとしか思えないのである。王の師に当たる山内昌之・東大教授もこれを書評して、苦言を呈している。

しかし、中世から近代まで「中国」「中原」とは異質な歴史を経験してきたラマ教文化世界の中華人民共和国統合はあまりにも性急におこなわれなかっただろうか。著者の観点からすれば、チベットはいにしえから「多元型」帝国の一部を構成してきたようにも理解できるが、それは中心・エリートの視角であり歴史の現実はまた別であろう。次の機会には、清朝から現代にいたるまで、周辺のチベットやウイグルに住む人民にとって、そもそも「中国」と何か、「中華」とは何を意味したのかを探る視点も期待しておきたい。（『毎日新聞』二〇〇五年四月十日朝刊）

これでもかなり抑えた表現だといえるだろう。さて、本書の編集担当を私は知っている。私は昨年、谷崎潤一郎について岩波新書で書こうと思い、旧知の編集者に申し出たところ、新書担当編集者として紹介されたのが、このH氏だった。同氏は私の求めに応じて資料収拾なども手際よくしてくれ、有能な編集者ではあった。しかし私がいざ原稿を送ると、「支那」はやめてくれるよう、問答無用の姿勢で言い渡してきた。私はこれまで、「シナ」を日本で使っていけない理由はなく、もしそうなら「チャイナ」「シーヌ」等もやめるようシナ政府が要求するのでなければおかしいと繰り返し言ってきた。同氏がそれを知らずにそう言ったようには思えず、私は困惑の末、同書店からの刊行を断念した。それまでにも、「シナ」呼称問題で単行本企画が流れたことはあったが、それは直接の担当編集者の意向ではなく、上層部の意向だった。しかしその時初めて私は、真の敵に出会ったと感じた。そして以上のような経緯を考えた時、この人物が中国共産党を絶対とする人物であることに間違いないと感じた。私は「岩波書店」全体がそのような書肆だという俗受けする立場はとらないし、実際に雑誌『文学』の論文で「シナ」を使ったこともある。敵はなるべく具体化したほうがいい。『諸君！』に掲載された、水谷尚子氏による、ウイグル独立運動の指導者たちへの、漢民族による凄惨な弾圧をみれば、王柯のような物言いがいかに無神経であるか、分かろうというものだ。文化大革命に関する過ちは過去のことだとしても、これは現在行われている岩波書店の過ちだと言っても過言ではない。

男たちの大和／YAMATO
監督：佐藤純彌
出演：反町隆史、中村獅童
東映／二〇〇六年
おすすめ度：★☆☆☆☆

（二〇〇六年十月二十一日）

実にくだらん。大和の撃沈場面を再現した以外は、おなじみの敗戦哀話。だいたい戦後六〇年という設定なのに、大和乗組員の養女だという鈴木京香が若すぎるだろう。最後に軍隊式敬礼をするあたり、あまりの陳腐さにげんなりする。

恋人たちは濡れた
監督：神代辰巳
出演：中川梨絵、大江徹
ジェネオン／二〇〇六年
おすすめ度：★★★☆☆

（二〇〇六年十一月三日）

一九七〇年代のうらぶれた青春を描くという点で半ばは成功しているが、今ひとつなのは中川梨絵に妙な不潔感が感じられるのと、遂に主人公とのからみがないという点だろう。

鎌倉のおばさん
村松友視
新潮社／二〇〇〇年S
おすすめ度：★★★★☆

（二〇〇六年十一月三日）

私小説、ないしモデル小説で、作者の祖父でかつ養父でもある村松梢風の妾であり、作者を育てた女性が高齢で鎌倉で一人死んだのを機に、作者の父が若くして死去し、梢風の養子として育てられた作者自身の過去を綴ってゆく。平成時代の名作として挙げたこともあったが、あまり読まれていないようでさびしく思う。しみじみと、人の持っている時間というもの、過去と現在とが交錯する、実にいい小説である。しかし、私小説である本作が、私小説の敵とも言うべき泉鏡花の名を冠した賞を受けたのも奇妙である。

ラストシーン
監督：中田秀夫
出演：西島秀俊、若村麻由美
ジェネオン／二〇〇三年
おすすめ度：★★☆☆☆

（二〇〇六年十一月三日）

シナリオの練り上げが足りない。前半のホラー映画仕立てと後半がうまく整合していないし、麻生祐未の登場が中途半端、新人女優を押し倒すエピソード、医者がお腹のぐりぐりに気づくエピソードなどが映画全体から浮いている。また、いくらテレビのディレクターだからといってあそこまで軽薄では務まらないだろう。麻生久美子のような子が映画の現場にいたらそのままスカウトされてしまうのではないか、など数多くの疑問が残る。芸術選奨新人賞受賞作。

結婚の比較文化

小桧山ルイ、北条文緒（編）
勁草書房／二〇〇一年
おすすめ度：★★★☆☆

やっぱり……（二〇〇六年十一月八日）

「女子大生たちの結婚観は、古めかしく、虫が良く、かつ、未熟で抽象的な「現実主義」にとらわれている」と感じた東京女子大女性教員らの論文集。米国、フランス、韓国、シナなどの結婚について詳しく紹介されており、情報量は少なくない。もっとも「未熟で抽象的な現実主義」というのは形容矛盾に思えるが、果して、最後から二番目の北条文緒論文が、日本近代を論じつつ「色」の伝統がなどと言い出すあたりから怪しくなり、最後の加藤春恵子に至ってついに「婚姻制度否定」という馬脚を現す。結婚を論じるフェミニズム系の議論は、自由恋愛が行き渡った時「もてない男女」問題が大きく浮上してくるという事実を決して認めない。本書もご多分に漏れずであった。

宇野浩二伝

水上勉
中央公論社／一九七三年
おすすめ度：★★★★☆

（二〇〇六年十一月十五日）

いやあ、参った。これは名作評伝だ。しかし気になるのは宇野のプラトニックぶりで、なんだか性的に淡白だったのではないかという気がする。その意味で、谷崎先生のようには共感は沸かない。水上の宇野への敬意が美しい。

名もなく貧しく美しく

監督：松山善三
出演：小林桂樹、高峰秀子
東宝／二〇〇四年
おすすめ度：★★★★★

（二〇〇六年十一月十六日）

涙滂沱、ただ滂沱である。呉智英先生の「お涙頂戴で何が悪い」です。松山善三は、監督としては二流かもしれないが、人としてはとてもいい人なんだろう。

原泉のおばあちゃんがいて良かった。

イタリアか、死か
英雄ガリバルディの生涯
マックス・ガロ　米川良夫、樋口裕一（訳）
中央公論新社／二〇〇一年
おすすめ度：★★★★★

屈伏しない人生（二〇〇六年十一月十八日）

明治時代の日本人には、イタリア建国の英雄として尊崇を受けていたガリバルディだが、今ではあまりその生涯は知られていない。アニメ「母を訪ねて三千里」に出てくる人形芝居が「進め、ガリバルディ将軍」とやっていたが、これはそのガリバルディの最近の評伝である。

ニースの生まれで始め船員だったガリバルディが、イタリア統一運動と共和主義のうちで名を挙げるが、オーストリア、サルディニア王国、フランスのナポレオン三世の板挟みにあい、一旦は死刑を宣告されながら南米へ亡命、再度戻ってきて、千人隊を率いてシチリアでの農民反乱に乗じて南イタリアを平らげるが、これはサルディニア王国にさらわれてしまう。共和主義者ガリバルディが、イタリア統一の果実をあえてヴィットリオ＝エマヌエーレ二世に献じたというのは神話のようだ。イタリアか、共和主義か、というのが本当のところだろう。

著者は、あまり政治的感覚の鋭くないガリバルディを皮肉に描いているが、敗れてもなお立ち上がるガリバルディ像は、今なお感動的だと思う。しかし題名はもっと普通に「ガリバルディ伝」でよかったと思う。あと今は亡き訳者米川良夫が、樋口裕一の下訳稿を二十年も放置していたという「告白」には、呆れた。

悪女たちの昭和史
松村喜彦
ライブ出版／一九九二年
おすすめ度：★★★☆☆

（二〇〇六年十一月二十八日）

「週刊新潮」の「黒い報告書」のライターによる、大正期以来の情痴犯罪のルポ。「黒い報告書」風であるのは言うまでもない。まあ、暇つぶしにはいい。

歯医者が怖い。歯の痛みは心の痛み？
大塚ひかり
平凡社／二〇〇六年
おすすめ度：★★★★★

大塚ひかりの流儀（二〇〇六年十一月三十日）

最初の著作から、普通の人なら隠しておくような自分のことを書いてしまうのが大塚ひかりのやり方だった。本書もまた、狂気寸前とも言うべき日々を綴って、鬼気迫るものがある。当時、やはり神経症で苦しんだことのある私は、編集者を通じて大塚さんにメッセージを送ったのだが、なぜか届いていなかった。

ペール・ギュント
ヘンリック・イプセン　毛利三彌（訳）
論創社／二〇〇六年
おすすめ度：★★★☆☆

（二〇〇六年十二月三日）

グリーグが曲を付けた（オペラではない）ことで知られるイプセンの初期長編戯曲。名のみ高く、しかし日本では邦訳の単行本がなく、全集に二種の邦訳が入っており、どうも読みそびれていた。

内容は、まあ周知に近かったが、ヨーロッパでも、ドイツ人は哲学者のようなことを言うと思われているのが、ちょっと面白い。

恋愛結婚の成立
近世ヨーロッパにおける女性観の変容
前野みち子
名古屋大学出版会／二〇〇六年
おすすめ度：★★★★☆

優れた実証研究（二〇〇六年十二月六日）

私の研究とも関連するので興味深く読んだ。十六〜十七世紀のオランダを中心に、ラブレターの作法、恋愛をめぐる思考などが、エンブレムや画像の解釈を中心に、ごく実証的に展開されている。恋愛が十二世紀の発明だなどという時代遅れの説はもちろん出てこない。誤植もほとんどなく、さすが名大出版会と思わせる。恋愛結婚が市民階級の思想であることが地道に跡付けられた名著である。

オタク・イン・USA
愛と誤解のAnime輸入史
編集：町山 智浩、パトリック・マシアス
太田出版／二〇〇六年
おすすめ度：★★★★★

（二〇〇六年十二月七日）

「空想科学読本」の第一巻を読んだときのように面白い。だからこの手の本が次々に出るとあまり面白くなくなるだろう。しかしデスラー総統がオカマ声だったと聞くと妙に納得してしまう。

ところで米国のアニメ研究者スーザン・ネイピアが「すっごい優等生」だと書いてある。私は十二年前にシンガポールでスーザンの『暗夜行路』論をこてんぱんにやっつけたことがある。

病院で死ぬということ
監督：市川準
出演：岸部一徳、塩野谷正幸
アスミック／一九九四年
おすすめ度：★☆☆☆☆

きれいごとはよせよ広告屋（二〇〇六年十二月二十一日）

まず病院の清潔なこと、医師や看護婦の優秀なこと、こんなのは東京のトップクラスの病院で、地方の大学病院なんかもっとひでえもんだ。行き倒れの患者がこんないい病院に入れるものか。十三年前の映画だからしょうがないが、今ではあとで訴訟を起こされるのを恐れて、医者は患者の前で平気で「余命半年」なんてロボットのように言う。まあご挨拶程度に、荒れて見せる患者はいるが、四十代で死ぬ主人公、妻と子供以外に両親とか家族はいないのかね。しかもきれいな妻だし、まったくキレイキレイに作ってあるぜ。

無想庵物語
山本夏彦
文藝春秋／一九八九年
おすすめ度：★★☆☆☆

コラムの名手も長いものを書くと……（二〇〇六年十二月二十四日）

武林無想庵が晩年になって刊行した全四十四冊の「むさうあん物語」は、まるで編集ができていないと著者は言う。だから自分が編集し直すと。ところがこの本自体、編集がなっていない。同じことは何度も繰り返されるし、無想庵の文章の引用がどこからどこまでなのかも分からなければ出典も分からない。話は前後する。これでは結局無想庵伝は誰かがもう一度書き直さなければなるまい。コラムの名手といって晩年はカリスマ的に持ち上げられた著者だが、長いものはやはりダメなのか、老いていて纏める力がなかったのか。読売文学賞をとったのは、老人努力賞のようなものだろう。

空中庭園
監督：豊田利晃
出演：小泉今日子、鈴木杏
ポニーキャニオン／二〇〇六年
おすすめ度：★★★☆☆

（二〇〇六年十二月二十四日）

映画としての出来はまあまあだが、「仮面家庭」の話自体は「ありがち」だろう。

喪男の哲学史
本田透
講談社／二〇〇六年
おすすめ度：★★★☆☆

（二〇〇六年十二月二十四日）

哲学とはミソジナスなものである、ということがよく分かる。中島義道のごとく、もてながらミソジナスである哲学者もいる。アンデルセンは同性愛者かトランスジェンダーである。

ＴＨＥ 有頂天ホテル
監督：三谷幸喜
出演：役所広司、松たか子
東宝／二〇〇六年
おすすめ度：★☆☆☆☆

失敗作　**（二〇〇六年十二月三十一日）**

完全に失敗作だ。こんなにキレのないシナリオを、テレビドラマではなく映画に使うというのが信じられない。もともと「グランド・ホテル」自体がそれほど切れる映画ではなかったが、あれは「人情」が主である。仕掛けと笑いを主、人情を従とする三谷が、人情主で書くからこういうことになる。そしてそれをそのまま映画化してしまうところに、三谷に何も言えない製作側のダメさが浮かびあがり、それでも宣伝で面白いかのように思わせてしまう映画産業の悪辣さも同時に垣間見える。一番の悪人は作中の代議士じゃなくて、映画会社だよ。

二〇〇七年

DEATH NOTE（12）
小畑健
集英社／二〇〇六年
おすすめ度：★★☆☆☆

私は月《ライト》派だ（二〇〇七年一月一日）

夜神月は正しい。作者は「キラが支配する暗黒の世界」とかつて書いていたから、最終的にキラを否定しているのは分かっていたが、何やら死刑廃止論者のたわ言のようである。人一人殺したら死刑、酒酔い運転で人を殺しても死刑、という世の中にしてほしいものである。

文学の誕生
藤村から漱石へ
大東和重
講談社／二〇〇六年
おすすめ度：★★★★☆

文学研究の王道（二〇〇七年一月二日）

後世の文藝評論家の論証もない感想文的言に惑わされず同時代評を丁寧に拾い上げていくという点で「研究」の名に真に値する方法を用いている。ただし講談社選書のような一般書に入れるのではなく研究書として出すべきだったと思う。テクスト論だの文学理論だのといった空理空論に耽っている限り、文学「研究」はただの政治宣伝か藝文にしかならないだろう。若いにも関わらず王道をゆく姿勢が好ましい。

柳田国男の光と影
山田野理夫
農山漁村文化協会／二〇〇四年
おすすめ度：★★★★★

隠れた名著である（二〇〇七年一月五日）

佐々木喜善伝であるが、こういう題名がついていることに複雑な思いになる。柳田に関する書物だとすると、これまで私が読んだ中で最も興趣深かった。喜善はもと小説家を志し、泉鏡花を訪れている。柳田に近づいたのも、中央で文学者としてたつ手づるを求めてであったが、柳田は文藝を離れつつあった。体躯大きく好色な喜善は庶子も作った、地元では名士で村長までしたがうまくは行かなかった。一度だけ小説を新聞に連載したが不評、晩年十歳下の宮沢賢治を知るが、賢治の後を追うように四十八歳で死去。簡潔な文体で描かれた切ない伝記である。こういった名著が、あまり適切でない題名の下に埋もれているのは惜しい。

エロス＋虐殺
監督：吉田喜重
出演：岡田茉莉子、細川俊之
ジェネオン／二〇〇五年
おすすめ度：★★☆☆☆

（二〇〇七年一月六日）

当時の学生運動臭が強くて観るに耐えない。しかしこの伊井利子ってほかでは全然見ないが何者なんだろう。

嫌われ松子の一生
監督：中島哲也
出演：中谷美紀、瑛太
アミューズ／二〇〇六年
おすすめ度：★☆☆☆☆

（二〇〇七年一月十五日）

何しろとんでもない原作だから、パロディー形式でしか映画化できないのは分かるが、それも途中で力尽き、結局ただのバカバカしい映画になっている。こんなもの作るくらいならウォートン原作の「歓楽の家」を日本公開してほしいよ。ひたすら脱力。

河
監督：ジャン・ルノアール　出演：パトリシア・ウォルターズ、アドリエンヌ・コリ
アイ・ヴィー・シー／一九五一年
おすすめ度：★★★★☆

（二〇〇七年一月？日）

インドを舞台に、英国人少女の心の揺れ動きを描いたもので、佳品。ただ、書店で廉価版四百円のを買ったのだが、正規の高値でも売っているのが、ちと疑問である。

（後記）その後時間がたつにつれ、記憶が薄れてほとんど覚えていない。

バルバラ異界　4
萩尾望都
小学館／二〇〇五年
おすすめ度：★★☆☆☆

日本SF大賞受賞（二〇〇七年一月十七日）

うーん、そんなに傑作か？『ドグラ・マグラ』の昔からある話で、SFとしては普通ではないか？　なおキリヤが入れ代わるのは手塚治虫「七日の恐怖」が元ネタか、さらに元ネタのSFがあるのか……。

バルザック伝
アンリ・トロワイヤ　尾河直哉（訳）
白水社／一九九九年
おすすめ度：★★★★★

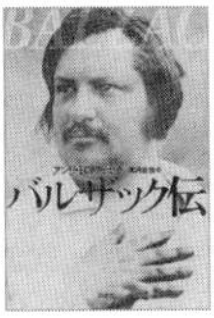

かわいそうなバルザック（二〇〇七年一月二十日）

ああ、死んじゃった……。死ぬことが分かっていても、何とか死なずに生き延びてほしいと願ってしまう、バルザック五十一歳での死。十九世紀フランス小説の世界の最高峰とも言うべき作家が、こんなに不遇だったなんて。もちろん女関係は派手だし金遣いも荒いけれど、バルザックを攻撃した三文批評家どもが憎くなる。

芸者論
神々に扮することを忘れた日本人
岩下尚史
雄山閣／二〇〇六年
おすすめ度：★☆☆☆☆

出ましたトンデモ本（二〇〇七年一月二十日）

「遊女を聖と俗、ハレやケといった学者言葉で論じてあまりに神聖化しすぎるもの」とは一線を画すと佐伯順子に挑戦していながら、なるほど近代芸者についてはある程度教えられるところもあるとはいえ、古代から続く魂振りだの大和魂だの神婚だのと折口信夫の国学的妄想をそのまま引き継いでいるあたりは佐伯さんと同じ穴のムジナ、いや書肆の主人が「お茶屋の内証、芸者の噂に通じた閑人を手取りにしようと、網を打ったところへ私が掛かり、尾鰭も揃わぬままに俎上に載せられ、東京の秘境の先達を勤めることになりました」とは実に気障で厭味、網野善彦や阿部泰郎に影響されつつ、注も整わず参考文献もぽちぽち、こんなものを読むなら陳奮館主人の「江戸の芸者」でも読んだ方がよっぽどいい。

明日の記憶
監督：堤幸彦
出演：渡辺謙、樋口可南子
東映／二〇〇六年
おすすめ度：★★★☆☆

ブルジョワ的な、
あまりにブルジョワ的な（二〇〇七年一月二十七日）

格差の拡大が憂慮され、結婚できない男女が問題化する二十一世紀はじめ、豪邸に住み、恋愛結婚した美しい妻と、早々と結婚相手を見つける一人娘に恵まれた、四十九歳で渋谷にある大手広告会社の部長である男がアルツハイマーとなる話。しかも妻は自ら小洒落た仕事に就いて、献身的に夫を支える。ブルジョワに下された罰を描くものとしては、甘すぎるだろう。せいぜい妻が一度だけ、夫の過去の身勝手をなじるだけである。このような恵まれた境遇にないプロレタリアートが同じ病に犯されればどうなるか、という事例との対比によって、主人公のブルジョワ性をもっと糾弾してほしかった。（素直に感動している者たちよ、完全看護の施設がどれほど金がかかるか知っているのかね）

カミュなんて知らない
監督：柳町光男
出演：柏原収史、吉川ひなの
エスピーオー／二〇〇六年
おすすめ度：★★★★☆

（二〇〇七年一月二十八日）

柳町光男十年ぶりの作品だが、「火まつり」の意味不明の一家殺人に続いての動機なき殺人と、映画製作現場での劇中劇、ロケ地は例によって立教大学と、まあありがちで、映画や小説へのいかにもなレファランスもあれだが、妻を亡くした本田博太郎の教授が黒木メイサの美女をレストランに誘って、メイサが音をたててスープを啜るのは「山猫」のクラウディア・カルディナーレが歯を見せて笑う場面を連想させ、実は結婚していると言って相手の男が現れた後の「結婚していると知ったら落とせますかね。落とせませんよね」という台詞が小津調で、教授が研究室でマーラーの五番を掛けて酔いつぶれるという、このシークエンスがわが身にも起こりそうで面白かった。あとは「アデルの恋の物語」にリファーしたストーカー女も、まあまあだが、教授のエピソードがなければ結構くだらない映画かもしれないが、最後の殺人撮影場面が水海道らしいので、ちょっと感傷的にみる。

小さき勇者たち～ガメラ～
監督：田崎竜太
出演：富岡涼、夏帆
角川エンタテインメント／二〇〇六年
おすすめ度：★★★★★

（二〇〇七年一月三十日）

泣ける。まさか金子修介の「ガメラ」の感動が再び味わえるとは思わなかった。
あと一ひねり欲しかったのと、もうちょっと戦闘シーンを長くして欲しかったので一点減点、でも夏帆がかわいいから一点増しで五点。

どうで死ぬ身の一踊り
西村賢太
講談社／二〇〇六年
おすすめ度：★★★★★

端正な文章（二〇〇七年一月三十一日）

実に整った文章である。細部に至るまでゆるがせにせず記述しており、気持ちで文章を流していないし、日本語をよく知っている。藤沢清造への心酔とその顕彰作業を核に据えつつ、女に縁の薄い男が、ようやく同棲してくれた女に些細なことから暴力を振るう。DVをしながら隠している作家より、自らの愚かな暴力行為を描いて、しかし何らそれを快としていないのがよい。清造顕彰の資金のために、月二回行くソープランドを一回に減らす、というあたりも、近年の作家が描かないところだ。近年の芥川賞受賞作よりも遥かに優れた文藝である。

ブロークバック・マウンテン
監督：アン・リー　出演：ヒース・レジャー、ジェイク・ギレンホール
ジェネオン エンタテインメント／二〇〇六年
おすすめ度：★★★★☆

（二〇〇七年二月六日）

これまで、同性愛差別を糾弾する言説とか、同性愛を美化する表象はずいぶん見てきたが、この映画のように同性愛者の苦悩をまっすぐ伝えてくるものはなかった気がする。

孔雀夫人
監督：ウィリアム・ワイラー　出演：ウォルター・ヒューストン、ルース・チャタートン
ファーストトレーディング／二〇〇六年
おすすめ度：★★☆☆☆

説得力がない（二〇〇七年二月十日）

古い映画なので今さらだが、米国で初めてノーベル文学賞をとったシンクレア・ルイスの「ドッズワース」が原作で原題も同じ。自動車産業で成功した男ドッズワースが引退して妻とヨーロッパ旅行へ行くが、若い気分の妻が浮気をくり返して遂に離婚沙汰になるが、妻が結婚しようとしたドイツ人の母親から、「老いすぎている」と反対されるが、既に夫は新しい女を見つけていたという、つまらない話。しかも妻を演じるチャタートンは当時43歳で、とうていそんなに男にもてるほどの美人ではない。説得力なし。監督がワイラーだという以上のものはない。

田中英光評伝　無頼と無垢と
南雲智
論創社／二〇〇六年
おすすめ度：★★★☆☆

何しろ「酔いどれ船」が（二〇〇七年二月十三日）

田中英光評伝としては別にいいのだが、日本の朝鮮併合を田中が悪と見ていたかどうか、といったことにしつこくこだわるのが、どうも引っかかるのである。著者は、あの当時はたいていの人が日本の「植民地」支配を認めていたのだ、と言っておりそれはいいし、田中が共産党員だったからというのは分かるのだが、そういうことを書かないと戦時中のことが書けないというのはある種の人々の困った癖である。しかし大きく取り上げられている「酔いどれ船」が、全集でしか読めない状態では、文学としての評価もままなるまい。

グッドナイト&グッドラック
監督：ジョージ・クルーニー　出演：ジョージ・クルーニー、デヴィッド・ストラザーン
東北新社／二〇〇六年
おすすめ度：★★★☆☆

（二〇〇七年二月十六日）

マッカーシズムと戦うテレビのスタッフたちを描いている。それにしても、印象に残るのは、やたらとタバコが吸われていることで、主人公なんか放送中も吸っている。いい時代だったなあと思うべきか、それとも、禁煙ファシズムと戦おうとしない現代メディアへの告発か。なお近年、当時の米国上層部には実際にソ連のスパイがいて、マッカーシズムは間違っていなかったという議論もある。

明治
平岡敏夫
思潮社／二〇〇六年
おすすめ度：★★★★★

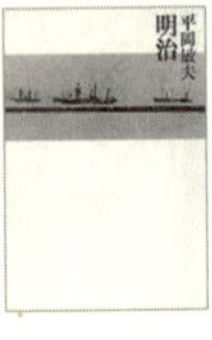

「うらなり」を撃つ（二〇〇七年二月十九日）

小林信彦の「うらなり」に対して、平岡敏夫は怒る。近年流行の「坊っちゃん」を斜に構えて読むやり方自体に、平岡は怒りを覚えているのだ。漱石の、現実社会に対する義憤を、笑う者たちがいる。日本近代文学研究の泰斗が放つ抗議の詩集である。

カリオストロ伯爵夫人
モーリス・ルブラン　井上勇（訳）
東京創元社／一九七三年
おすすめ度：★☆☆☆☆

翻訳の古さ（二〇〇七年二月二十一日）

日本におけるルパンは、幸福でもあり不幸でもある。幸福なのは、南洋一郎による子供向け再話が優れていたこと、不幸だったのは、大人向けの翻訳に悪訳が多かったことである。新潮文庫の堀口大學訳など、大學としてはいつものことだがやっつけ仕事だし、この井上勇訳なども、まるで大正時代の翻訳で「だからして」が頻出するし、「避くべからざる危険」とか意味不明だし「いきなりとつぜん」とかしつこいし、もう最悪である。

ローレライ
監督：樋口真嗣
出演：役所広司／妻夫木聡
ポニーキャニオン／二〇〇五年
おすすめ度：★★☆☆☆

（二〇〇七年二月二十五日）

テレビでやったのを観ただけだが、副主役の青年が日独混血美少女に「あいすくりんていうんだ」と言ってアイスクリームを差し出す。「あいすくりん」なんて言ったのは幕末の話だ。福井の原作には「アイスクリーム」「これ、アイスクリームじゃないわ、シャーベットよ」と書いてある。変な脚本。

サン＝サーンス
ミヒャエル・シュテーゲマン　西原稔（訳）
音楽之友社／一九九九年
おすすめ度：★★☆☆☆

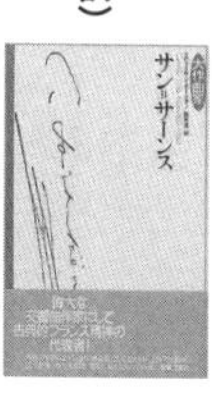

やはり日本人が……（二〇〇七年三月一日）

サン＝サーンスの伝記がほかにないのでこれを読んだが、例によって西洋人が書く伝記は読みづらい。やはり日本人の手による評伝を読みたいものだ。「嫉妬深いねたみ」とか、訳文も変で生硬。

赤い島
物語マダガスカルの歴史
藤野幸雄
彩流社／一九九七年
おすすめ度：★★★★★

日本の貧困（二〇〇七年三月四日）

マダガスカルという大きな島が、英国とフランスによる植民地化によって独立を失い、それを回復するまでを描いた日本で唯一の本。明治期の小説「佳人之奇遇」には、その当時のマダガスカルの歴史が書いてあるが、現代の日本で、アフリカ諸国の歴史をちゃんと紹介する本は驚くほど少ない。マダガスカルは今なお貧しい国だが、西洋以外の国々への無関心という点では、日本こそ貧しい国なのではないかと思う。

父 中野好夫のこと

中野利子
岩波書店／一九九二年
おすすめ度：★★★☆☆

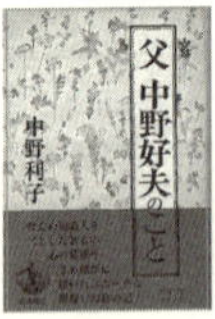

（二〇〇七年三月四日）

中野好夫は好きである。進歩的文化人だが、東大教授をすぱっと辞めるし、勲章を貰ったりはしない。著者は娘だがプロなので書きぶりはうまい。中野の最初の妻が土井晩翠の娘だと初めて知った。しかし読み進むうち、嫉妬心が沸いてくる。妻を亡くしてもすぐあとができて、「荒稼ぎをしている」と言われるほどジャーナリズムに登場して、売れる翻訳をいくつもして、最期は娘に看取られる中野に……。

かもめ食堂

監督：荻上直子
出演：小林聡美、片桐はいり
バップ／二〇〇六年
おすすめ度：★★☆☆☆

はやりの癒し系か……（二〇〇七年三月六日）

前半はまあいいのだが、後半は異常に退屈。森田芳光風のシナリオに、日本人の北欧幻想をくっつけただけ。お前らフィンランドっていうとムーミンしか思いつかんのかと言いたくなる。そのくせ、いい映画だと言わせようとする圧力もかけている。

華の棺

西村京太郎
朝日新聞社／二〇〇六年
おすすめ度：★☆☆☆☆

スカスカ（二〇〇七年三月六日）

『女流作家』の時も感じたが、西村京太郎にはもうミステリー以外は書けないのだろう。西村と山村美紗、松本清張と高木彬光を描いているが、大物作家たちの秘密に触れているという緊迫感がまるでない。エロティックなものがまるで感じられず、ただあらすじでも読んでいるようだし、古代史関係のネタもひどすぎ。要するに「人間」が全然描けていない。

北村季吟
この世のちの世思ふことなき
島内景二
ミネルヴァ書房／二〇〇四年
おすすめ度：★★★☆☆

それは誰に向かって……（二〇〇七年三月六日）

島内景二は、時にひどい本を書く（『文豪の古典力』のような）。しかし、これはまあ、よくまとまった季吟伝ではあろう。ただ、途中で「湖月抄」を講義口調で語るところがある。一体、季吟伝などを読もうという人に、こんな講義口調の必要があるだろうか。また島内はかねてから、『源氏物語』現代語訳を批判し、注釈書をみて原文で読めと言っており、本書でもその主張は繰り返される。しかし、現代の大学文学部の学生で、源氏現代語訳を全部通読する者がどれだけいるだろうか。いま、文学を教える大学教師の多くは「翻訳でもいいから読んでくれ」と血の叫びをあげているのだ。島内は、いったい誰に向かって語りかけているのであろう。現代語訳を通読するほどの人なら、原文も読んでいると思うのだが……。

あやかし考
不思議の中世へ
田中貴子
平凡社／二〇〇四年
おすすめ度：★★☆☆☆

落ち穂拾い（二〇〇七年三月七日）

サントリー学芸賞受賞作だから、もっと充実した本かと思っていたら、何のことはない、著者の落ち穂拾いのような雑文の寄せ集めである。寄せ集めがあってもいいが、これに賞をやるのは功労賞としかいえまい。それに「淀殿」のところとか、安徳天皇女子説とか、あまり出来が良くない。淀殿が悪女扱いされてきたのは男たちが資料を書いたからだ云々という説は、石田三成もまた同様に悪人扱いされていたのを思えば近世においては疑わしいし、「大野治長や石田三成との密通説」と田中は書くが、三成との密通説など示していない。あれは数年前の大河ドラマ『秀吉』で初めて出たというに近い。

ナショナリズムという迷宮
ラスプーチンかく語りき
佐藤優
朝日新聞社／二〇〇六年
おすすめ度：★☆☆☆☆

右翼でしょ、この人（二〇〇七年三月九日）

ホリエモンが「天皇はいらない」と言ったことに触れて、佐藤は、大統領制にすれば天皇制と抵触する、とわけの分からないことを言っている。だから天皇制はいらないんだってば。

かくも天皇を崇拝する佐藤優のような真性右翼が、左翼の論客からちやほやされるのは不思議でならない。

ティファニーで朝食を
カポーティ　龍口直太郎（訳）
新潮社／一九六八年
おすすめ度：★☆☆☆☆

誤訳だらけ（二〇〇七年三月九日）

ほかの人も書いているが、翻訳が「古い」という問題じゃなくて、誤訳だらけ、というのが正しい。「ワルツを踊るマチルダ」って、オーストラリア準国歌の「ワルツィング・マティルダ」を知らないんだから恐ろしい。マチルダって女の名前だとでも思っているのか。マチルダは合切袋である。内容以前の問題である。怒り。

（その後村上春樹による新訳が出た）

愛の渦
三浦大輔
白水社／二〇〇六年
おすすめ度：★★★☆☆

（二〇〇七年三月十二日）

確かに面白いのだが、既視感がある。しかもあまりに透明なので、わざわざ上演を観なくてもいいという気になるのは、まずい気もした。

ウルトラマンメビウス＆ウルトラ兄弟
監督：小中和哉
出演：五十嵐隼士、黒部進
バンダイビジュアル／二〇〇七年
おすすめ度：★★☆☆☆

血を吐きながら続けるマラソン（二〇〇七年三月十九日）

かつて「ウルトラマンA」「タロウ」の時代に、主人公が危うくなると兄弟が助けに来て、兄弟全員がやられるとウルトラの父が来て、それもやられるとウルトラマンキングが来て、敵の方もどんどん強力なのが出てくるという「血を吐きながら続ける悲しいマラソン」状態になっていたのを反省して始めたのが、兄弟が助けにこない「ティガ」以降のシリーズだった。しかし、またやってしまったのだな、と思う。確かに、久しくウルトラシリーズに出なかった団時朗や高峰圭二の出演は感慨深いが、子供映画として仕方ないのか。ナックル星人の造形が、ナックルに見えない……。

父の肖像
辻井喬
新潮社／二〇〇四年
おすすめ度：★★☆☆☆

実名小説にすべきだ（二〇〇七年四月十八日）

てっきり、堤康次郎を赤裸々に描いた小説だと思ったら、仮名なので愕然とした。無名の人物である父を描くなら仮名でもよかろうが、有名人である父を「楠清次郎」などと仮名で書くと白々しい。作中の人名も、どこまで事実名でどこから仮名だか分からなくなる。

小説だから仮名でいいとか、実名で書いたらノンフィクションになるとかいうことはない（城山三郎を見よ）。宮尾登美子の『きのね』は、モデルたる市川団十郎家の了解が得られなかったため仮名にしたと理解できるが、これは下手な小細工をせず、実名・事実小説にすべきだったと思う。

七まいの葉
三木卓
講談社／一九七六
おすすめ度：★★★★★

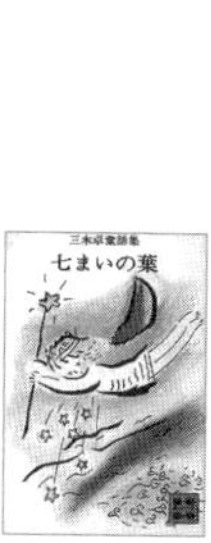

三木卓初期の傑作童話集！（二〇〇七年四月二十三日）

七つの童話を収める。「ほうきぼしのつかい」が特にすばらしい。ほうきぼしはむすめぼしに恋をするが、むすめぼしは太陽が好き。むすめぼしに頼まれてほうきぼしは、太陽にその気持ちを伝えに近づいていくが、太陽の熱で少しずつ溶けていく……。三木卓世界の原点とも言うべき傑作揃い。

名人
志ん生、そして志ん朝
小林信彦
朝日新聞社／二〇〇三年
おすすめ度：★☆☆☆☆

素人が書いた本（二〇〇七年四月二十九日）

落語を論じるとか、評論をするとか、そういう本ではない。ただだらだらとしまりなく、自分自身の感傷的な思い出にひたっているだけの本。落語評論としては、素人が書いたものとしか言いようがない。

ボケるボケないは「生き方」で決まる
石浦章一
大和書房／二〇〇七年
おすすめ度：★☆☆☆☆

遂にトンデモ本に走る（二〇〇七年四月三十日）

東大駒場の人気教授の石浦センセイ、前からちょくちょくトンデモなことを書く癖があったが、遂にここで全開。大学教授は長生きだ（統計あるんですか？）と言い、それは仕事が忙しいからだと、実にわけの分からないことを主張なさっておられる。それなら過労死する方々も長生きしているわけですね。駒場でも過労死者が三人も出ているのに、よくこういうアホ本が書けるものです。文句があったら直接言ってらっしゃい。

詩人の妻　生田花世
戸田房子
新潮社／一九八六年
おすすめ度：★★★★★

名作評伝（二〇〇七年四月三十日）

詩人・生田春月が、『青鞜』に載った西崎花世の文章を読んで、この人こそ自分と結婚すべき女性だと言って、生田長江宅の階段を駆け降りてきて、とうとう結婚した話、花世の安田皐月との貞操論争、そして春月が播磨灘で船から投身自殺したことなど、断片は知っていたが、花世がひときわ背が低く顔もまずく、春月の浮気に悩んだことなど、詳しく知ることができた。しかし本書の白眉は、春月の死後も長く生きた花世が、戦後、市井の女たち相手に「源氏物語」の講義を始め、首都圏一円で展開しつつ、自分は貧しいアパートの一室で暮らし続けた、最後の章である。私は、泣きながら読んだ。平林たい子賞受賞にふさわしい名作評伝である。

デスノート the Last name
監督：金子修介
出演：藤原竜也、松山ケンイチ
バップ／二〇〇七年
おすすめ度：★★☆☆☆

ダメじゃん（二〇〇七年五月七日）

原作と違う結末、苦労したろうけど、完全に論理的に破綻している。言うのはあれだが、死神には寿命が見えるはず。だからあの展開はありえない。

脚本家が原作者との頭脳ゲームに負けた。

ゆれる
監督：西川美和
出演：オダギリジョー、香川照之
バンダイビジュアル／二〇〇七年
おすすめ度：★★★★★

（二〇〇七年五月九日）

これは評価されるのは当然だなあ。優等生的でもなくて、後味は悪いし。もっとも死んだ女とか香川照之とかの学歴が今ひとつ不明だし、女、美人なんだからそれ以前から男いただろうとか、いなかったなら学歴がなかったのかとか、考える。

太陽
監督：アレクサンドル・ソクーロフ
出演：イッセー尾形、ロバート・ドーソン
クロックワークス／二〇〇七年
おすすめ度：★★★★☆

（二〇〇七年五月九日）

字幕での放映を前提にしているからか、日本語のせりふが聴き取りづらかったが、昭和天皇の奇妙な存在感は、やはり日本では撮れない映画だろう。何しろ加藤剛が「ご聖断」を下すようなドラマを作る国だし。この映画には、ご聖断も、玉音放送の録音も人間宣言もない。ただ、ぶきみな天皇がいるだけだ。

素晴らしき日曜日
監督：黒澤明
出演：沼崎勲、中北千枝子
東宝ビデオ／二〇〇三年
おすすめ度：★★★★★

（二〇〇七年五月十一日）

前に一度観て、今回二度目だが、涙がとまらなかった。黒澤明初期の傑作である。

無常
監督：実相寺昭雄
出演：田村亮、司美智子
ジェネオン エンタテインメント／二〇〇三年
おすすめ度：★★☆☆☆

（二〇〇七年五月十三日）

脚本の石堂淑朗によると、マルタン＝デュ＝ガールの短編「アフリカ秘話」（『フランス短編24』所収）が原案。

しかし、長い。長すぎる。一時間半にまとめてほしかった。

リツ子・その愛
檀一雄
新潮社／一九五〇年
おすすめ度：★★★★★

（二〇〇七年五月十五日）

甘ったるいタイトルゆえに今まで敬遠してきたが、これは全編名文だ。一つ、檀一雄があまりに頑健なので、病弱な者の状況を理解できないというところ、ああ、そういう人、いるなあと思った。

雪に願うこと
監督：根岸吉太郎
出演：伊勢谷友介、佐藤浩市
ジェネオン エンタテインメント／二〇〇六年
おすすめ度：★☆☆☆☆

（二〇〇七年五月十五日）

およそくだらない、直木賞受賞作レベルのただの人情話。どこからどこまで既視感が漂っている。小泉今日子のファン以外にはさして意味のない映画。

乱れる
監督：成瀬巳喜男
出演：高峰秀子、加山雄三
東宝ビデオ／二〇〇五年
おすすめ度：★★★★☆

（二〇〇七年五月十六日）

静岡県清水の商店街の酒屋に嫁いで来た高峰秀子は、夫が死んだ後も婚家に残って店を切り盛りし、戦後の苦しい時期を乗り切ってきた。しかし、スーパーマーケットの登場で小売店は危機に陥る。十一歳年下で二十五歳の弟加山雄三は、遊び暮らしているが、実は店をスーパーに変える計画を持っていたが、彼は実は兄嫁を密かに慕っていたのである。それを振り切って郷里の山形へ帰ろうとする兄嫁に、ついていく弟…。そして衝撃のラスト。佳編である。

コックと泥棒、その妻と愛人
監督：ピーター・グリーナウェイ　出演：リシャール・ボーランジェ、マイケル・ガンボン
ユニバーサル・ピクチャーズ／二〇〇六年
おすすめ度：★☆☆☆☆

気持ち悪い（二〇〇七年五月二十一日）

ええもう、評論家的にはどうなのか知りませんが、ひたすら気持ち悪いです。観た後でごはんが食べられなくなりました。気の弱い人は遠慮しておいたほうがいいです。

第五福竜丸
監督：新藤兼人
出演：宇野重吉、乙羽信子
角川書店／二〇〇一年
おすすめ度：★★★★★

（二〇〇七年五月二十三日）

日本人全員が、また世界中の人が観るべき映画である。事実の優れた劇映画化である。ただしこれを見ていたずらに米国への憎悪を募らせるのも、核兵器廃絶を唱えるのも間違いである。ソ連もひどいことをしたし、通常兵器でも人は殺せるのだから。

日本花街史
明田鉄男
雄山閣出版／二〇〇二年
おすすめ度：★★★★★

今のところ最上の遊里史（二〇〇七年五月二十四日）

世には多く遊女遊里の賛美美化の書物があるが、本書は違う。記述は京の遊里を中心としたものだが、やや近年の研究成果を見落としているのが残念だが、詳細を極め、賛美美化論に陥っていない優れた著作である。

日本文化論の系譜
『武士道』から『「甘え」の構造』まで
大久保喬樹
中央公論新社／二〇〇三年
おすすめ度：★☆☆☆☆

堕本（二〇〇七年五月二十八日）

「日本文化論」のあらかたが、インチキのトンデモ本であることが、今では明らかになっている。その多くは、歴史的変遷を無視して、一つのキーワードで古代から現代までを説明しようとしているのだ。しかし本書は、そういう批判意識なく、ひたすら日本文化論の本をずらずらと紹介しているだけで、とても中公新書で出すようなものではない。しかも全体に、微温的なナショナリズムが漂っていて、たちが悪い。

わが道
監督：新藤兼人
出演：乙羽信子、殿山泰司
角川映画／二〇〇一年
おすすめ度：★★★★☆

もっと観られるべき映画（二〇〇七年五月二十九日）

昭和四十一年、青森県十和田で小さな食堂を営む老夫婦。

夫は名古屋へ出稼ぎに出るが、行方不明となり、九ヵ月後、妻はその遺体が慈恵医大病院で解剖されているところへ引き取りに行く。しかしその間の、警察、港区役所は、その遺体を身元不明人として扱ってきた。調べれば分かったはずなのに。妻を支えて日本弁護士会は裁判を起こした。
　いわゆる社会派人権もの映画だが、こうした縦割りたらい回し行政は相変わらずだ。NHKで放送したり中学校で見せたりすべき映画だと思う。

機動戦士ガンダム THE ORIGIN15
オデッサ編・前
安彦良和
角川書店／二〇〇七年
おすすめ度：★★★☆☆

帯に偽りあり（二〇〇七年五月二十九日）

ミハル・ラトキエ編。帯には「TV版では語りつくせなかったカイとの悲恋が今、明らかに」とある。嘘である。TV版とほとんど同じ。帯とはいえ、嘘をついちゃいけません。それにTVではナレーションで入った「ミハル・ラトキエ」のフルネームが出てこないじゃないですかあっ。

美しい夏 キリシマ
監督：黒木和雄
出演：柄本佑、原田芳雄
ハピネット・ピクチャーズ／二〇〇四年
おすすめ度：★☆☆☆☆

（二〇〇七年五月三十一日）

なんちゅう退屈な映画だろう。とても「祭りの準備」の監督とは思えない。戦争を描けば評価される、ってもうやめたほうがいいぞ。

麦の穂をゆらす風
監督：ケン・ローチ　出演：キリアン・マーフィー、ポードリック・ディレーニー
ジェネオン エンタテインメント／二〇〇七年
おすすめ度：★★★★★

日本の若者必見である（二〇〇七年六月五日）

第一次大戦前後の、アイルランドの英国からの独立闘争を描いたもの。映画の中ではアイルランド自由国が成立しているが、半独立でしかなく、アイルランド共和国として独立したのは一九四九年のことだ。北アイルランドは今も英国の領土である。外国の歴史に疎い日本の若者にぜひ観て欲しい映画である。反米が流行だが、帝国主義の本家本元は英国である。いま、反英こそが、英国の過去を追及することこそが必要なのだ。

ドーダの近代史
鹿島茂
朝日新聞社／二〇〇七年
おすすめ度：★★★★☆

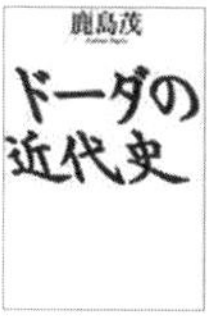

中江兆民論としては（二〇〇七年六月九日）

不思議な本である。東海林さだおの「ドーダ」概念を用いているから、おふざけエッセイのように見えるのに、途中から本格的な幕末・明治初期思想史になっていく。特に中江兆民を「シニフィアン人間」としてとらえたところなど、兆民の専門家の意見を聞いてみたいところだ。面白いのだが、別に「ドーダ」でなくても良かったのでは、とも思う。

風俗嬢意識調査
126人の職業意識
要友紀子、水島希
ポット出版／二〇〇五年
おすすめ度：★★☆☆☆

何だこれは？（二〇〇七年六月九日）

売春の非犯罪化をめざす人々による調査といいながら、調査対象はヘルス、イメクラなど、売春防止法からいえば違法ではない、セックスを含まない風俗業に従事する者だけで、ソープ嬢が含まれていない。根本的に欠陥を含んだ調査だというほかない。橋爪大三郎、瀬地山角、小倉千加子、宮台真司、南智子が短い論考を載せているが、これをもって「圧倒的な材料」などと言う東大准教授・瀬地山はどうかしている。唯一、橋爪の、合法化しても風俗嬢が社会的スティグマを免れることはないだろうという客観的な論述が救いである。

父親たちの星条旗
監督：クリント・イーストウッド　出演：ライアン・フィリップ、ジェシー・ブラッドフォード
ワーナー・ホーム・ビデオ／二〇〇六年
おすすめ度：★★☆☆☆

（二〇〇七年六月十二日）

長い。最初の三十分くらいで、何が言いたいのか分かるから、こんなに長くなくていい。

米国が少しは反省しているとか、戦争は悲惨だとか言いたいのだろうが、何か最終的には、兵隊礼讃なんだよね。適宜こうやってガス抜きするあたり、不快。

生命学をひらく
自分と向きあう「いのち」の思想
森岡正博
トランスビュー／二〇〇五年
おすすめ度：★☆☆☆☆

学者失格（二〇〇七年六月十六日）

森岡正博は、「条件付きの愛」はいかんと言う。それは元来、出生前診断によって、障害があると分かった胎児を中絶するかどうかという問題であった。そういう具体事例は具体事例にとどめおくべきである。しかし森岡を含むダメ学者は、それを一般化しようとして、果てはそれを男女間の恋愛にまで当てはめる。そして、男女間では相手を選んでいるのだから、条件抜きの愛などありえないだろうと私が批判すると、「始めは条件付きでも、次第に条件抜きになっていくのだ」とわけの分からないことを言う（『無痛文明論』）。本書は講演集だが、どこを見ても中途半端、ただこの手の問題を持ち出して、さあ考えましょう、である。こういうのは「学問」ではない。森岡は即刻学者をやめて、伝道家にでもなるがいいのである。

フラガール
監督：李相日
出演：松雪泰子、豊川悦司
ハピネット・ピクチャーズ／二〇〇七年
おすすめ度：★☆☆☆☆

（二〇〇七年六月二十五日）

またかよ！　またこの路線かよ！　それで絶賛かよ！

わが町
ソーントン・ワイルダー　鳴海四郎（訳）
早川書房／二〇〇七年
おすすめ度：★★★★★

古典的名作（二〇〇七年六月二十九日）

実はちゃんと読んだことがなかった。しかしこれは名作だ。「ガラスの動物園」は甘ったるいし、「セールスマンの死」は凡庸だが、これはいい。もっと日本でも知られるべき劇作家だと思う。

「タバコは百害あって一利なし」のウソ
武田良夫
洋泉社／二〇〇七年
おすすめ度：★★☆☆☆

本当のことを言えよ（二〇〇七年七月二十日）

「受動喫煙の害は大したことはない」のはその通りだが、これまでの研究は、低学歴・低所得層で喫煙率が高く、また平均寿命が低い、この二つの相関を、「受動喫煙」の害だと取り違えてきた、あるいは気づきながら、階層構造の分析がタブーなのでこの因子を排除した研究が今日までなされていないだけだ、ということをはっきり言うべきだったと思う。このことを言えずにいる間は、この手の本はさしたる説得力を持たない。

辰野隆　日仏の円形広場
出口裕弘
新潮社／一九九九年
おすすめ度：★★★☆☆

辰野隆概略（二〇〇七年七月二十三日）

辰野隆の本格的評伝ではない。父・金吾との関係もあるが、半分は近代日仏関係史と、著者自身の思い出。谷崎は、昭和初年辰野が左傾したことがあると言っているが、その辺も不明。しかしまあ、東大仏文の雰囲気などが分かるし辰野伝も概略は分かる。いずれ誰かが本格評伝を書くべきだろう。

綱大夫四季
昭和の文楽を生きる
山川静夫
岩波書店／二〇〇四年
おすすめ度：★★★★★

これは名著だ（二〇〇七年七月二十九日）

山川静夫といえば、多くの人は、「アナウンサー」だと思っている。だが、むしろ山川は、かつての安藤鶴夫や戸板康二に匹敵する、古典藝能の評論家なのだ。その造詣は深く、ただ、語り口の柔らかさが、藝人を傷つけまいとするいたわりと一緒になって、山川を「批評家」と見なさせていないだけで、本書冒頭、綱大夫の息子の咲大夫の出来が悪いときにそれを直言する山川の姿を読めば、単に甘いだけの藝能通などでないことが良く分かる。本来、この書で何か賞をとるべきだったといえる。とうてい最初の著書とは思えない、逸品である。

鍵
監督：神代辰巳
出演：荒砂ゆき、観世栄夫
ジェネオン エンタテインメント／二〇〇五年
おすすめ度：★☆☆☆☆

ひたすら退屈（二〇〇七年八月八日）

妻役の荒砂ゆきがちっとも美しくないから、何やら「四十路」もののAVでも観ているようだ。とにかく、買うことはお勧めできない。

さくらん
監督：蜷川実花
出演：土屋アンナ、椎名桔平
角川エンタテインメント／二〇〇七年
おすすめ度：★☆☆☆☆

（二〇〇七年八月二十九日）

くだらん。実にくだらん。こんなものを若者が見て、「江戸時代のおいらんって…」などと思うとしたら嘆かわしい。『吉原炎上』を見ろ。

ドストエフスキー伝
アンリ・トロワイヤ　村上香住子（訳）
中央公論社／一九八八年
おすすめ度：★★★★★

心酔者のものではない評伝（二〇〇七年九月九日）

評伝は往々にして心酔者によって書かれるが、ドストエフスキーに関しては、心酔の度が過ぎて著者の偶像を描いてしまうことが多い。本書は違う。トロワイヤはドストエフスキーを突き放し、ギリシャ正教とスラヴ民族至上主義者になってゆくドストエフスキーを淡々と描いている。ドスト嫌いにも勧められる評伝である。

幽霊
イーディス・ウォートン
薗田美和子、山田晴子（訳）
作品社／二〇〇七年
おすすめ度：★★☆☆☆

まあ今となっては……（二〇〇七年十月十三日）

ウォートンは私の好きな作家である。『エイジ・オブ・イノセンス』、短篇「ローマ熱」（『20世紀アメリカ短篇選』上、岩波文庫）は傑作である。しかしこの怪談集は、やはり今まで邦訳されなかっただけのことはあるな、と思える。毎日新聞書評で若島正が絶賛していた「石榴の実」など、最初からネタが割れているし、ほかも、今なら駆け出しの作家でも書きそうなものだ。要するにホラーというジャンルがその後ずいぶん進化してしまった結果だろう。ファンとしては残念だが…。もしこれを読んで、ウォートンがつまらない作家だと思った人は、ぜひ「ローマ熱」を読んでもらいたい。

武士の一分
監督：山田洋次
出演：木村拓哉、檀れい
松竹／二〇〇七年
おすすめ度：★☆☆☆☆

（二〇〇七年十月十四日）

こりゃひどい。毒見役が仕事で失明したのに、録を召し上げるなどということが本当にあったか。もし史料があるなら出して欲しい。

また、高禄の武士が供も連れずに外出などできるものか。

両方とも史料の裏づけがあるとしても、実にチープな脚本というほかない。

刺青　堕ちた女郎蜘蛛
監督：瀬々敬久
出演：川島令美、和田聡宏
アートポート／二〇〇七年
おすすめ度：★★★☆☆

（二〇〇七年十月二十三日）

まあなんか奇妙なシナリオだが、それなりにエロいし、谷崎先生の作品の映画化としては合格点かな。出会い系のサクラを題材にしたところもいいし、冒頭辺の怪しい感じもいい。

お殿様たちの出世
江戸幕府老中への道
山本博文
新潮社／二〇〇七年
おすすめ度：★★★★★

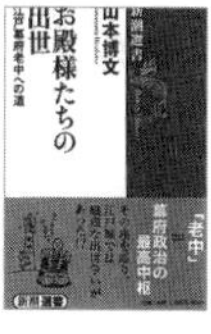

座右の書（二〇〇七年十月二十七日）

これは素晴らしい。徳川幕府歴代老中全員が網羅され、その就任事情などが詳しく研究されており、著者の新説も採りいれられているらしい。これまで、『歴史手帖』に載っている老中一覧を見て適当に想像するばかり、あとは徳川時代史を見ても重要な老中しか出てこない。学術書で類書があるのかもしれないが、一般書としてこうしたものが出るのは画期的で、以後座右の書になるだろう。

春夏秋冬そして春
監督：キム・ギドク
出演：キム・ギドク、オ・ヨンス
エスピーオー／二〇〇五年
おすすめ度：★★★★★

（二〇〇七年十月二十七日）

いやーへんてこりんで面白い。最後のアリランがないと良かった気がする。

紅閨夢
監督：武智鉄二
出演：茂山千之丞、川口秀子
ジェネオン エンタテインメント／二〇〇八年
おすすめ度：★★★★☆

ゲテモノなりの味わい（二〇〇七年十一月三日）

谷崎最晩年に、その「過酸化マンガン水の夢」と「柳湯の事件」を原作に作られ、谷崎が「くだらない」と言っていたもの。実際くだらないし、やたら長いから、観ていてげんなりする。しかし、谷崎、松子、重子の三人連れが出てきて、谷崎役が茂山千之丞、松子役が川口秀子なのだが、これが妙に似ている。しかも観終わってしばらくたつと、不思議な味わいが残る。

蘇我氏四代
臣、罪を知らず
遠山美都男
ミネルヴァ書房／二〇〇五年
おすすめ度：★★☆☆☆

推理小説（二〇〇七年十一月四日）

古代史に関する著書の多い著者だが、残念ながら、史料の少ない古代史の新説は、多く単なる推理小説たらざるをえない。新書判ならともかく、標準的な伝記を提供すべき

このシリーズに、この著者を起用すべきではなかっただろう。蝦夷、入鹿に関する新解釈（たとえば『家伝』の解釈など）は、歴史学においてはとうてい採用し得ない。

遊女の社会史
今西一
有志舎／二〇〇七年
おすすめ度：★★★☆☆

よく調べてあるが（二〇〇七年十一月十一日）

『遊女の文化史』と対になるような題名だが、遊女が聖なるものだという、網野善彦までが踏襲した説については一切触れておらず、中世後期以来、明治期あたりまでの娼婦の歴史を、堅実な歴史学者が綴ったもので、マリア・ルス号事件を過大に捉えていないほか、先行研究をよく踏まえている。しかし、娼婦を「性的奴隷」と捉え、北海道の遊廓について植民地主義的なものとするあたりは、単なる左翼的歴史学界の流行に乗ったものだし、全体的に左翼的バイアスが強いのは否めない。特に、売春防止法施行についてはまるで触れず、現代日本の娼婦についてまで、何の検証もなしに、「売買春を肯定する議論には生理的についていけない」などとするのは、勇み足だろう。

海の仙人
絲山秋子
新潮社／二〇〇六年
おすすめ度：★☆☆☆☆

川上弘美の亜流（二〇〇七年十一月十二日）

「ファンタジー」などという得体の知れない存在が登場するあたり、川上弘美の亜流でしかない。芥川賞受賞作に比べると、そういうものを導入した時点で、作者の独自性は損なわれており、とうてい評価できない。

オアシス
監督：イ・チャンドン
出演：ソル・ギョング、ムン・ソリ
バンダイビジュアル／二〇〇四年
おすすめ度：★★★★☆

（二〇〇七年十一月二十七日）

観ていると、前半は、薄汚い話だなあと思うが、観終わって少したつと、いい映画だったなあと思う。障害者の演技がすごい。

主君「押込」の構造
近世大名と家臣団
笠谷和比古
講談社／二〇〇六年
おすすめ度：★★★☆☆

それほど画期的だろうか（二〇〇七年十二月七日）

本書以後、「主君押込」という語はちょっとした流行になっているが、著者自身も述べているとおり、このことは近世武家社会をある程度以上に知っている者にとっては、本書以前から常識に属していたのではないか。藩主が絶対的権力を持っていたなどと思っていた者はあまりあるまい。また本書自体、前半三分の一を読む程度で既に結論は出ており、後は水増しの観が強い。研究として遺漏があるわけではないが、一般人が購入してまで読むべきものか、図書館で披見すれば済む種類のものではないかと思う。

破壊者ベンの誕生
ドリス・レッシング　上田和夫（訳）
新潮社／一九九四年
おすすめ度：★★☆☆☆

普通の小説（二〇〇七年十二月十日）

ノーベル賞受賞ということで読んでみたが、梗概以上のものはない。普通の小説。名作でもないし佳作かどうかも疑わしい。だから何？　という感じである。きっとレッシングの代表作はほかにあるのだろう。

贈る言葉
柴田翔
新潮社／二〇〇七年
おすすめ度：★☆☆☆☆

ものすごく気持ち悪い（二〇〇七年十二月十一日）

表題作について書く。これが「新潮文庫の１００冊」だったなんて悪夢のようだ。東大生のカップルが、セックスをさせるかさせないかでむやみと気障な議論を繰り返し、結局しないのだが、とうてい現代において読まれるものとは思えない。逆に、そのような相手のいない男女にとっても、まったく縁遠い話である。気持ち悪いものを読みたい人にはお勧めである。

にっぽん泥棒物語
監督：山本薩夫
出演：三国連太郎、佐久間良子
東映ビデオ／二〇〇七年
おすすめ度：★★★★★

埋もれた名作（二〇〇七年十二月十三日）

山本薩夫監督の社会派映画ということで、これまで不当に埋もれていた名作ではないかと思う。三国連太郎の東北弁を駆使しての名演技に、脇役陣も素晴らしく、伊藤雄之介の悪人警官や、被告の鈴木瑞穂の常に明朗さを失わない態度、またシナリオも巧みに練り上げられていて、キャスティングにもミスがない。絶対観るべき映画の一つといえよう。

弓
監督：キム・ギドク
出演：チョン・ソンファン、ハン・ヨルム
ハピネット／二〇〇七年
おすすめ度：★★★★★

（二〇〇七年十二月十三日）

なんというエロさ、まるで日本人が撮ったようだ。キム・ギドクは韓国の谷崎潤一郎だ。

不器用
野田聖子
朝日新聞社／二〇〇七年
おすすめ度：★☆☆☆☆

議員としてのモラルが問われる（二〇〇七年十二月十八日）

二〇〇五年六月、野田聖子は、受精卵を凍結している、と明かしている（朝日新聞など）。そのことは、この本では一切伏せられている。その後鶴保議員と別れたのは周知の事実。受精卵は育ちきらなかったらしいが、受精卵の凍結などということが生命倫理上許されるのか。もし、許されるというなら堂々と申し開きをすべきであろう。国会議員であるにもかかわらず、野田はそれをごまかしている。モラルが厳しく問われなければならないと思う。本書中でも、鶴保と別れた後、凍結精子を使って体外受精を試みたことが書かれているが、そもそも人工授精は、入籍した夫婦でなければしないというのが医師会のガイドラインである。とうてい許されることではない。

けものたち・死者の時
ピエール・ガスカール
渡辺一夫、佐藤朔、二宮敬（訳）
岩波書店／二〇〇七年
おすすめ度：★☆☆☆☆

過去の遺物（二〇〇七年十二月三十日）

もはや、初期大江健三郎の「奇妙な仕事」や「死者の奢り」に影響を与えたという以上の意味はないだろう。この文庫版も、一九五五年のものを、解説もろともに文庫化しただけで、ガスカールの没年（一九九七年）も書かれていないし、刊行当時の佐藤朔と渡辺一夫の解説が載っているだけで、現在におけるガスカールの評価が解説として加わっていないのは、驚くべき投げやりさだが、それだけ過去の遺物であることを余計に示しているということだろう。

文芸時評
現状と本当は恐いその歴史
吉岡栄一
彩流社／二〇〇七年
おすすめ度：★★★★★

文藝時評の頽廃を抉る（二〇〇八年一月四日）

著者は五十代の英文学者だが、これまでにも『青野聰論』などを書いている。文壇とは無縁であり、また出版社は文学系ながら大手文藝出版社ではない。だからこそ書けた真実という気がする。明治期から現代までの文藝時評の歴史を細かに辿りながら、かつてはおおむね、ダメなものはダメだと書いていた文藝時評が、一九七〇年代頃から、褒め批評が主となってしまい、いわば「堕落」した歴史を描いている。現在の文芸雑誌の書評欄というのは、褒めるための場と化している観がある。ただ逆に言えば、貶されている作家もあって、それはその作家が、貶してもいい位置にいるからであるということを付け加えるべきだったろう。実はここの見極めが大切なのであり、大江健三郎は貶してもいい作家なのである。あと、著者が、褒め書評が主流となった時代に、かつてのような厳しい時評をした、と書いている渡部直己と絓秀美が、何一つ「文学賞」を受賞していないことも、銘記すべきだ。むろん、文学作品の評価をめぐる論争がほとんど起こらないこと自体が、文壇の現状でもある。

ただし、271〜272項、日本とフランスが戦争をしたという秋山駿の認識が誤りであることを書いていないのは手落ちだろう。

病み情報社会
金子義保
新書館／二〇〇七年
おすすめ度：★☆☆☆☆

趣旨不明である（二〇〇八年一月十日）

タイトルやまえがきからは、過剰な病気に関する情報が社会を歪めている、と主張する本のように思えるが、実際は、これこれをするとこんな怖い病気になりますよみたいな「脅し」の連続である。こんなもの通読したらヒポコンデリーになってしまうではないか。

運を引き寄せる十の心得
谷沢永一
ベストセラーズ／二〇〇八年
おすすめ度：★★★★☆

国文学会裏面史（二〇〇八年一月十二日）

この題名ではもったいない、谷沢永一風雲録とも言うべきもので、谷沢―三好論争の出発点とか、谷沢が東大に怨念を抱く理由とか、日本近代文学研究の内幕がぞろぞろ書いてある。日本近代文学に限らず、文学研究者必読の書である。

田沼意次の時代
大石慎三郎
岩波書店／二〇〇一年
おすすめ度：★★☆☆☆

辻善之助……？（二〇〇八年一月十五日）

田沼意次を再評価する本だが、その内容はともかく、最初のほうで、大正時代の辻善之助『田沼時代』が、賄賂政治家としての田沼の悪評を広めた、とある。辻著は岩波文庫に入っているが、むしろ、それまで悪人政治家とされてきた田沼を、商業重視、開国に積極的な姿勢をとった政治家として再評価した本であり、大石に異論があるとしても、辻著に対する評価として、フェアではないのではないか。辻著は岩波文庫に入っていて、解説目録を見たって、田沼再評価の本と書いてあるのに、岩波からこういう本が出るのは奇妙だし、読者に辻著に対する誤解を与えるもので、自身の著作の価値を大きく見せようとするやり方ではないか。

今宵、フィッツジェラルド劇場で
監督：ロバート・アルトマン　出演：メリル・ストリープ、リリー・トムリン
東宝／二〇〇七年
おすすめ度：★☆☆☆☆

去勢された映画（二〇〇八年一月二十日）

あってもなくてもいい懐古映画である。しかし信じがたいのは、全編通じて喫煙シーンがひとつもないことで、いかに禁煙ファシズムのひどい米国でも、そんなことはありえまい。そんなことまで検閲してしまう米国社会が怖いし、アルトマンよ、お前の反骨精神はその程度か、と言いたい。

小田原事件
谷崎潤一郎と佐藤春夫
ゆりはじめ
夢工房／二〇〇七年
おすすめ度：★☆☆☆☆

間違いだらけ（二〇〇八年一月二十日）

こういうマイナーな本について言っても仕方がないが、二〇〇六年時点でのものとしては間違いが多すぎる。「笹沼」は「長沼」になっているし、「現代語訳源氏物語」は「注釈」、昭和五年の妻譲渡声明文が「親しい文壇の仲間に送られたものが新聞紙上に公開された」とか、しかも和田六郎のことは出てこないし、妻譲渡事件まで「小田原事件」と呼ばれたとあるし、荷風が谷崎を推挙したとか、「明治二十一年」の精二宛の手紙とか、精二が昼は大学夜は夜警をしたとか、間違いだらけである。

しゃべれどもしゃべれども
監督：平山秀幸
出演：国分太一、香里奈
角川エンタテインメント／二〇〇七年
おすすめ度：★☆☆☆☆

人生を甘く見ている（二〇〇八年一月二十三日）

こんな甘ったるい落語映画がキネマ旬報で三位になって、あの名作「の・ようなもの」がベストテンから外れているなんて不条理である。子供、落語うますぎ。落語家なんて不遇で食えなくて短命な職業で、もっと悲惨なことがたくさんあるのに、何これ。こういう映画を若者が観て人生甘く見たら困るね。

路上喫煙にＮＯ！
ルールはマナーを呼ぶか
千代田区生活環境課
ぎょうせい／二〇〇三年
おすすめ度：★☆☆☆☆

ポイ捨てしなけりゃいいのか（二〇〇八年一月二十四日）

路上喫煙は悪くなどない。人ごみでの喫煙や、ポイ捨てがいけないだけである。結局、千代田区以後、路上喫煙課金の条例を作る地区が増えて、では人もまばらな場所とか、夜中の誰もいないところとかでもいけないのか、という問いには答えないのだ。じゃあポイ捨てしないで吸殻を持ち帰ればいいのか。まったく異論に耳を傾けようとしないファシズム行政。

青銅の基督
長与善郎
岩波書店／一九七一年
おすすめ度：★☆☆☆☆

愚作（二〇〇八年一月二十五日）

なんでこんな愚作が近代日本の代表的古典のように言われているのか理解に苦しむ。近世初期の話なのに会話といい手紙といいまるで大正時代そのままだし、文章にしたって大正期の一般的レベルを遥かに下回っている。畢竟こんなものが古典のように言われているのは、キリシタンの主題が西洋人に好まれて西洋で翻訳されたからに過ぎまい。その辺、遠藤周作と似たようなものだ。

バベル
監督：アレハンドロ・ゴンザレス・イニャリトゥ
出演：ブラッド・ピッド、ケイト・ブランシェット
ギャガ・コミュニケーションズ／二〇〇七年
おすすめ度：★★★★★

（二〇〇八年一月二十七日）

悔しいが傑作である。米国における白人と不法移民、モロッコ、日本と三箇所を舞台にして、政治的メッセージが題名に隠されていて、そういう映画は嫌いだし、筋立ても演出もあざといところが多い。にもかかわらず、傑作であることは認めざるをえない。それにひきかえ昨今の日本映画のいくつかの軟弱であることよ。

ラディカル・ヒストリー
ロシア史とイスラム史のフロンティア
山内昌之
中央公論社／一九九一年
おすすめ度：★★☆☆☆

中途半端に古い（二〇〇八年一月二十九日）

何しろソ連崩壊直前に書かれているので、今わざわざ読むような本ではない。たとえ古い本でも、その当時の様子を知るために読むに値する本はあるが、これの場合、奇妙に時評めいた書き方がされている上、中途半端に古い上、イスラームに関する他の多くの本が出た現在、受賞作であっても読む意味はない。

藤原忠実
元木泰雄
吉川弘文館／二〇〇〇年
おすすめ度：★★★☆☆

波瀾の人生（二〇〇八年一月二十九日）

頼通のあと、師実、師通、忠実と続く藤原摂関家だが、院政期と重なるため、保元の乱以前については一般書が少なかったので、平治の乱の後まで生き延びた忠実の伝記として貴重ではあるが、このシリーズに未だに白河法皇がないのが残念である。

なおP29、堀河天皇と関白師通が対立したとあるが、出典である美川圭『院政の研究』を見ると、師通ではなく勅勘を蒙ったのは父の師実の方である。師通の関白時代の話ではあるが、記述に誤りがあるとせねばなるまい。

合コンの社会学

北村文
光文社／二〇〇七年
おすすめ度：★☆☆☆☆

分かりきったことをことさららしく（二〇〇八年一月二十九日）

合コンに行けば相手が見つかるなどというのは、宝くじを買えば百万円が当たると思うほど愚かなことである。というか、この著者らは書いていないが、私は合コンに行ったことがない。排除されたからである。あまりに場の雰囲気を壊す者は、呼ばれさえしない合コン。

だいたい、著者らが想定するような「愚かな」読者相手に、今さら分かりきった「もてない者はどこへ行ってももてない」という、九年も前に私が指摘した事実をことさららしく書き連ねるというのは、鈴木由加里の『モテの構造』とか、東大准教授の本田由紀の「ハイパーメリトクラシー」もそうだが、末期症状ではないか。分かりきったことを愚か者相手に書くだけが能の昨今の恋愛系社会学の惨状がよく分かる本。

新聞小説の時代
メディア・読者・メロドラマ

関肇
新曜社／二〇〇七年
おすすめ度：★★★★☆

苦言と同情（二〇〇八年一月二十九日）

主題は大変魅力的だが、扱っている作品が有名作品に過ぎよう。明治の新聞小説は、今では忘れられた多くの作家の作品の中に、ここで扱われている有名作品が混じっている。半井桃水とか武田仰天子とか渡辺霞亭とかである。『不如帰』や『虞美人草』を今さら論じるより、それらの埋もれてしまった小説を発掘して内容紹介でもするか、復刻でもしなければ、研究は前進しないのである。しかしながら、有名作品を論じなければ研究助成金が降りないとか、本として出版できないとかいう事情があって、一概に著者を責められない。苦言と同情と題した所以である。

大隈重信
中村尚美
吉川弘文館／一九八五年
おすすめ度：★☆☆☆☆

早稲田教授の描く大隈（二〇〇八年二月七日）

著者・中村尚美は早稲田出身の早稲田教授である。当然のことながら、そういう人物の書く大隈伝が客観的でないだろうが、第二次内閣で対華二十一か条要求を出して後の侵略の先鞭をつけたことにはまったく触れていない。大隈伝は早稲田出身者以外が書くべし。

サイドカーに犬
監督：根岸吉太郎
出演：竹内結子、古田新太
ポニーキャニオン／二〇〇七年
おすすめ度：★☆☆☆☆

（二〇〇八年二月八日）

何という退屈な映画だろう。まるで芥川賞受賞作のようだ。根岸吉太郎も落ちたものだ。まあこういう映画が存在してもいいが、これでキネマ旬報六位かね。

松ヶ根乱射事件
監督：山下敦弘
出演：新井浩文、山中崇
バップ／二〇〇七年
おすすめ度：★☆☆☆☆

筋が分からない（二〇〇八年三月二日）

どうも筋がよく分からない。なぜ怪我もしていないあて逃げ程度で脅迫されるのか、なぜ春子が売春させられていることを知っているのに父親が妊娠させたと思っているのか。この兄弟は頭が弱いのか？　まあ前者は恐ろしくて事後の判断ができなかった、といえるが、いくら頭が弱くても、後者は甚だ疑問で、脚本にミスがあるのじゃないかと思わせる。もし私が何か見落としているなら、下のトピック欄で教えてください。

ゾディアック
監督：デビッド・フィンチャー　出演：ジェイク・ギレンホール、マーク・ラファロ
ワーナー・ホーム・ビデオ／二〇〇七年
おすすめ度：★☆☆☆☆

（二〇〇八年三月二十日）

悪夢のような映画だ。引っ張るだけ引っ張って結局分からないのかよ。こういう映画を作る理由が分からん。

天然コケッコー
監督：山下敦弘
出演：夏帆、岡田将生
角川書店／二〇〇七年
おすすめ度：★☆☆☆☆

（二〇〇八年三月二十四日）

退屈の一語に尽きる。「女子高生が出てきて、わーって感じで、あ、そう」ってこれのことじゃないか。もう山下敦弘は勘弁してほしい。

クィーン
監督：スティーヴン・フリアーズ
出演：ヘレン・ミレン、マイケル・シーン
エイベックス・エンタテインメント／二〇〇六年
おすすめ度：★☆☆☆☆

（二〇〇八年三月二十九日）

途中まではおもしろかったが、なんだ英国王室と労働党右派ご用達映画か。

パーネ・アモーレ
イタリア語通訳奮闘記
田丸公美子
文藝春秋／二〇〇四年
おすすめ度：★☆☆☆☆

面白くないです（二〇〇八年四月四日）

けっこう点数が高いようですが、実は面白くないです。下ネタで笑わせようとする意欲だけは分かりますが、全然面白くないです。米原万里の面白くないのを集めたような感じです。

夕凪の街　桜の国（映画）
監督：佐々部清
出演：田中麗奈、藤村志保
東北新社／二〇〇八年
おすすめ度：★☆☆☆☆

（二〇〇八年四月十日）

現代日本の精神的頽廃を示す一例である。

原爆を扱えば、ある程度の評価が得られるという精神的頽廃である。政治的なものでありながら、右翼も左翼も文句を言わない。登場人物はみないい人。こうして原爆を扱った小説や映画が繰り返し産出されるのだ。

若い人には、日本の核被害は広島と長崎だけではないことを知るために、新藤兼人の「第五福竜丸」を是非観て欲しいと思う。

色男の研究
ヨコタ村上孝之
角川学芸出版／二〇〇七年
おすすめ度：★☆☆☆☆

『多情仏心』を論じない偽善（二〇〇八年四月二十日）

戦後、一夫一婦制は思想として定着し、今や里見弴の「まごころ哲学」つまり偉い男なら何人もの女に同時に惚れることができるはずだと説いた『多情仏心』は時代遅れとなり、品切れ状態である。そんなに過去世の「色男」は悪いのか、と開き直り哲学を開陳しようとした書物だが、どうも著者本人は当代婦女子に嫌われたくなかったらしい、「色男」といえば何よりポリガマス性がその本質であって、一人の女を終生大事に守るモノガマスな色男などというのは、形容矛盾でしかあるまい。

ところが著者は、そんなことを言えば総スカンを食らうのが分かっているから、「色男」を「コミュニケーション能力がある」と定義して、女に恋して青ざめる近代青年などよりそちらのほうがいい、と言いつつ、別に近代以降いま現在まで「色男」は、著者本人同様にたくさんいて色恋を謳歌しているのに、それを無理やり、迫害されている者たちであるかのごとくに言い、『多情仏心』など一切論ぜず、ただ被害者意識に満ちた論述をなすばかりである。こういう偽善的な書物がサントリー学芸賞を受賞するのは、実に虚偽に満ちた現世であると思わざるをえない。

長江哀歌
監督：ジャ・ジャンクー
出演：リー・チュウビン、ハン・サンミン
バンダイビジュアル／二〇〇八年
おすすめ度：★☆☆☆☆

ひたすら退屈です（二〇〇八年五月六日）

なんちゅう退屈な映画だろう。これが高く評価されるというのは、退屈なら藝術的だとでも思っている人がけっこういるのということだろう。日本の自然主義文学のある時期の異様な退屈さを思わせて、まあタルコフスキーあたりが好きな人にはいいけれど、退屈な映画が嫌いな人にはお勧めできません。

妻は宇宙人
山中幸盛
鳥影社／二〇〇八年
おすすめ度：★★★☆☆

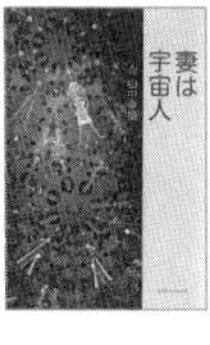

本人のレビューだけでは見当がつかないので（二〇〇八年五月八日）

珍書です。小説だそうですが、実録に見えます。高卒の主人公が、名古屋大卒の美人と結婚しますが、妻はアスペルガー症候群です。そのうち妻の友人と不倫しますが、セックス描写がしつこく出てきます。各種新人賞に応募して落選し、遂に自費出版を決意したそうです。友人には芥川賞五回落選の村上政彦もいます。自費出版の世界は怖いです。

幽霊塔
江戸川乱歩
東京創元社／一九九七年
おすすめ度：★★★★★

不朽の名作（二〇〇八年五月二十九日）

ウィリアムソンの『灰色の女』を黒岩涙香が『幽霊塔』として翻案したものを、さらに乱歩が書き直したもので、高校時代夢中になって読み、ヒロインに恋してしまったほどだった。まあそれ以来読み返していないからいま読んだらどうだか分からないが、名作だと思う。

スマイルBEST　シカゴ
監督：ロブ・マーシャル　出演：レニー・ゼルウィガー、キャサリン・ゼタ＝ジョーンズ
ハピネットピクチャーズ／二〇〇七年
おすすめ度：★☆☆☆☆

実に不快だ（二〇〇八年五月三十日）

仮にも殺人犯を弁護士の口八丁で無罪にするなんてふざけた話をミュージカルにして喜んでいるアメリカ人の軽薄さが実に不快だ。『エヴィータ』とか『コーラスライン』とかのほうがよっぽどいい。

わが久保田万太郎
後藤杜三
青蛙房／一九七三年
おすすめ度：★★★★★

ダメ人間の生涯（二〇〇八年六月二日）

久保田万太郎に半ば師事した筆者による久保田伝とも、久保田の肖像ともいうべきもので、大宅壮一ノンフィクション賞を受賞しているが、ここから浮かび上がってくるのは、どうしようもないダメ人間、久保田の姿である。浮気のために妻が精神を病んで自殺、それからしばらくしてもらった二番目の妻は悪妻、そして親友・水上瀧太郎は久保田のだらしなさに愛想を尽かして去る。それだけならダメ藝術家で美化もできるところを、演劇界のボスとして「長」のつくものをいくつも兼ね、賞は自分の周囲の者に次々と与えるという独裁者ぶりを示す。ああ何という醜悪な人間であろうか、久保田万太郎というのは。

定本　言語にとって美とはなにか
吉本隆明
角川書店／二〇〇一年
おすすめ度：★☆☆☆☆

天下の愚書（二〇〇八年六月六日）

これほど有名でありながら、これほど何を言っているのか分からない書物というのも珍しい。吉本が言っているのは、自己表現であれば高尚で、そこから離れると藝術的価値は下がるというごく単純な文学価値論に過ぎないのだが、ひたすらそれを日本文学史に当てはめてだらだらと記述するだけで、読んで得るものはほとんどない。夏目漱石の『文学論』にも匹敵する、学理的閑文字と言うべきだろう。

グッバイ、レーニン！
監督：ヴォルフガング・ベッカー　出演：ダニエル・ブリュール、カトリーン・サーズ
グラッソ／二〇〇四年
おすすめ度：★☆☆☆☆

ナチス・ドイツを懐かしむ老人のような（二〇〇八年六月十四日）

おかしな映画だ。第一に、西側へ亡命しようとしていたと知ってもなお東ドイツごっこを続ける意味が分からない。あるいは「善き人のためのソナタ」を観てから観れば、何やらナチス・ドイツを懐かしむ老人を慰める映画のようで、その言い訳のために、夫が党員でなくてひどい目に遭ったという挿話を入れて、シナリオをぶち壊してしまっている。

要するにワン・アイディアだけで撮った、歴史についてよく知らない人のみが感動する映画だということだ。

シルバー假面（1）
監督：実相寺昭雄
出演：ニーナ、渡辺大
ジェネオン エンタテインメント／二〇〇七年
おすすめ度：★☆☆☆☆

道具立てだけ（二〇〇八年六月二十日）

まあ浅草オペラとかドイツ文学とか鴎外とエリスの娘がシルバー仮面だとか、アイディアだけ、道具立てだけで、台詞は下手だしむちゃくちゃ退屈なのである。実相寺昭雄というのは実は大したことはないのではないかという仮説を証明された気がした。

どくとるマンボウ航海記
北杜夫
新潮社／一九六五年
おすすめ度：★★☆☆☆

ユーモアが古い（二〇〇八年六月二十三日）

まあ刊行された当時は、こういう感じのユーモアがはやっていたわけだが、今となっては古臭さが否めない。もっとも最近、森見登美彦なんかもこれのもっと悪どい感じの文章を書くから、若い作家は先祖返りしているのかもしれないね。

性犯罪被害にあうということ
小林美佳
朝日新聞出版／二〇〇八年
おすすめ度：★☆☆☆☆

新味はない（二〇〇八年六月二十六日）

十年前に出た緑河実紗の『心を殺された私』にショックを受けた私からすると、この本は、さして新味はない。活字の組も大きく、ざっと見るだけで内容は分かる。この種の本を読んだことのない人には意義があるかもしれないが、私なら緑河の著書を勧める。

「同情を買いたくない」という著者の語を信じて、書籍としての評価を下した。

金瓶梅 13
わたなべまさこ
双葉社／二〇〇七年
おすすめ度：★★★★★

待ってました！（二〇〇八年六月二十八日）

もう十数年前から読み続けているわたなべ金瓶梅、長く単行本が出なくて、どうしたかと思っていたら、やっと続きが出た。相変わらずエロティック。しかも十三巻では、『水滸伝』の頭領の一人母夜叉孫二娘が、西門慶の第四夫人孫雪娥の姉だったというオリジナルストーリーが展開して、白話小説ファンには堪えられない。そして遂に武松の登場だ！

恋愛の社会学
「遊び」とロマンティック・ラブの変容
谷本奈穂
青弓社／二〇〇八年
おすすめ度：★☆☆☆☆

卒論レベル（二〇〇八年六月三十日）

最初のほうで、「恋愛は明治期に西洋から輸入された」説が紹介され、だから恋愛は社会学の対象たりうるのだと、よく論理の分からない主張がなされる。注ではこの説への私の批判があることも書いてあるのだが、著者はいずれとも判断できない。

それも道理で、本体は、歴史的展望も階層的分析もない、現代の雑誌やマンガの、週刊誌記事なみの「分析」でしかないし、結論もまた同様で、週刊誌記事、卒論のレベルである。こんなもので博士号がとれるなんて、阪大も落ちたものだと思いますよ、伊藤公雄さん。

刺青とヌードの美術史
江戸から近代へ
宮下規久朗
日本放送出版協会／二〇〇八年
おすすめ度：★★★☆☆

残念ながら（二〇〇八年七月四日）

かねて裸体論を期待していた美術史家の刺激的な著作だが、日本人は近世以前裸体を気にしなかったという議論は、著者も引いているデュルによって論破されているし、男が若い女の裸体に興奮しなかったというのは、『好色一代男』の世之介の覗きや、渡辺信一郎『江戸の女たちの湯浴み』を参照すれば間違いであることが分かる。全体として、日本人の身体観と西洋人の身体観というものを単純化して対比しようとする姿勢が目立ち、感心しない。渡辺京二の僻論に惑わされたのは残念である。「生人形」についても、木下直之『見世物としての美術』を見れば済むことで、肝心の「刺青」については最後のほうの一章で扱われるだけである。西洋美術が専門なので、日本美術についてはどうも素人くさく、さらなる研鑽に期待したい。

（著者より指摘があり、渡辺京二など評価していないとのこと。それならはっきり批判して欲しかったし、田中優子ももっとはっきり批判して欲しかった。若桑みどりの『隠された視線』も事実誤認だらけのひどい本なので、評価しないで欲しかった。また生人形については、木下氏以前に宮下氏が調査したとのことである。やはり美術史の世界で若桑みどり批判はタブーなのだろうか）

書きあぐねている人のための小説入門
保坂和志
草思社／二〇〇三年
おすすめ度：★★☆☆☆

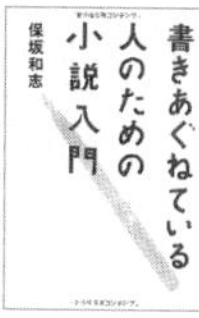

題名、主題に一貫性がない（二〇〇八年七月六日）

当人も認めているが、始めは、新人賞などとらなくてもいい、成長のために小説を書くのだ、と言いつつ、途中で、だんだんやたらあれはダメこれはダメと言い出して、しまいには、うまく行かなかった作品は書き直さず、全集の「初期作品」のところにでも入れればいいなどと驚くべきことを言い出す。これは「全集が出るような大作家のためのお説教」か？

しかしその当人が、以後小説が書けなくなっているのは、本書の信頼性をだいぶ損なっているのではないか。

ドット・コム・ラヴァーズ　ネットで出会うアメリカの女と男
吉原真里
中央公論新社／二〇〇八年
おすすめ度：★★★★

ある意味で画期的な書（二〇〇八年七月七日）

本書は、画期的である。第一に、非婚化・晩婚化が進む現代において、ネットお見合いやネット恋愛はもっと奨励されるべきだと私は思っているが、世間は依然として、「セックス目当ての出会い系」への偏見を持っている。サクラだらけのサイトは問題外だが、ちゃんと恋愛や結婚の相手と出会えるサイトはある。それを、女性学者が実践し、こうして本として世に出した。第二に、日本の女性学者は、フェミニズムやらジェンダー論の優等生的な論文を書いて、セックスについても先鋭的なことを言いつつ、自分自身の恋愛やセックスについて語る人があまりに少ない。この著者は、それを書いた。ハワイ大学教授（四十歳）だからこそということもあろうが、日本出身の日本人であることを思えば、画期的である。

文章は依然として優等生的、あるいは英文和訳調のところもあるが、以上二点から、高く評価したい本だ。

巨匠とマルガリータ
ミハイル・A・ブルガーコフ　水野忠夫（訳）
河出書房新社／二〇〇八年
おすすめ度：★★★☆☆

恐れ入りますが……（二〇〇八年七月十日）

確かに冒頭部は面白い。まったく奇抜だし、期待を抱かせる。ところが第二部に入って、マルガリータなる女が全裸で箒に乗って空を飛び、ネタが割れて何でもありになると、まるっきりただのファンタジー小説になってしまって、どうも面白くない。これはたとえれば、推理小説だと思って読んでいたらSFだった、みたいなもので、奥泉光の小説のような、肩透かしを食らった気分になる。それにキリスト教徒ではない者にとっては、キリストの処刑のありさまなんぞ、どうでもいいのだ。

妻と僕 寓話と化す我らの死
西部邁
飛鳥新社／二〇〇八年
おすすめ度：★☆☆☆☆

相変わらずのお談義（二〇〇八年七月十六日）

妻の闘病を見守る夫の手記のようなものを期待して読めば、まず失望するだろう。例によって、今さら目新しくもない自伝的文章と、古今東西の「思想家」を引用して、いつものお談義が繰り広げられているだけである。

白河法皇 中世をひらいた帝王
美川圭
日本放送出版協会／二〇〇三年
おすすめ度：★★★☆☆

苦言ひとつ（二〇〇八年七月十七日）

意外にも、白河法皇を単独でとりあげた書籍はまだなかったから、好個の一冊であり、安田元久以来の、白河院が源義家を圧迫したという説への、元木泰雄による批判も取り上げられていて、白河院政期に関する好個の一般書である。願わくはあと一歩踏み込んだ注が欲しかったところである。

ただし一点だけ苦言がある。待賢門院についてｐ72に「当時の性に関する意識からすれば、婚姻前の女が複数の男性と関係をもつことは、けっして非難されるべき問題ではない」とあるが、これは違うだろう。庶民の女や宮廷女房ならいざ知らず、法皇の養女において、そのようなことは考えられない。著者がなぜこのような誤りに捉えられたのか、興味深いところではあるが。

時が滲む朝
楊逸
文藝春秋／二〇〇八年
おすすめ度：★☆☆☆☆

史上最低の芥川賞受賞作（二〇〇八年七月十八日）

……の一つ、と言おう。漢語表現をそのまま使っているほか、変な日本語が散見される。中味にしても、何ら小説である必然性がなく、これなら、ドキュメンタリーかノンフィクションを読んだほうがいいだろう。白英露とかいう女の描写も中途半端だし、「梅」とかいう妻に至っては、何も描かれていない。同人雑誌に載って埋もれていくべきレベルの「小説」である。

パール判決を問い直す「日本無罪論」の真相
中島岳志
講談社／二〇〇八年
おすすめ度：★☆☆☆☆

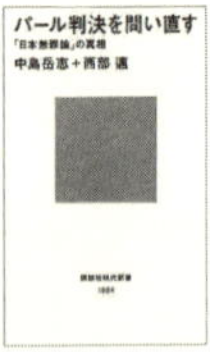

やっぱりごまかしているだけ（二〇〇八年七月十九日）

本書に、小林よしのりや牛村圭へのきちんとした対応を期待するおめでたい人びともいるかもしれないが、そんなものはない。学問は、細部の積み重ねから成るものだが、西部と中島は、ひたすら細部をごまかし、誰がそうしているのか主語を欠いたまま「左翼は何々」といった朦朧体での批判を行い、自分らへの批判には答えず、パールの思想がどうの、それは保守派としていいのかどうか、といった雑駁な駄弁を弄しているだけである。

大江匡房
川口久雄
吉川弘文館／一九八九年
おすすめ度：★★★★★

躍動する描写（二〇〇八年七月二十三日）

この人物叢書は、よい伝記シリーズだが、学者が書くものだから時おりは無味乾燥である。だが川口のこの匡房伝は、地味な学者の生涯を描きながら、著者の博大な知識と、瀬戸内晴美の小説にまで触れる自由な精神、西洋語の適切な使用、漢詩漢文からその裏を推察する透徹した眼力などによって、学者的精神と文人的精神がともに発揮された、味読に耐える伝記となっている。

早春物語
監督：澤井信一郎
出演：原田知世、林隆三
角川映画／二〇〇七年
おすすめ度：★★☆☆☆

ああ八〇年代（二〇〇八年七月二十五日）

いま観ると、冗談で作ったとしか思えないほど、バカバカしいストーリーである。これが仮にもキネマ旬報ベスト九になったのだから、八四年というのがいかにアレな時代で、原田知世がいかに奇妙な人気があったか、分かるというものだ。むしろ今の若い人に、八〇年代というのがどういう時代だったか知るために観てもらうといいかもしれない。

双調平家物語〈6〉
保元の巻（承前）
橋本治
中央公論新社／二〇〇〇年
おすすめ度：★★★☆☆

巻名に乱れあり（二〇〇八年八月二日）

このシリーズは、内容はともかく、題名は平家物語ながら古代から始まっている。それはよいが、巻名と内容のずれが甚だしい。第五巻が「父子の巻・保元の巻」となっているのは、忠実・忠通父子の確執から保元の乱の発端を描くつもりだったのだろうが、大幅にずれて、第六巻「保元の巻（承前）」は、後三条院の即位から、待賢門院の女院宣下までである。当初の予定にこだわらず巻名はその都度改めるべきだったろう。

待賢門院璋子
保元の乱前夜
安永明子
日本図書刊行会／一九九九年
おすすめ度：★★★☆☆

白河院と鳥羽院（二〇〇八年八月六日）

角田文衛の『待賢門院璋子の生涯』を小説化したもの、といえばよかろう。あまりこの時代は歴史小説の題材にならないから、もう少し読まれてほしいところだ。あまり有名でない人物が多数登場するややこしいところをうまく切り分けている。もっとも最後のほうで高陽院泰子が、24歳も年の差がある藤原忠通と頼長の少年時代を回想したりするのは、おかしいが。

人造美女は可能か？
巽孝之
慶應義塾大学出版会／二〇〇六年
おすすめ度：★☆☆☆☆

ラブドールを知らんのか（二〇〇八年八月八日）

いや驚きである。本書が出た二〇〇六年には、オリエント工業を始めとして精巧なラブドールが製造され、秋葉原にはレンタルルームすらできていたというのに、これにはまったく触れていない。大学の先生たちが書いた本だからしょうがないかというと、現代のマンガやアニメからバービー人形に関する考察まであるのに、ラブドールを無視して、SFに出てくる性欲処理人形の話なんかしている。先端的で異端的であるつもりの人が、時に激しく周縁文化を排除するという好例で、そのありさまは遊女だの遊廓だのの礼賛を繰り広げつつソープランドを決して論じない人々とパラレルをなしている。人造美女は君らが無視している世界に既に存在しているのだよ。

女と子どもの王朝史
後宮・儀礼・縁
服藤早苗
森話社／二〇〇七年
おすすめ度：★★★☆☆

平野恵理子のコラムに異議あり（二〇〇八年八月八日）

本書全体の評価ではないが、ここに収められた平野恵理子のコラム「美福門院」はひどい。これではまるで小説だ。第一に、美福門院得子が鳥羽院の寵愛を受けた時に、その一族を処罰したのを待賢門院のように書いているが、これは崇徳院がしたこと。第二に、雅仁（後白河）の即位に美福門院が「あの方は今様狂いではないか！」と言ったなどということは史料にない。歴史作家の想像である。また保元の乱を、頼長と崇徳院が兵を挙げたと書いているが、これは関白忠通、信西入道の陰謀であると見るのが史料上から見ても正しい。待賢門院の人気が高いので、美福門院を主人公にした小説でも構想したのだろうが、小説なら小説として書いてほしい。

続　羊の歌
わが回想
加藤周一
岩波書店／一九六八年
おすすめ度：★★★★★

美男子で、しかし高潔な（二〇〇八年八月十二日）

東京の裕福な家庭に生まれ、古典的な教養を幼い頃から身につけ、東大医学部卒の医師であり、美男子でありまた才能豊かな加藤周一の、成年以後の自伝である。そこには、表題からは意外なまでに、女性関係の話が出てくる。京都にいる女と恋をしていた加藤青年は、イタリアで出会ったオーストリア人女性と恋におち、遂には京都の女に別れを告げる。しかもこれを綴る文章は、時おり西洋語的なジョークの口調を混じえ、高尚な教養を滲ませ、気障ととられても仕方がないのに、全体が静かな響きをもって、厭味である、として本書を一蹴させることがない。それは今日に至るまで、国家的褒賞を一切受けない加藤の高潔な魂が本書に流露しているからであろう。

六〇〇〇度の愛
鹿島田真希
新潮社／二〇〇五年
おすすめ度：★☆☆☆☆

三島由紀夫賞はどうなっているのか？（二〇〇八年八月十七日）

三島賞受賞作だが、いったいなぜ受賞したのか理解に苦しむほどに不出来な小説である。第一に、書かずにいられずに書いたという意欲がまるで感じられず、三百枚程度の長編を注文されてひねり出したように見える。長崎へ行った女と、そこで出会った混血青年の、通俗小説めいたセックス描写が、長崎の原爆と重ね合わせられ、ロシヤ正教に関する知識がちりばめられて描かれているだけで、何の感興も呼び起こさない。フランスの小説や映画には、よくこういう退屈なものがあるが、それのまねだとしたら、別に言うべきことはない。面白いと思う人がいたらいたで構わない。しかし私にはちっとも面白くなかった。

LOVE
古川日出男
祥伝社／二〇〇五年
おすすめ度：★☆☆☆☆

三島由紀夫賞の謎（二〇〇八年八月十七日）

わけが分からずかつ退屈な小説である。若者が何人か出てきて、わーってやって、あ、そう、というような小説で、なんでこれが三島賞をとるのか理解不能。古川は娯楽小説作家なのだから、どうしても賞をやりたいなら山本賞をやれば良かったのである。さもなくば、散文詩と見なして詩の舞台で評価すればよいのである。

三島賞というのは、かつては車谷長吉や佐伯一麦を発掘していたが、このところおかしな受賞作が続いている気がする（小野とか鹿島田とか小林とか）。

新・自虐の詩 ロボット小雪
業田良家
竹書房／二〇〇八年
おすすめ度：★★☆☆☆

いまひとつ……（二〇〇八年八月十八日）

「自虐の詩」の感動が蘇る、というわけには行かない。何となく感動しそうだけれど、不全感が残って終わりである。真面目な人には、期待しないほうがいいと言っておく。

純潔の近代
近代家族と親密性の比較社会学
デビッド・ノッター
慶應義塾大学出版会／二〇〇七年
おすすめ度：★☆☆☆☆

先行研究取り扱い不備（二〇〇八年八月二十日）

最近はやりの社会学者による日米比較恋愛近代論だが、私がこれまで書いてきたことに対して特に目新しい点はない。単に社会学者の、さして重要でない文言を引用したり、博士論文だというのに孫引きがあったりして呆れるが、何より、「ロマンティック・ラヴ・イデオロギー」とは、誰にでも恋愛ができるという虚偽のことだとする私の論点を無視しており、しかも私の著作のうちから、『男であることの困難』と、片々たる小論のみ参照して、自然的現象と文化的現象の区別をしなかったために混乱した例として挙げているのみである。そしてまた、どこが混乱しているのかの説明もない、実に不誠実なものだ。私の書物をまじめに読んだら、論文にオリジナリティーがないことがばれてしまうからだろう。

崖っぷち高齢独身者
樋口康彦
光文社／二〇〇八年
おすすめ度：★★★☆☆

当人に問題ありすぎ（二〇〇八年八月二十日）

著者は富山の無名私大の専任講師で四十四歳、関西大学の大学院修了である。未だ女とつきあったことがなく、お見合いパーティに次々と参加した記録と、そこから得た教訓がまとめてある。しかし、これは……当人に問題がありすぎる。何より、なぜ効率のいいネットお見合いをしないのか。著者はネットお見合いは効率が悪いと書いているが、そんなことはない。そう書くなら、なぜ一度試してみないのか。むろん富山では、ネット見合いも難しかろうが、どうやらこの著者、ネット見合いというのはセックス目当てのふしだらなものだと思い込んでいるらしい。のみならず、何やら性的純潔規範が厳しい人らしく、会った女が「それって死体とやっちゃう話でしょ」と言っただけで嫌悪感を感じているし、学生時代の彼氏が、とか、前につきあっていた男が、などと言うと嫌悪感を示し、出会い系で会った相手との不純な交際だろうと考える。著者の頭は昭和30年代をさまよっているらしい。しかも、明らかにサクラである美人を、サクラだと認めることができない。
もういっぺん、根本から考え直したほうがいいと思う。

切れた鎖
田中慎弥
新潮社／二〇〇八年
おすすめ度：★★★☆☆

近ごろの三島賞にしては（二〇〇八年八月二十日）

本書で三島由紀夫賞受賞である。うち短編「蛹」で川端康成賞。これは短編の賞で、近ごろ若手に与えるようになった。表題作は、実に奇妙でグロテスクで、しかも締りがない。ただ、最近の三島賞受賞作の中では、比較的まともである。文章もきちんとしているし、筋は崩してあるし、グロテスクな場面もあるし、一九八〇年ころの芥川賞受賞作のようだ。「蛹」は、カブトムシの幼虫が意識を持って語っているという、冗談みたいな短編だが、結局最近の芥川賞とか三島賞に、納得できないものが多すぎるので、たとえば「切れた鎖」が芥川賞なら、納得はする、という意味で、相対的だが、今後どんなものを書くのか、見てやろうという気にはなる。

ピカルディーの三度
鹿島田真希
講談社／二〇〇七年
おすすめ度：★★☆☆☆

やおい＋スカトロ＋バタイユ（二〇〇八年八月二十一日）

野間文藝新人賞受賞。表題作について書く。音楽家を目指す少年が、ピアノとは別に、和声を学びに男の作曲家に弟子入りするが、作曲家は少年に洗面器で便をするように言う。少年は作曲家を好きになるが、既に女子とセックスは何度かしており、先天的ホモでもなさそうだ。以後は作曲家とベッドに入ったり、聖と俗について、肉体と精神について、など駄弁が続く。これで少年が少女だったらただのポルノ小説に毛が生えたようなものだし、バタイユ的な思考は、キリスト教徒ではない読者にはどうでもいいことだ。

広田弘毅
「悲劇の宰相」の実像
服部龍二
中央公論新社／二〇〇八年
おすすめ度：★★★☆☆

それほど画期的か（二〇〇八年八月二十四日）

本書は一般に、城山三郎『落日燃ゆ』で同情的に描かれた広田像に疑問を呈するものだが、玄洋社とのかかわりのほかは、特段新事実が発掘されたわけではない。第一に私は、『落日燃ゆ』の広田像からさほどの同情をかきたてられてはいない。なぜなら同書で広田は、天皇に責任が及ばないように証言を拒否したと書かれているからである。それに、十五年戦争期の実相は、天皇ですら軍部に抵抗し得なかったというのが事実であって、広田がもし軍部に抵抗したら暗殺されていただけだろうし、仮に天皇が軍部に徹底的に抵抗したらやはり殺されていただろう情勢であって、文官の不作為責任などを問うても意味はない。本書が現れたことの意義は認めるけれども。

キャラクター小説の作り方

大塚英志
角川書店／二〇〇六年
おすすめ度：★☆☆☆☆

インチキ評論（二〇〇八年八月二十四日）

実に呆れた本である。なに、大塚がラノベが好きであり、若者がラノベを書くことを推奨したいというなら、すればよろしい。しかるに「蒲団」などをダシにして語られる「近代文学」論の何たるインチキぶりであろうか。これを何も知らない者が読んだら、日本の近代文学というのは、『蒲団』と徳田秋聲から始まって、今日に至るまで私小説が主流であると勘違いするではないか。そこには馬琴も硯友社も二葉亭も谷崎も芥川も菊池寛も「家庭小説」も何もなくて、突然新井素子が、私小説ではない小説の書き方を発見したみたいになっている。冗談ではない。本当に大塚は説経節や民話以外の文学について何も知らないのだろうか。これで「文藝評論家」のつもりなのだろうか。

モーパッサンの生涯

アルマン・ラヌー　河盛好蔵、大島利治（訳）
新潮社／一九七三年
おすすめ度：★★★★★

決定版モーパッサン伝（二〇〇八年八月二十七日）

今日、モーパッサンはあまり人気がないようだ。作家の伝記もまた人気がないようだが、本書は第二帝政期から第三共和制に至るモーパッサンの四十三年の波瀾に満ちた生涯を克明に綴り、その母ロールとフロベールの親しさから、モーパッサンがフロベールの私生児ではないかと疑念を抱いていたこと、数多くの女たちとの情事、弟の狂死、そしてモーパッサンの梅毒による悲惨な死に至るまでを描き、また同時代の作家たちの、フランス社会の様相をも教えてくれる。古書で買って損のない本である。

法然の哀しみ
梅原猛
小学館／二〇〇四年
おすすめ度：★★☆☆☆

鎌倉仏教の正体（二〇〇八年八月二十七日）

梅原猛としては、まともな本だろう。もっとも肖像画に過剰な意味を読み込んでいくあたりは相変わらずの梅原流、ただ相変わらずくどくて、半分でもいいのではないかと思わせる。

しかし衝撃的なのは「浄土三部経」の法然による解釈の箇所で、単に念仏を唱えるだけで浄土へ往生できるということを言うために先人やらブッダやらがそう言ったとこじつけていくあたり、実に阿呆らしい。梅原は自分で、法然のこじつけや詭弁を指摘しておいて、最後に偉大だと言うのだから説得力がない。単なる「易行」に理論づけするための訓詁学で、鎌倉仏教というのはこんないい加減なものだったのかと、正体を見た思いがした。

ホラ吹きアンリの冒険
荻野アンナ
文藝春秋／二〇〇一年
おすすめ度：★☆☆☆☆

読売文学賞受賞（二〇〇八年八月二十八日）

受賞作ということで、当時読んだ時は頭を抱えた。面白くないし読みにくい。

荻野アンナは、いかなる人脈を持つがゆえにかくのごとき作品で賞をとるのであろうか。

ナチ占領下のパリ
長谷川公昭
草思社／一九八六年
おすすめ度：★★★★★

フランスは連合国か？（二〇〇八年八月二十九日）

第二次大戦で日本とフランスが戦ったと思っている人がいるが、間違いである。日本が宣戦布告したのは英米蘭、最後のぎりぎりで戦ったのがソ連である。フランスは一九四〇年からドイツの占領下にあったのである。従来はロンドンにいたドゴールの動きが誇張されてきたが（しかし十五年戦争期の日本には、亡命して軍国主義に抵抗する者はいなかった)、実際には多くのフランス人は渋々ながらドイツに従っていたのである。また対独協力作家としてセリーヌはよく知られているが、ジャン・コクトー、ピカソ、ジロドゥーなどの名も見える。それどころか、マルローやアラゴンは亡命したのに、サルトルやボーヴォワール、カミュは平然とパリに留まり、サルトルやクローデルの劇作は上演もされていたのである。「軍事政権に反対しなかった」のは日本人だけではないらしい。

伝記サルトル
実生活におけるサルトル
フランシス・ジャンソン　権寧（訳）
筑摩書房／一九七六年
おすすめ度：★☆☆☆☆

例によって（二〇〇八年八月二十九日）

「伝記」と銘打つからには、まず客観的に事実を確定してほしいものだが、本書の原題は「その人生の中のサルトル」であって、むやみと朧化した例のフランス知識人の文体でサルトルの思想やら何やらを語っているだけで、伝記とはいえない。特にナチス占領下でのサルトルやボーヴォワールの行動がよく分からないのは遺憾である。この本がよく分からないのは読者の頭が悪いからではなく、訳者が悪いのでもない。著者が悪いのだ。

歌舞伎名作撰　野田版　研辰の討たれ
監督：野田秀樹
出演：中村勘九郎
NHKエンタープライズ／二〇〇四年
おすすめ度：★☆☆☆☆

歌舞伎も終り（二〇〇八年八月二十九日）

昭和初年・木村錦花作の新歌舞伎である。それを野田流にデフォルメしたもので、機械仕掛けのあたりがひときわバカバカしい。これを観た立川談志師匠が、プロデューサーともいうべき中村勘三郎のところへ行って「おい、あれは何だ」と文句を言おうとしたら勘三郎が手をあげて、待て待てみなまで言うな、分かっている、と言ったという。こんな邪道歌舞伎でもやらなければ若い観客は呼べないのだということだろう（『En-taxi』での談志インタビュー）。本来なら歌舞伎批評家が徹底批判しなければならないものだ。だが現実には……。歌舞伎も終りだな。

保元・平治の乱を読みなおす
元木泰雄
日本放送出版協会／二〇〇四年
おすすめ度：★★★☆☆

不可知は不可知とすべし（二〇〇八年八月二十九日）

本書は、先に上梓された河内祥輔『保元の乱・平治の乱』を批判しながら記述されている。しかし、河内著が精細な注を付し、慎重に議論を進めているのに対し、本書は注もなく、随処であたかも自明のことのように軽々と記述がなされている。たとえば、守仁王（著者は親王としているが親王宣下は立太子の際）を美福門院が近衛の後継として推したことは「すでに明らかにされている」と言うが、どこで明らかにされたのか分からない。河内はこれに対し、それが根拠のない説であることを明らかにしている。あるいは崇徳が鳥羽院の死の際に会えなかった点についても、河内の説は説得力があるが、元木は強引に、鳥羽が崇徳を憎んでいたとする。何より、元木が『愚管抄』という後代の史書を重視して、同時代史料さえ退けるのはどういうわけだろうか。もう一つ、訓読みであることが明らかにされている当時の女性名に、いちいち音読みのルビを振っているが、どういうつもりなのであろうか。いずれにせよ歴史には不可知なことが多い。不可知は不可知とすべきである。

ディスタンクシオン
社会的判断力批判
ピエール・ブルデュー　石井洋二郎（訳）
藤原書店／一九九〇年
おすすめ度：★★★★★

本書の最大の問題点は……（二〇〇八年八月三十日）

『ディスタンクシオン』は名著である。しかし、その日本における最大の問題点は、広く本書が読まれていながら、日本ではこれと同様の調査が行われていないこと、および日本の知識人の一部（官僚や新聞記者や政府御用達学者連—仮に知識人だとすれば）が、日本社会について階層に分けて考える習慣をまったく身につけていない、あるいはつけようとしないことにある。西洋の本はせっせと翻訳し読むが、それと同じような本を日本人が日本社会について書かないことに苛立たない翻訳餓鬼道は、今もなお無限の死のロードとして続いているのである。

追憶の真夜中日記
24年間の記録
睦月影郎
二見書房／二〇〇五年
おすすめ度：★★★★★

天下の奇書か、現代のカサノヴァか、第二の田中康夫か（二〇〇八年八月三十一日）

著書紹介文ではオナニーの記録のように書いてある。一九八一年から二〇〇四年まで、二十五歳から四十八歳までの全射精の記録である。写真なら「写」、映像なら「映」のように略号で、一回一行ほどで書いてあるが、年間ほぼ三百回を継続している。当初はいかにもしがない若者らしく写真やらテレビやらでやっており、実際に女体に触れての「実」は横浜あたりのトルコへ行くくらいなのが、三十代を過ぎてから「実」がどんどん増えていく。当初はだいぶ年上の人妻などが多いのが、四十代になると途中で結婚した超美女とかも加わり、壮観である。著者にはぜひ自伝的小説を書いて欲しいものだ。

恋の隠し方
兼好と「徒然草」
光田和伸
青草書房／二〇〇八年
おすすめ度：★☆☆☆☆

冗談じゃない（二〇〇八年九月十日）

主題に関わる部分は七十ページもない。『徒然草』から八つの章段を選んでそれを並び替え、これは兼好法師の、死んでしまった恋人の思い出を綴ってあちこちにばらまいて隠したと論じる。なるほど、これらのいくつかは、確かにそう読める。著者はあたかもこれを大発見のように言うのだが、「兼好の恋」については同時代の「園太暦」に、伊賀守橘成忠の娘と数年通じていたとあり、徳川時代には兼好恋物語は有名だったのである。それは平凡社東洋文庫『近世兼好伝集成』に入っており、川平敏文の解説に詳しい。なのに著者はそういうことには一切触れないで、今まで誰も兼好の恋に気づかなかったかのように言い、関東地方の某大学を中心とした国文学者は「東びと」であるから恋に気づかなかったなどとふざけたことを言うのである。兼好が高師直の恋文を代筆した話も、司馬遼太郎が『箱根の坂』で、「妻」と「女」を区別して鮮やかな解釈を示したこともこの研究者は知らないらしい。いい加減にしてほしいものだ。

親子という病
香山リカ
講談社／二〇〇八年
おすすめ度：★★☆☆☆

事件は現実を表象しない（二〇〇八年九月二十六日）

香山の著作の問題点は、むやみと殺人事件などをとりあげ、それがどの程度現実を反映しているか十分な考察なく用いるところで、父親殺しが減っているというところから、エディプス構造は弱まっているとするあたりなど特にそうである。では『カラマーゾフの兄弟』が売れていることを、エディプス構造が強まっている証拠としてもいいわけだ。所詮学者ではないということだ。

犬身
松浦理英子
朝日新聞社／二〇〇七年
おすすめ度：★★☆☆☆

すみません。面白くない（二〇〇八年九月二十七日）

『八犬伝』から人物名などをとりながら書かれたファンタジー小説。女が女を好きになってその女の犬になるというおはなし。しかし文章はしまりがなく、リアリズム小説の体裁で書かれているから、ひたすら現実感も、ファンタジー感もなく、だらだらと続くだけで、面白くない。まあ松浦理英子といえばかつてはインテリたちのアイドルだったわけだが、面白くないものはしょうがないですね。

源氏物語
監督：武智鉄二
出演：花ノ本寿、浅丘ルリ子
ジェネオン エンタテインメント／二〇〇七年
おすすめ度：★★★☆☆

リアリズム源氏物語（二〇〇八年九月三十日）

武智の源氏といっても、エロティックなシーンはない。貴族顔でやや無気味な光源氏と、何となく平安中期のリアルなショボさを感じさせる、全体に寂しい映画で、華麗さはない。女三宮はバカのようだし、明石君はやたら不器用で琴もうまく弾けない田舎者。これはこれで一つの解釈だろう。

婚礼、葬礼、その他
津村記久子
文藝春秋／二〇〇八年
おすすめ度：★☆☆☆☆

面白くも何ともない（二〇〇八年十月三日）

表題作について述べます。面白いとか笑えるとかの評がありますが、私には全然面白くもおかしくもなかったです。それは何が悪いのかといっても、私には伊丹十三の『お葬式』が全然面白くなかったので、感性の違いでしょうか。とりあえず、「面白くなかったぞ」という人もいるということを表明するために書いておきます。好きな人たち、ごめんなさい。

されどわれらが日々――
柴田翔
文藝春秋／二〇〇七年
おすすめ度：★★★☆☆

私小説として読むとおもしろいかも（二〇〇八年十月六日）

六全協決定以後の大学生を描いた小説で、虚構小説として読むとキザでやりきれないが、私小説として読むと存外面白いかもしれない。東京女子大生として描かれているヒロインは、実は東大生である、という風に。

草食系男子の恋愛学
森岡正博
メディアファクトリー／二〇〇八年
おすすめ度：★★☆☆☆

異邦人のようだ（二〇〇八年十月十日）

森岡正博というのは、私にとっては異邦人のようだ。「草食系男子」というのは、大勢の女にもてたいのではなく、好きな女性から好かれたいという男のことだというが、みなそれができずに苦しんでいるのであって、今さら何を言うのか。「誠実に対応すれば、好きな女から好きになってもらえる」というのは嘘であって、この本を読んでお勧めしている女子は、自分が好きな男からそうしてもらうことを望んでいるのであって、好きでもない男からいくら誠実に尽くされても迷惑なのである。よってこの本を読んでも、ますます「いい人だけど好きにはならない」男になるだけである。それにしても若い頃もてなかったと書く著者が、その後この方法を実践して好きな女と結ばれたわけでもなさそうなのは、どういうわけであろうか

ＮＨＫ大河ドラマ総集編　花神
原作：司馬遼太郎　脚本：大野靖子
出演：中村梅之助、浅丘ルリ子
ＮＨＫエンタープライズ／二〇〇三年
おすすめ度：★★★☆☆

チャプターを切ってくれ……（二〇〇八年十月十六日）

内容はいいのである。むろん。しかしＮＨＫが出すＤＶＤは、チャプターをまるで切っていないという大欠陥がある。完全版なら一話まるごと一チャプターだし、総集編に至っては一枚まるごと一チャプターで、まあ三十二倍早送りで対処できるのだが、チャプターくらい切って欲しい。

文章作法　小説の書き方
伊藤桂一
講談社／一九九七年
おすすめ度：★★★★★

ごくまじめに書かれている（二〇〇八年十月十七日）

よく読まずに書かれたらしい無責任なレビューがあるので書いておくが、純文学、詩、大衆小説（時代もの）などを書く作家による小説の書き方で、随筆、私小説から架空

小説の書き方まで、丁寧に書かれている。特に、大衆文学で食べている人間としての息遣いが聞こえてくるような箇所があり、派手ではないが着実な作家・伊藤を感じさせて感銘が深い。あと、名は出さずに大岡昇平の悪口を言っているところがあり、ああそうだったのかと思わせられた。別に戦争体験ばかりが書かれているわけじゃあ、全然ないですよ。

陰の系譜
小嶋勇四郎
碧天舎／二〇〇三年
おすすめ度：★★★★★

天下の奇書（二〇〇八年十月十八日）

形容する言葉を持たないほどの奇書である。どうやら著者は、歴史の重大な秘密を解いていると信じているらしい。しかるにその叙述は古今無双の怪奇なもので、一文一文何が言いたいのか分からない場合もあれば、文と文のつながりに疑念を感じる場合もある。これを読み通すことは尋常の忍耐力では無理である。しかし通読した暁には、あの『幻の湖』を超える感動をもたらすかもしれない。それは自分自身の忍耐力への感動かもしれない。著者略歴に、設立した会社が倒産、復興、再倒産とあるのが、本書成立の背後事情を物語っているかもしれない。

決壊
平野啓一郎
新潮社／二〇〇八年
おすすめ度：★☆☆☆☆

失敗作（二〇〇八年十月二十九日）

いかにもな作としか言いようがない。犯罪小説としてとにかく壮大な小説にしようという意気込みが空回りして、ただドストエフスキー風の無意味な思弁がちりばめられ、九〇年代以来の犯罪のあれこれを混ぜ合わせただけの、犯罪小説としても中途半端なしろもの。つまらんです。藝術選奨新人賞受賞。

時代を創った編集者１０１
寺田博
新書館／二〇〇三年
おすすめ度：★★★★★

近代文学研究者必携（二〇〇八年十一月九日）

近代日本の編集者の列伝である。文学に限らず、活字を通してみる近代日本の裏方たちで、中には自ら著作家になった人もいるが、あまり人名辞典に出てこないような、たとえば『新潮』の中根駒十郎なども載っていて、近代文学研究者必携の書といえよう。一人二ページ、それぞれ分担執筆なので内容は行き届いている。

講義 アメリカ文学史 第一巻 東京大学文学部英文科講義録
渡辺利雄
研究社／二〇〇七年
おすすめ度：★★★☆☆

ヘンリー・ミラーはお嫌い（二〇〇八年十一月十四日）

カート・ヴォネガットやポール・オースター、ケイト・ショパンやイディス・ウォートンまで一章を設けて論じられているが、ヘンリー・ミラーがない。三巻すべてについている概要「アメリカ文学の概要」には、「大胆な性描写によって現代文明批判を行なうHenry Millerが正当に評価されるようになった」とあるが、ミラーの名が出てくるのはここだけ。

この教授が東大英文科にいた頃、ヘンリー・ミラーで卒論を書いてはいけない、と噂されていたが、やはりミラーは嫌いらしい。

（その後「補巻」が出てそこにはミラーも入った）

アンのゆりかご 村岡花子の生涯
村岡恵理
マガジンハウス／二〇〇八年
おすすめ度：★★★★☆

初の伝記（二〇〇八年十一月二十四日）

村岡花子の初の伝記である。著者は花子の孫だが、妹の娘を養女にした、その娘なので、村岡は筆名だろう。しかし、以前小倉千加子が花子のことを書こうとして書けなかったのは、妻子ある男との恋と結婚ということがあるので、遺族として公表をためらったのでもあろう。ミッション・スクールで育ったというから、英語力は筋金入りであったことも分かる。

文章を酷評している人もいるが、確かに少し気になるところはある。「病身の夫を看取って」は「見送って」の間違いだろうし、あと戦時中、英書を翻訳しているのが特高に見つかったら敵性語だから拘置所送りになるというのも事実誤認だろう。日本が「朝鮮、台湾、中国を植民地化」したというのも、むろん大陸は植民地化などしていないし、朝鮮と台湾は本国の版図にしたのであり、植民地ではない。あと芥川龍之介の自殺で「純文学の時代の終焉」が来たというのも逆で、純文学という語自体がその頃現れ、円本などで広く読まれるようになったのであり、純文学とプロレタリア文学は対概念ではない。あと吉屋信子の『花物語』が青年の精神に害を及ぼすと当時評されたのは、同性愛文学だとされたからではないかと思う。しかし著者は学者ではないし、これが最初の著書であることを思えば、手堅くまとめていると思う。

馬琴の大夢 里見八犬伝の世界
信多純一
岩波書店／二〇〇四年
おすすめ度：★★☆☆☆

誰も相手にしない説（二〇〇八年十二月五日）

近松研究の大家信多先生だが、読本には素人。『八犬伝』の僅か一枚の挿絵が、『富士山の草子』の挿絵に「似ている」という「大発見」（大して似てはいない）を元に、和漢の典籍に通じた馬琴である以上、特に意味のない類似をあれこれと挙げて、そのくせ結論が何なのかはっきりしない。しかるに信多先生はこれが馬琴の言う「隠微」だと信じ大発見だと信じている。神余ー金碗ー八犬士を皇室、里見氏を徳川氏のメタファーとする二重王権の物語だという私の説を補強するだけの論である。特段『八犬伝』論として購入するほどのものではない。

青柳瑞穂の生涯 真贋のあわいに
青柳いづみこ
平凡社／二〇〇六年
おすすめ度：★★★☆☆

何ともったいない（二〇〇八年十二月九日）

これは、新潮社版を改訂したものである。原本と比較していないが、何といっても、本題に入るまでが長すぎる。瑞穂が生まれるのが62p、その前にプロローグとして中村内蔵助像を発見する部分があって、それはいいのだが、そこへ行き着くまでに50pもあって、そこがまるで箱根の山のようにもったいぶっていて、多くの読者はここで投げ出してしまうだろう。あとが面白いだけに、この作り方はもったいない。冒頭から読者を引きずりこむためには、内蔵助の話をいきなり持ってくるべきである。なぜこんなにもったいぶったのだろう。

あと、瑞穂が死んでからも必要以上に長い。しかも藤原審爾の未亡人が出てくるところで「『天皇の世紀』で知られる作家藤原審爾」って、『天皇の世紀』は大仏次郎だろう。藤原審爾なら『秋津温泉』だ。

評伝 川島芳子
男装のエトランゼ
寺尾紗穂
文藝春秋／二〇〇八年
おすすめ度：★★☆☆☆

「評伝」というより「ノート」（二〇〇八年十二月十日）

川島芳子の伝記としては上坂冬子のものがあるが、本書はそれに対する修正を含んだ「ノート」ともいうべきもので、「評伝」と銘打つほどのものではない。修士論文としてはこれでも良いが、「異性装」に関して最近の西洋の論文など引用するのは不適切で、むしろ当時のモボ・モガ風俗との関係で考えるべきものだろう。「鬱屈とした」など、日本語がおかしいところもある。全体として新しい発見があるかどうか。東大の修士論文としては標準的な出来であろう。

幻の湖
監督：橋本忍
出演：南條玲子、隆大介
東宝ビデオ／二〇〇三年
おすすめ度：★★★★★

天下の奇映画（二〇〇八年十二月十日）

おかしな映画を作ろうと思って作れるものではない。これは橋本忍が原作小説を書き、二年後に映画化を実現させたもので、もともと橋本は『独裁者のラブレター』など、ハードボイルド風の小説や、戦国時代を舞台とした小説をぼちぼち書いていたが、いずれもこの映画を思わせる不器用でかつ壮大さを狙ったものだった。そしてそのような原作は、脚本家がばっさり手を入れでもしない限り、こんな豪華キャストで映画化はされないだろう。また橋本にもう少し常識があったら映画化はされなかっただろう。その意味でこれは奇蹟的な怪作映画なのである。

なお「宇宙パルサー」という存在しないものが出てくるのはご愛嬌として、「書類送検」の説明は間違っている。

女ざかり
監督：大林宣彦
出演：吉永小百合、津川雅彦
松竹ホームビデオ／二〇〇七年
おすすめ度：★☆☆☆☆

大林宣彦といえど（二〇〇八年十二月十三日）

原作は丸谷才一で、刊行時には話題になったものだが、まあ面白くはない。大林宣彦は何らかの抒情を引き出そうとしているが、ストーリーライン自体に魅力がないし、愛人や叔母が政治家と関わりがあったり、不自然な点も多いし、いずれにせよストーリーが中途半端。

星の王子の影とかたちと

内藤初穂
筑摩書房／二〇〇六年
おすすめ度：★★★★☆

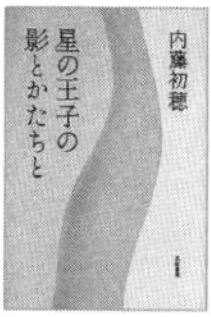

息子が描く父（二〇〇八年十二月二十四日）

もっぱら歴史の記述をこととする元海軍士官の息子が、五十過ぎまで見続けてきた父を描く。これは恐ろしいものにならざるをえまい。生涯、子供のようだった内藤濯である。敗戦の報を聞いて「騙された」と言って初穂に叱責される。知識人ならたいていは、もう負け戦だと分かっていた。だから大政翼賛会との関わりも、どの程度分かってやっていたのか、分からない。三遊亭円楽がふざけて「星の王子さま」と名乗るのをテレビで観て激怒し、『星の王子さま』が売れると美智子皇太子妃に送り、文通して喜び、「星の王子さまの会」が開かれ美智子妃も来るようになると大勢人が集まり、繊細な神経が耐えられずに美智子妃の前で「もう会は終わりだ！」と叫ぶ内藤濯。詩心があまりに強く、現世的な知性というものが欠けていたようにも見える。こわい本である。

ロリータ、ロリータ、ロリータ

若島正
作品社／二〇〇七年
おすすめ度：★★★☆☆

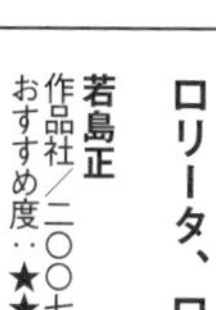

読者を選ぶ本（二〇〇八年十二月三十日）

『ロリータ』そのものも、若島のこの本も、結局は読者を選ぶ本だろう。『ロリータ』の「謎解き」といっても、実はロリータはハンバートの娘だったとか、ロシヤ革命の比喩だったとか、その種の謎解きが行われるわけではない。細部にいろいろ「仕掛け」があるというだけで、それが面白くない人にはちっとも面白くない。冒頭にはチェスの話が出てくるが、チェスや将棋に興味のない人には、畢竟この本は面白くないだろう。面白いという人は面白がればいいし、面白くない人は人間として生きていけばよろしい。不毛な喧嘩はやめましょう。

ガラスの使徒 デラックス版
監督：金守珍
出演：佐藤めぐみ、稲荷卓央
ジェネオン エンタテインメント／二〇〇六年
おすすめ度：★☆☆☆☆

唐十郎ってこんなもんじゃないです！（二〇〇九年一月八日）

もし未だ唐十郎の芝居などを観たことがない人がまかり間違ってこれを観て、唐ってこんなものかと思われたら悲しいです。唐さんは映像作品でも以前ＮＨＫで放送した「雨月の使者」とかすばらしいのだから、そちらをＤＶＤにしてほしいです。あとどうせならせっかく「秘密の花園」が出ているので是非そちらを。唐十郎ってこんなもんじゃないです！

ドイツ文学者の蹉跌
ナチスの波にさらわれた教養人
関楠生
中央公論新社／二〇〇七年
おすすめ度：★★☆☆☆

遅すぎて、しかも凡庸な（二〇〇九年一月九日）

東大教授だった著者が、同じドイツ文学者の高橋健二が、戦時中、どれほどナチスドイツを礼賛したかを検証した本である。ほかに秋山六郎兵衛なども俎上に上っている。しかし不満を禁じえないのは、八十歳を超えた著者が、高橋が死ぬのを待ってこういう仕事を始めたこと、また戦後、ペンクラブ会長を務めたとはいえ中央大教授だった高橋を攻撃しつつ、自分の父親であるドイツ文学者の関泰祐、あるいは東大の手塚富雄らが何をしていたか、書こうとしないことである。実際、手塚もナチス礼賛に協力したことは書いてあるのに、索引から手塚の名は落ちている。あの戦争中、ほとんどの文化人は協力したのであって、高橋については以前から知られていたことだし、自分の周囲については遠慮してしまう姿勢を見ると、この人はもしああいう時代がまた来たら、率先して協力するのではないかということだ。

青春の終わった日
ひとつの自伝
清水眞砂子
洋泉社／二〇〇八年
おすすめ度：★★☆☆☆

優等生的な、全共闘世代的な（二〇〇九年一月十一日）

自伝といっても、題名にある通り、翻訳を出すまでを主として描いたものだ。著者は一九四一年父親の赴任地の朝鮮で生まれる。略歴に北朝鮮生まれとあるが、当時北朝鮮はない。敗戦によって苦難の引き上げをし、掛川に住んで、静岡大学を出る。学校名がいちいち「N中学」とか「O大学」とかになっている理由が分からない。また自身の精神に不調があったことも書いてあるが、結局それが何だったのかも書いていない。私はここから、この人は事実を描けない人なのだと思った。高杉一郎などは実名で出てくる。しかし、この違和感は何か。教育実習でのエピソードに見られる優等生ぶり。その優等生ぶりを著者は嫌悪しつつ、結局今でも優等生なのだ、全共闘世代的な人なのだ、と思う。九人きょうだいの下から二番目に生まれて、兄や周囲の人々にいつも守られて、眞砂子一人まかり通る人生を送ってきたように見える。

ノーカントリー
監督：イーサン・コーエン　出演：トミー・リー・ジョーンズ、ハビエル・バルデム
パラマウント ホーム／二〇〇八年
おすすめ度：★☆☆☆☆

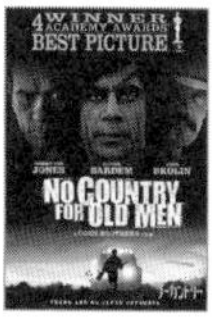

殺人鬼より怖いもの（二〇〇九年一月十二日）

なんで最近の米国映画はこの手の暴力映画が評価されるんだろう。それはそれとして、一九八〇年の話だというのに、劇中で喫煙シーンが一つもない。コーエン兄弟ってそんな軟弱な監督だったのかねえ。殺人鬼より、そのことのほうがよっぽど怖かったよ。ほーれ禁煙ファシストども、寄ってたかって「参考にならなかった」を押せ！

検証・宮沢賢治論
山下聖美
D文学研究会／一九九九年
おすすめ度：★★★★★

猛烈に感動している（二〇〇九年一月十三日）

山下聖美は、吉田司以後の宮沢賢治研究者である。吉田の問題提起を受け、ここでは二百五冊の宮沢賢治論を読破し、あやしいものはあやしい（宗教）、胡乱なものは胡乱、ますむらひろしのように宮沢清六に媚びるようなやつはおかしい、と逐一的確に批判していく。米村みゆきのものもいいが、山下聖美は、「おかしな宮沢賢治論」の世界での救世主的な存在だと思う。二百五冊読破とは、猛烈に感動せずにはいられない。

ラスト、コーション
監督：アン・リー
出演：トニー・レオン、タン・ウェイ
ビクターエンタテインメント／二〇〇八年
おすすめ度：★★★☆☆

タン・ウェイのロリ顔でもっている映画（二〇〇九年一月二十日）

この映画からタン・ウェイのロリ顔を除いたら、どこかで聞いたような陳腐な話でしかない。だいたいガードが甘すぎるだろう。ロリ顔女優の過激なセックス・シーンが売りものの映画だと思うがね。

（後記）結局その後購入してしまった。

金沢・酒宴

吉田健一
講談社／一九九〇年
おすすめ度：★★★☆☆

あえて異を唱える（二〇〇九年一月二十一日）

普通の文学史などには出てこない小説を傑作だと呼ぶことは一種の快感であろうがそれがただ自分は他の連中には味わえない楽しみを知っているのだぞと誇るためになってしまうとあまり面白くなくて吉田健一を絶賛するということにはいくぶんかその傾きがあってしかも吉田茂の息子だったりするから最近流行の貴種好みにもあっていてさらに和漢洋の知識に通じているというと石川淳のごとくそれだけで崇拝してしまう人もいてそういう人がたまたま吉田健一を絶賛したりして通ぶってみせるのであるが吉田の晩年の文章というのは異常なもので最初読むとたいていの人は驚いてちょっと文学通ぶりたい人は褒めるのだけれどいくつか続けて呼んでいくとまたかよ吉田先生飽きたよと言いたくなるところもあってしかも酒と美食と骨董に興味のない人間にはどうでもいいようなことが割合あって実はさして面白くなく何なら金沢へ行くときに飛行機など使わず越後湯沢あたりからほくほく線に乗り換えて行きながら車中で読むのにはいいだろうが忙しい現代人が仕事の合間に読むような小説ではないんではないかと思うそんな小説なのである。

買い被られた名作

岡田量一
彩流社／二〇〇七年
おすすめ度：★★☆☆☆

先行研究を全然見ていない（二〇〇九年一月二十一日）

なるほど志は結構である。『嵐が丘』『白痴』『復活』『狭き門』『トニオ・クレーゲル』これらは本当に名作なのか、と問うことは。しかし、これらの作品はおのおの、これまでにもあちこちで批判に晒されてきたものであり、しかし著者はそのような先行研究ないし批評を全然参照しない（せいぜい埴谷雄高のドストエフスキー論が出てくるくらいだ）。もしこれが在野の素人の書いた本なら納得もしようが、著者が東大卒のアメリカ文学専攻の新潟大学教授だった人であることを考えると驚くべき素人的手つきである。しかもその読解には、根深い近代的倫理が横たわっていて、著者はそれを疑うことを知らない。こういう人が大学教授をしていて、こういう非学問的なやり方を教えていたかと思うとげっそりする。なお『トニオ・クレーゲル』の解説者として浜川祥枝の名があり「さちえ」とルビが府ってあるが、これは「さかえ」と読む男性である、ということを私は新潟大学教授の三浦淳先生から教えられた。

母べえ
監督：山田洋次
出演：吉永小百合、坂東三津五郎
松竹／二〇〇八年
おすすめ度：★☆☆☆☆

フィクションです（二〇〇九年一月二十四日）

原作・野上照代とあり、野上滋という父が出てくるから、誰だって実話だと思う。しかし実際は父はドイツ文学者、社会主義者の野上巌、筆名・新島繁で、思想犯として逮捕はされているが獄死はしていない。戦後一九五七年に五十六歳で死んでいる。虚構を実話だと思わせるのは感心しない。

そのことを差っ引いても、何と一本調子な映画だろう。現代の日本で、大東亜戦争は悪いことになっている。そんな中でこんな、「正義＝思想犯」と「悪＝戦争」の単純な対比で映画を撮るのは、実に安易なことだと言うほかない。そしてその安易さは、事実めかした虚構を原作にしたことと、無関係ではないのである。

ラフカディオ・ハーン
日本のこころを描く
河島弘美
岩波書店／二〇〇二年
おすすめ度：★☆☆☆☆

平川祐弘イデオロギーに貫かれた本（二〇〇九年一月二十七日）

著者は、東大名誉教授・平川祐弘の弟子に当たるが、ハーン礼賛者平川のイデオロギーをそのまま受け継いだハーン礼賛本で、ハーンを悪く書いた（と平川が信じている）チェンバレンを「ヨーロッパ至上主義に貫かれた」とし、チェンバレンの「人格まで疑いたくなる」などと書いていて、平川イデオロギーに貫かれた、実は背後に日本至上主義を隠した本であり、岩波書店がこんなものを出したことに、岩波は右翼出版社？　と思ってしまう。ハーンの日本に関するエッセイって、「教科書が教えない歴史」とよく似ているのだがね。

小泉八雲の日本
池田雅之
第三文明社／一九九〇年
おすすめ度：★★★★★

冷静なハーン論（二〇〇九年一月二十七日）

著者は、田部隆次《たなべりゅうじ》の『小泉八雲』のような、ハーンを神格化したものとは違う、また平川祐弘のように、ハーン礼賛とも違う、客観的なハーン像を描き出している。特に「ハーンの天皇観」の章は、ハーンが日本人の天皇崇拝に過剰な理解を示したことと、チェンバレンが天皇制に対して批判的だったことを示して、平川とその一派が語ろうとしない、彼らがハーンを崇める理由を端的に示しているといえよう。

紫苑物語
石川淳
講談社／一九八九年
おすすめ度：★☆☆☆☆

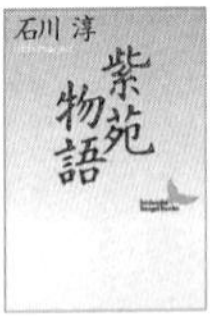

石川淳のどこが面白いのだろうか（二〇〇九年一月二十八日）

石川淳は、フランス語、漢文ができてすごいが、それだけで、小説は面白くない、と言われて久しい。この「紫苑物語」を私は高校時代に読んで、こういう小説なら書けるかもと思ったが、要するに高校生の空想程度のものでしかないということだ。それでも石川淳が消えずに残っているのは不思議だが、もしかすると高校生が読んでいるのだろうか。大人の読みものとはとうてい言えない。非リアリズムも結構、泉鏡花くらいになれば見事なものだが、石川淳というのは非リアリズムのダメなほうの例として残るといいかもしれない。

「日本人論」の中の日本人〈下〉
福沢諭吉から現代まで
築島謙三
講談社／二〇〇〇年
おすすめ度：★☆☆☆☆

あまり優れた学者ではないらしい（二〇〇九年一月三十日）

著者は東大東洋文化研究所教授だった人（故人）で、文化心理学が専門だというが、どうもあまり頭のスマートな人ではないらしく、言っていることが常に曖昧だ。この本は、古代から現代までの「日本人論」を総覧するものだが、「日本人」などというものが一枚岩的には存在しないという視点がないから、著者自身が本気で日本人論を展開しようとしているらしく、まあとうてい良書とは言いがたい。

黎明期の大河ドラマ編（1）
花の生涯
出演：尾上松緑、淡島千景
NHKソフトウェア／二〇〇三年
おすすめ度：★★☆☆☆

最終回を収録してほしかった（二〇〇九年一月三十日）

うーん、『花の生涯』を出すなら、当然最終回、桜田門外の変でしょう。駕籠の中での松緑の名ぜりふが聞きたかった。これは第一回。淡島千景はもちろん独特の色気のある女優だが、ものすごく美しいというほどではない。

荒地の恋
ねじめ正一
文藝春秋／二〇〇七年
おすすめ度：★☆☆☆☆

よそごと小説（二〇〇九年一月三十日）

実名小説である。詩人・北村太郎を主人公に、友人・田村隆一の妻と不倫の恋に落ちる、その経緯を細かく描いている。何か資料があったのだろうか。しかしいくら資料があっても、会話の細部まで分かるわけはない。だから想像であろう。いかにも面白そうな内容なのに、面白くない。人物や会話が、類型的だからだ。もう一つは、会話を細かく書きすぎているからだ。もし私小説であれば、再現された会話はもっとリアリティーを持つが、よそごと小説だと、それが出ない。昔の瀬戸内晴美も、よくこういう文人の恋愛を描いたが、しかし遥かに遥かに上手であった。瀬戸内なら、会話の量をもっと減らし、事実をして語らしめただろう。なるほど、小説が下手というのはこういうことかと納得した。中央公論文藝賞受賞。

新編　学問の曲り角
河野与一
岩波書店／二〇〇〇年
おすすめ度：★★☆☆☆

解説をつけよ（二〇〇九年二月一日）

博識で知られる学者のエッセイ集だが、中に「源流に遡る―プラトニック・ラヴ考」というのが入っている。プラトニック・ラヴというのは日本ではよく使われるが、ドイツ語やフランス語ではあまり見たことがない、その流行の始めは十七世紀英国だろうとして、シェイクスピアの落胤ではないかとされた桂冠詩人ウィリアム・ダヴナントの話をする、そこまではいいのだが、ではプラトンにその思想はあるかと問うて、どうもないようだ、これは十五世紀のマルシリオ・フィチーノが拵えたのだと言うが、プラトン

『パイドロス』でソクラテスは、少年に対する精神的愛を高らかに説いているのに、昭和四年発表という時節のせいか、河野はほとんどギリシアの「愛」が少年愛であったことを語らず、女性論ばかり展開している。本来少年愛について言われたことが男女間に適用されてしまったのだというのが正しい。

　こういうところは、本来もっと詳しい解説や注釈をつけて、現代において青年読者を誤らせないようにすべきである。あるいは『木下杢太郎全集』を編纂して太田正雄君のことを、とあるが、何も知らない読者は太田正雄が木下の本名であることに気付かないだろう。編者は原二郎、渡辺義雄とあるが、二人とも八十を超えているからそんな面倒なことはできなかったというなら、若い人につけさせればよろしい。どうも最近の岩波文庫はこういうやっつけ仕事が多い気がする。

ねにもつタイプ

岸本佐知子
筑摩書房／二〇〇七年
おすすめ度：★☆☆☆☆

これが受賞作向きの上品さってやつですか（二〇〇九年二月八日）

講談社エッセイ賞受賞作。予想通り、いかにも面白そうだが実はそれほどでもない断片が並んでいる。初期の群ようこのほうが遥かに面白いのである。面白すぎるからである。しかし群ようこは賞をとらないのである。岸本のような、いかにも「随筆文学」を思わせるすっとぼけた文章のもつ上品さに欠けるからであろう。要するに薄いお茶で、まあ向田邦子の亜流というか、その程度のもの。図書館で借りて一瞥すればすむものである。まあ好きな人はご勝手にという感じ。

しぐれ茶屋おりく

川口松太郎
講談社／一九六九年
おすすめ度：★★☆☆☆

人情噺集（二〇〇九年二月九日）

　おそらく幕末生まれと思われるおりくという女が、吉原遊廓で育ち、楼主の妾となり、自身楼主となったあと、四十歳でこれをやめ、墨田河畔に建てたしぐれ茶屋という、蛤の茶漬けが売りものの店で、おりくを中心として起こる人情噺を集めた読みきり連作集。『源氏物語』の三つ目の英訳をなしたロイヤル・タイラーはなぜかこれを次に英訳した。

　歌舞伎役者、落語家などが、実在虚構織り交ぜて登場する。第一話では、おりくと関係があった役者市川紋之助が、贔屓筋の旦那が女中を妊娠させたのを引き取って生まれた男子をあととりにするのをおりくが斡旋し、その子が成長して十六歳になった時におりくが「筆おろし」をするという話で、だいたいこんな風な話が並ぶ。しかしこの「筆おろし」の時おりくは六十一になっているはずで、いくら何でもグロテスクだろう。

W/F ダブル・ファンタジー

村山由佳
文藝春秋／二〇〇九年
おすすめ度：★☆☆☆☆

世間にはこういうことがある（二〇〇九年二月二十四日）

ポルノ小説やAVに親しんできた男にとっては大したことのない話でも、そういうものに触れていない女性読者などが、文藝作品として売り出されると、こんなの初めて、と思って興奮してしまうという、そういうことが、渡辺淳一以後のある現象である。これもまあ、その一つと言っていいだろう。リアリティということでは、藤堂志津子に遠く及ばない。

ダイアモンドは傷つかない

監督：藤田敏八
出演：田中美佐子、山崎努
東映／二〇〇八年
おすすめ度：★★☆☆☆

勝手にやってくれという感じの映画（二〇〇九年二月二十六日）

あらすじどおりの作で、とにかく早く終ってほしくて、ところどころ早送りしたが、それでもなかなか終らない。実にくだらないとしか言いようがない。田中美佐子のファン以外にはほとんど意味のないものだが、当時こういうのが流行ったのである。

姉妹

畔柳二美
角川書店／一九五九年
おすすめ度：★★★★★

日本のウィラ・キャザー（二〇〇九年三月八日）

北海道の発電所で働く父のもとで育つ二人の姉妹の物語である。短章が積み重ねられる形式だが、戦前の北海道の苛酷な暮らしの描写は名作と言っていいだろう。十代の少女を主人公にしたものとしては異例なまでに、残酷な挿話が並ぶ。復刊されないのは、いわゆる「差別語」が出てくるからだろうが、埋もれるには惜しい作品である。毎日出版文化賞受賞（一九五四年）。

女装する女
湯山玲子
新潮社／二〇〇八年
おすすめ度：★★☆☆☆

通俗評論（二〇〇九年三月十五日）

まあ内容の是非以前に、女性雑誌的な話題が主で、風俗の表層を撫でていくようなものなので、きっちりした評論を期待すると失望するでしょう。

風雲急なり大阪城　真田十勇士総進軍
監督：中川信夫
出演：天城竜太郎、田崎潤
ビデオメーカー／二〇〇八年
おすすめ度：★☆☆☆☆

右に同じ（二〇〇九年三月十七日）

まあ、廉かったので買いましたが、観た時間を損したとさえ言えるかもしれません。乱暴者の三好清海入道が三枚目で、おじさんにしか見えない田崎潤が真田幸村、二枚目の出来損ないみたいなのが猿飛佐助で、それに冒頭、何だか徳川と豊臣が戦って幸村が九度山へ引っ込んだみたいな不思議なことを言っているし、淀君はとうてい秀吉を惑わせた女とは思えないおばさん女優で台詞も下手、悪役の丹波哲郎も、まだ全然演技力はないし、秀吉の遺言書とかいうのを家康が持っていて破棄してしまうのだが、史実からいってもフィクションとしてもバカバカしく、そんなものいつでも破棄できるし、いくらその当時だって、いい映画とは誰も思わなかったでしょう。ヒロイン女優もさして美しくないし、いいとこなしです。映画乱造時代にはこんなものも作られていたのだという資料の役に立つだけです。

千の目先生
石ノ森章太郎
双葉社／二〇〇一年
おすすめ度：★★★★☆

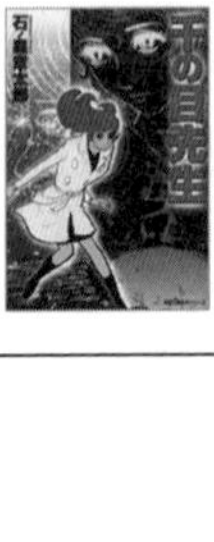

ヒロインが美しいです（二〇〇九年三月二十日）

「好き！すき！魔女先生」の原作ですが、ドラマとは当然ながら大分違い、超能力の持ち主であるヒロインが、地球を侵略しようとする異星人と戦う物語で、前半が第一部、後半が第二部で、学園ものなのは第一部の前半くらいで、第二部はどこかの漁村が舞台です。サスペンスタッチで面白く読めますが、決め手に欠けるというところでしょうか。しかしヒロインはさすがに美しいです。

美女と野獣
ボーモン夫人　鈴木豊（訳）
角川書店／一九九二年
おすすめ度：★★☆☆☆

歴史的資料（二〇〇九年三月二十一日）

表題作のほか、結構な数の教訓物語が収められている。恐らく表題作に、もともとの意図とは違うグロテスク美をジャン・コクトーが見出さなければ、埋もれていた作品集だろう。表題作にしても、読んでも別に文学性はない。作者は18世紀、フランス革命以前に死んだ人で、『子供の雑誌』という教科書から、物語だけ訳出したのがこの本。王子さまや公爵が出てきて、延々と、美醜で人を判断してはいけない式の嘘くさい教訓物語が続くだけで、まあ18世紀にはこういうものが（ルソー流の）はやったのだという歴史的資料以上の意味はない。

天と地と
監督：角川春樹
出演：榎木孝明、津川雅彦
角川映画／二〇〇四年
おすすめ度：★☆☆☆☆

愚作（二〇〇九年三月二十二日）

予想以上の愚作だ。原作はもっと上杉謙信の青年時代を描いて、女武者松江とか色っぽいのに、そういうのはまるっきりなし。ただ赤と黒のマスゲームがやりたかっただけとしか思えず、シナリオは出来が悪い。海音寺原作である必然性なし。角川春樹監督が大金を浪費した作品。

ぐるりのこと。
監督：橋口亮輔
出演：木村多江、リリー・フランキー
バップ／二〇〇九年
おすすめ度：★☆☆☆☆

新興宗教映画（二〇〇九年三月二十七日）

批評家にも観客にもだいぶ評判のいい映画のようですので、あえて書きますが、これ、新興宗教映画でしょう。

リリー・フランキーの主役は、過剰に美化されている。美化していないふりをして美化されている。

作中、西洋人女性が書いてベストセラーになったらしい本のサイン会が出てくる。店員が「本当の愛を知っていますか」とくり返し、まるで新興宗教のようで、映画はこれを批判的に描いている。ところがその映画自体が、実はそういう「日常を大切にしましょう」という新興宗教映画になっている。

恐らくその根源は、通俗的森田療法であろう。人生にはいろいろと面倒なことが多いけれども、社会を変革しようなどと考えずに、自分を変えて行きましょうというメッセージで、これはしばしば反動的なものとして働く。最低限、それだけの批判に晒されるべき映画である。

本来なら一点なのだが、登場人物がよく煙草を吸っているので二点。

イントゥ・ザ・ワイルド
監督：ショーン・ペン　出演：エミール・ハーシュ、マーシャ・ゲイ・ハーデン
ハピネットピクチャーズ／二〇〇九年
おすすめ度：★☆☆☆☆

耐え難いほど古臭い（二〇〇九年三月三十日）

二十一世紀にもなって、こんな六〇年代の遺物みたいな映画に出会うとは思わなかった。

両親が不和だろうと、不倫の子であろうと、金持ちのお坊っちゃんに変りはないし、理解を示す妹までいる。しかも全編ルソー的、ソロー的、エマソン的な陳腐な台詞に満ち満ちていて、くらくらした。実話だろうと最後は死のうとそんなことは関係なく、実にくだらない映画だ。志賀直哉の『暗夜行路』をもっとひどくしたみたいな、甘ったれ坊やの死、とでも呼びたい。

イッツ ア ニューデイ
監督：梅沢利之
出演：青山倫子、時津真人
ポニーキャニオン／二〇〇八年
おすすめ度：★★☆☆☆

あまりに不自然（二〇〇九年四月六日）

ワンアイディアで作った映画のようだが、あまりに漫画的で不自然な点が多すぎる。ほとんど耳が聴こえないことを上司にも報告せずに仕事を続けたり、東大卒の社員が着ぐるみを着てキャンペーンしたり、MBAを持つ女が派遣社員をしていたり（今ならちゃんとした託児所があるはず）、二十一世紀にもなるのに女をバカにするような発言を平然とするエリート社員がいたり、たかが東京の夜景程度で感心したり、いい大人の観る映画ではない。青山倫子がもったいない。

受取人不明
監督：キム・ギドク
出演：ヤン・ドングン、キム・ヨンミン
エスピーオー／二〇〇五年
おすすめ度：★★★★☆

スーパーリアリズム（二〇〇九年四月十三日）

世間ではどうなのか知らないが、キム・ギドクはもはや世界レベルの巨匠である。

　ここでは七〇年代韓国を舞台に、米軍との関係が描かれているようだが、それは枠組であって、次々と現れる暴力的、衝撃的なシーンが、本当にこんなことがあるのかと思わせつつ象徴的な意味を担っている点でスーパーリアリズムであり、単なる暴力趣味に終っていない。特に中心となるのは片目の少女で、犬を使ってのオナニー、彼女に恋着する米軍兵士の援助による手術で目が治るが、迫る兵士を前に自らまた傷つける。あとは米軍兵士との混血青年が、なぜか母の胸を傷つけたあと、田圃に頭から突っ込んで死に、母親が雪の降る中でこれを掘り出す場面などが印象的だ。谷崎潤一郎と大江健三郎の影響を受けているようにも思う。

サマリア
監督：キム・ギドク
出演：クァク・チミン、ハン・ヨルム
ハピネット ピクチャーズ／二〇〇五年
おすすめ度：★★☆☆☆

キム・ギドクにしては凡作（二〇〇九年四月十六日）

　鮮烈なイメージで観客を驚倒させるキム・ギドクの作品としては、凡作である。始めのほうの、少女二人で銭湯に入る場面、チキンで頭をかく場面などは、ギドクらしいエロティシズムとイメージがあるが、少女の父親が主となってからは、普通の映画と変らなくなる。どこが衝撃のラストなのか分からない。映画の世界では、これくらい普通でしょう。

悪い男
監督：キム・ギドク
出演：チョ・ジェヒョン、ソ・ウォン
エスピーオー／二〇〇四年
おすすめ度：★★★☆☆

善悪の彼岸（二〇〇九年四月十七日）

　キム・ギドクの映画を観るのに、是非善悪で判断してはならないようだが、それは観客が自らそういう場所へ連れて行かれるのであり、連れて行かれない人がいてもしょうがない。

　この映画は『弓』や『春夏秋冬そして春』ほどの完成度はまだ得ていない。特にヒロインが、一目惚れするほどの美貌かどうか疑問だ（米倉涼子風）し、書店で画集のページを破いたり、財布をネコババしたり、割と変な女だったり、女子大生と言いつつ親がどうしているのか分からなかったり、まあある程度幻想的な部分もある。暴力を描いてもそれが米国映画流暴力にならないところがギドクだが、この映画ではやや米国風になっている。しかし、ポスターを丸めて尖らせたものとか、ガラスのテーブルを切ったものとか、凶器の斬新さはギドクならでは。

地を這う魚　ひでおの青春日記
吾妻ひでお
角川グループパブリッシング／二〇〇九年
おすすめ度：★★☆☆☆

うーん困った（二〇〇九年四月十九日）

断っておくが、私は往年の「アヅマニア」であって、一九八〇年代までの著作はほぼ持っている。さてしかしこれが「大絶賛」されるようなものかというと、確かに細かく書き込まれているが、話そのものが面白いかというと、「普通」としか言いようがないのである。

新現実 Vol.2
大塚英志
角川書店／二〇〇三年
おすすめ度：★★★★★

貴重な資料を含む（二〇〇九年四月二十一日）

その後その件に関しては沈黙してしまった福田和也の「天皇抜きのナショナリズム」が収められている。多分これは単行本には入っていないから、いわば現代の「政治少年死す」であって、貴重な資料を含んでいる、とも言える。

レ・ミゼラブル　全四冊
ヴィクトル・ユーゴー　豊島与志雄（訳）
岩波書店／二〇〇三年
おすすめ度：★★★★★

名作名訳（二〇〇九年四月二十一日）

豊島与志雄の名訳に、当時の挿絵もついて、世界文学のピナクルの一つ。

フランス革命以後の社会を描いて、ユゴーの筆が冴え渡る。

ジャン・クリストフ　全四冊
ロマン・ロラン　豊島与志雄（訳）
岩波書店／一九八六年
おすすめ度：★★★★★

見直されるべき名作（二〇〇九年四月二十一日）

音楽家ジャン・クリストフの、俗物社会との戦いの生涯を描いた名作である。

黒髪・別れたる妻に送る手紙
近松秋江
講談社／一九九七年
おすすめ度：★★★★★

近松秋江伝が書きたい！（二〇〇九年四月二十一日）

名作です。妻が書生と逃げたり、好きになった藝者を友人にとられたり、その友人は正宗白鳥だったり、さんざんです。情けなさ満載。

水滸伝　全三冊
施耐庵　松枝茂夫（訳）
岩波書店／二〇〇一年
おすすめ度：★★★★★

手軽に読める抄訳版（二〇〇九年四月二十一日）

『水滸伝』全体はさすがに長い。簡単に全容を知りたい人は、大人でもこの少年文庫版を勧めたい。百八人全員出てくるし、概略を知るには最適である。

モンテ・クリスト伯　全七冊
アレクサンドル・デュマ　山内義雄（訳）
岩波書店／二〇〇七年
おすすめ度：★★★★☆

訳が少し古いが……（二〇〇九年四月二十二日）

山内義雄訳で、ところどころ古めかしい表現があるが、原作はむろん名作である。デュマ父は偉大な作家である。

『源氏物語』と騎士道物語
王妃との愛
千種・キムラスティーブン
世織書房／二〇〇八年
おすすめ度：★☆☆☆☆

愚書（二〇〇九年四月二十二日）

『源氏物語』と「アーサー王伝説」「トリスタンとイズー」などを並べて、どちらも王妃との姦通物語であると論じたもの。『源氏』が姦通讃美の物語だと言ったり、枚数が足りなくなったからか近代日本の姦通罪の時代まで論じたりして、何ら学問的に寄与するところもないし、姦通賛美などというのも見当違いである。

しかも依然として、シャルル・セニョボスが「恋愛は十二世紀の発明」と言ったなどと書いてあるが、セニョボスのこの言葉は都市伝説みたいなものだし、十二世紀に「突然」恋愛詩が現われたと「どの書き手も」言っているなどと書いてあるが、ダヴァンソンはそんなことは言っていないし、ドロンケ『ヨーロッパ中世の歌』に至っては恋愛詩の十二世紀起原説をはっきりと否定している。まるで素人が書いたような愚書である。

荒涼館　全四冊
チャールズ・ディケンズ
青木雄造、小池滋（訳）
筑摩書房／一九八九年（第一巻）
おすすめ度：★★★★★

ディケンズの最高傑作（二〇〇九年四月二十二日）

世間では『デイヴィッド・コパフィールド』とか言っているが、ディケンズの最高傑作はこの『荒涼館』である。ちと訳が古いかもしれないが、登場人物のメモを取りながら読んでほしい。

眠れる美女
川端康成
新潮社／一九六七年
おすすめ度：★★★★★

川端康成の最高傑作（二〇〇九年四月二十三日）

もう言うことはない。ノーベル賞作家であろうとなかろうと、この作品は最高である。

歩いても歩いても
監督：是枝裕和
出演：阿部寛、夏川結衣
バンダイビジュアル／二〇〇九年
おすすめ度：★☆☆☆☆

いい加減にしてほしい（二〇〇九年四月二十六日）

この手のどうってことない日常を淡々と描けば藝術的だとする古臭い観念にはうんざりする。

子供を助けようとして長兄が死んだなどというのも、別に映画の世界では日常茶飯事、さてそこで描かれる家族の葛藤は、へえこんなもんで済んだらみんな楽でいいねえ、というようなものだ。

愛の神、エロス
監督：ウォン・カーウァイほか
出演：コン・リー、チャン・チェン
TCエンタテインメント／二〇〇五年
おすすめ度：★☆☆☆☆

なんじゃこりゃ（二〇〇九年四月二十七日）

てっきりカーワイ監督、コン・リー主演の映画だと思って観たのがまずかったのだが……（三人の監督によるオムニバス)。

まあコン・リーのエロティックな場面など、見所はあるが、なんか中途半端。あとの二つは観るに耐えない。まあアントニオーニなんて『情事』からして退屈だった私の言うことだが、凡庸だろういくらなんでも。少なくとも買ってまで観るものではない。

藪の中の家
芥川自死の謎を解く
山崎光夫
中央公論新社／二〇〇八年
おすすめ度：★★☆☆☆

あっけない（二〇〇九年四月二十八日）

芥川龍之介は「ヴェロナール、ジャール」といった睡眠薬で自殺したとされていた。しかし、睡眠薬中毒だった芥川が、致死量の睡眠薬を入手しえたのか。芥川に興味のある人は一読の価値はあろう。ただ、芥川の主治医の日記を入手して精読するわりに、そこには真相は書いていない。既に刊行されている宇野浩二と小島政二郎の本で、「青酸カリで自殺」という記述を見つけるだけである。単にこれまで国文学者が怠慢だっただけではないのか？　という気もする……。

ビューティフル
監督：チョン・ジェホン
出演：イ・チョニ、チャ・スヨン
ビデオメーカー／二〇〇九年
おすすめ度：★★★★★

やはりギドクの世界（二〇〇九年五月一日）

監督ではないにしても、キム・ギドクの世界はシナリオから始まっている。ヒロインの仕事が何だかまったく分からないという不自然な設定なのに、全体としてその不自然を凌駕してしまうほどにギドクのシナリオは完璧な世界を形作っている。もはやストーカーとかそういった世界を超えた、ギドク独自の世界としか言いようがなく、また美しい。

ハーンと八雲
宇野邦一
角川春樹事務所／二〇〇九年
おすすめ度：★★☆☆☆

こんなものか（二〇〇九年五月二日）

宇野邦一がラフカディオ・ハーン？　と思ったら、松江出身であった。日本へ来るまでのハーンをも視野に入れつつ論じているが、これまでにもそういう評伝や論はあって、特に新味はない。なかんずく、ハーン礼賛にも批判にも与しないと述べ、それは日本などという実態はないからだと宇野は言うが、ハーンは日本では平川祐弘一派によって、天皇制イデオロギーを認めた西洋人として喧伝されてきた歴史があり、そのことに対する批評性がここではまったく欠けている。見ようによっては、避け、逃げているとしか思えない。宇野というドゥルーズ学者というのは、ここまで批評性を失ってしまったのか、それとももともとその程度の人だったのか、それとも、老いたのか。

灯台へ／サルガッソーの広い海
ヴァージニア・ウルフ　鴻巣友季子（訳）
ジーン・リース　小沢瑞穂（訳）
河出書房新社／二〇〇九年
おすすめ度：★★★☆☆

「サルガッソー」は駄作（二〇〇九年五月六日）

「サルガッソーの広い海」は、「ジェイン・エア」で、屋根裏に閉じ込められていたロチェスターの妻を主人公にして描かれたもので、このバーサが西インド諸島で育ったという設定から展開されたものだ。以前「広い藻の海」の題で訳された時はさして話題にならなかったが、ポスコロのおかげでまた有名になっている。が、文学作品としてはまったくの駄作である。単にポスコロで有名なだけ。「ジェイン・エア」のほうが遥かに面白い。政治的に正しくても文学作品はダメなものはダメといういい例である。三点つけたのは「灯台へ」があるからで、「サルガッソー」だけなら一点である。

死せる魂　全三冊
N・ゴーゴリ　平井肇、横田瑞穂（訳）
岩波書店／一九七七年
おすすめ度：★★★★★

ゴーゴリの最高傑作（二〇〇九年五月六日）

どうもゴーゴリというと「検察官」「外套」などが言われるのだが、『死せる魂』は、未完も未完、明らかに真ん中へんで中絶しているのだが、その前半の描写だけで、荒唐無稽、スラップスティックの面白さである。後藤明生が言うから「外套」を読んだが、どうも…という人はぜひ読んでもらいたい。

トリアングル
俵万智
中央公論新社／二〇〇六年
おすすめ度：★★★☆☆

世間が冷淡すぎる（二〇〇九年五月七日）

いい私小説である。三十三〜三十四歳くらいの時からつきあっている妻子もちのカメラマン、二十五歳くらいのライターのヒロインが、二十五歳くらいのライターのヒロインが、そして七歳年下の男ともセックスを始めてしまい、結局カメラマンとの関係を重視して若い男とは別れ、独身のままカメラマンの子供を生もうかと決心するという話で、作者の実体験を変形したものだろうし、カメラマンも特定できる。解説の松尾スズキも、実話というふうに読むべきでないというようなことを書いているが、実話ベースに変形したもの、でいいではないか。しかもヒロインの郷里は福井になっているし。素直に私小説として読むべし。ちょっと食事と酒に関する描写が多いのが気になるのと、セックス描写があっさりし過ぎているが、新聞連載だからしょうがないか。この後別に小説を書いていないが、俵万智にはもっと小説を書いてほしいと思う。世間、冷淡すぎる。

桜桃とキリスト
もう一つの太宰治伝
長部日出雄
文藝春秋／二〇〇五年
おすすめ度：★★★★★

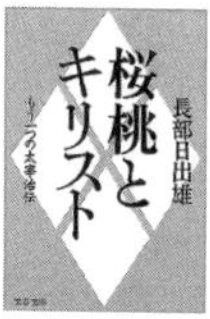

太宰論・伝として最高傑作（二〇〇九年五月九日）

太宰といえば奥野健男か猪瀬直樹だが、実はこれが最高の太宰論・伝なのである。

若妻の旅
光夜蝶／二〇〇七年
おすすめ度：★★★★★

AV史上の奇跡（二〇〇九年五月十一日）

さすがにAVのレビューをしたことはなかったのだが、これは凄い。二十年以上AVを観てきた者として、最高傑作のひとつと確言できる。男目線で、人妻と箱根へ不倫旅行という設定。女優は、美人ではないのに、むちゃくちゃ性格のいい、かわいい女として描かれている。そこが何と言っても凄いところで、観ているうちに、本気でこの女性に惚れてしまいそうになって、本来の目的を忘れてしまうほどである。男子必見である。

危険な関係　全二冊
C・D・ラクロ　伊吹武彦（訳）
岩波書店／一九六五年
おすすめ度：★★★★★

世界文学の傑作（二〇〇九年五月十三日）

映画にもなったが、書簡体小説で、十八世紀フランスの貴族社会の退廃的性愛を描いて、サドなどよりずっと面白い。作者は果してこの主人公たち（悪人たち）を肯定しているのか否定しているのか、一般的には否定していると見られているが、実のところどうだか分からない。

愛の完成／静かなヴェロニカの誘惑
ムージル　古井由吉（訳）
岩波書店／一九八七年
おすすめ度：★☆☆☆☆

退屈の美学（二〇〇九年五月十五日）

なるほどこれが古井由吉の「退屈の美学」の原点なのかと納得が行った。夫婦の愛はいかにして完成されるか、という、実にどうでもいい、観念的な、しかも誤った問題を、思わせぶりな美文で延々と綴ったもの。いわば堀辰雄とか亀井勝一郎が二十世紀的洗練を経て退廃するとこんな風になるのかという感じで、私としては生涯読まなくてもいいという気持であるが、好きな人は好きなんだろうから、それは結構である。

マイトレイ／軽蔑
モラヴィア　住谷春也（訳）
エリアーデ　大久保昭男（訳）
河出書房新社／二〇〇九年
おすすめ度：★★★☆☆

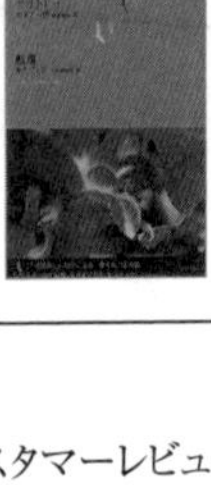

「マイトレイ」は凡作（二〇〇九年五月十五日）

「軽蔑」は未読なので「マイトレイ」について書きます。十年ほど前に初めて訳が出た時に読んで、うーんどうかなあと思いつつ新聞で紹介しましたが、その後つらつら考えると、凡作です。エリアーデは元々小説家ですが、『ホーニヒベルガー博士の秘密』などのほうが面白い。だってそうでしょう、あの有名なエリアーデの長編小説が本当に面白かったら、もっと話題になり、売れているはずでしょう。まあ例外はあるにしても、この場合は凡作です。

背徳者
アンドレ・ジイド　川口篤（訳）
岩波書店／一九七一年
おすすめ度：★☆☆☆☆

過去の遺物（二〇〇九年五月十五日）

ジッドというのは昭和前期に人気があったのだが、今ではとうてい読むに耐えない。せいぜい文学史的な意味があるだけで、フランス人ながらプロテスタントの母に厳格な教育を受けたが実は同性愛だったジッドの苦悩が根底にあるから、単に昭和前期の日本人には、性的潔癖のようなものを教えた作家で、まあ現代において何かを求めて読むのは間違いだろう。

『背徳者』は、うーん、どこが背徳者なのか分からない小説である。

森と湖のまつり
監督：内田吐夢
出演：高倉健、香川京子
東映ビデオ／二〇〇七年
おすすめ度：★★☆☆☆

通俗（二〇〇九年五月二十三日）

原作も通俗だが、これまた通俗だ。所詮、アイヌがどうしたという話に、美男美女、腕っ節の強い男と来たら、そうなるに決まっている。最初からそうとは言えるが、高倉健が出たとたんに、何やら北海道を北米西部に見立てたウェスタンになってしまっている。

ブンとフン
井上ひさし
新潮社／一九九一年
おすすめ度：★☆☆☆☆

子供の読みもの（二〇〇九年五月二十九日）

面白くもおかしくもない。こんなものを読んで面白がるのはせいぜい中学一年生くらいまでであろう。

冬の火花
上田秋成とその妻
童門冬二
講談社／一九九八年
おすすめ度：★★☆☆☆

実父は不明（二〇〇九年五月三十一日）

まあ上田秋成の生涯入門というか、その交友と、妻との関係、その謎に包まれた出生などを小説らしく手際よく描いている。ただし、ここで秋成の実父とされている小堀政報については、その後の研究で、十五歳で死んでおり、父ではないことが分かっている（長島弘明『秋成研究』参照）。また実母についても、結局何をしていた人なのかこの小説でも分かっていない。

エグザイル／絆
監督：ジョニー・トー　出演：アンソニー・ウォン、フランシス・ン
キングレコード／二〇〇九年
おすすめ度：★☆☆☆☆

ただのギャング映画（二〇〇九年六月十五日）

いったいこういうものがどうしてキネマ旬報ベストテンに入るのかわけが分からない。まったくただの、普通のギャング映画である。徹頭徹尾、どこかで聞いたような展開でしかない。香港で撮って、マカオ返還とかいう政治問題が（形だけ）からんでいるからか？

ギャング映画とか、男たちの絆とかそういう話が好きな人は別にいいが、そろそろ映画も、ノンジャンルでの評価はやめにして「ギャング映画」としての評価に切り替えたほうがいいのではないか？

イースタン・プロミス
監督：デイヴィッド・クローネンバーグ
出演：ヴィゴ・モーテンセン、ナオミ・ワッツ
ハピネットピクチャーズ／二〇〇八年
おすすめ度：★☆☆☆☆

ただのマフィア映画（二〇〇九年六月十九日）

ひたすら気持ち悪いだけで、ほかに何もない。こういうマフィアものが好きな人はどうぞ、としか言いようがない。

化石の森
監督：篠田正浩
出演：萩原健一、二宮さよ子
東宝ビデオ／二〇〇五年
おすすめ度：★★★☆☆

原作よりいい（二〇〇九年六月二十二日）

原作がむやみと長くて、主人公の内面を延々と描写しているのに比べると、筋だけ取り出してすっきり、杉村春子がやはり締めている。二宮きよ子（のちさよ子）は顔も声も浅丘ルリ子そっくりだ。

思ったほどひどくはない映画、というところか。

「別れる理由」が気になって
坪内祐三
講談社／二〇〇五年
おすすめ度：★★★★★

『別れる理由』演義（二〇〇九年六月二十三日）

小島信夫の『別れる理由』は、名のみ高く、これを実際に読みとおすことは常人には困難である。あの講談社文芸文庫ですら収録していない。それを坪内祐三が読み通し、雑誌初出と重ね合わせながら解説していく。坪内の長編評論としては、もっとも成功したものだろう。坪内の文章には「ジャジャジャジャーン」的な臭みがあるが、それを小島信夫が圧倒していくという感じである。なんで小林秀雄賞をとらなかったのか不思議である。

贋金つくり（上）（下は読んでいない）
アンドレ・ジイド　川口篤（訳）
岩波書店／一九六二年
おすすめ度：★☆☆☆☆

過去の遺物（二〇〇九年六月二十八日）

よく昭和初期の評論に名前が出てくる。唐十郎なんかもよく「贋金つくり」とか言う。

いわば実験小説で、かといって記述が前衛的なわけではなくて、ごく普通の、青年や親やがからみあう話だが、どんどん人間関係が複雑になっていって、しかも作りものだからキャラクターの描き分けができておらず、誰が誰でもいいようになっていく。

まあ文学史上の作品として、概説と最初の四分の一くらいを読んでおくか、一切読まずにすますかのどちらかだろう。過去の遺物である。しいて言えば、アンドレ・ジッド自体が過去の遺物なのだけれど。

人のセックスを笑うな
監督：井口奈己
出演：永作博美、松山ケンイチ
ハピネットピクチャーズ／二〇〇八年
おすすめ度：★☆☆☆☆

たるい（二〇〇九年七月一日）

評判がいいし永作博美が好きだから観てみたが、タルコフスキーのまねのつもりか静止映像の長回しは多いし、それこそ早送りでもしなければ耐えられない退屈な映画だった。なんかもっと面白くできる気がするのだが。

クライマーズ・ハイ デラックス
監督：原田眞人
出演：堤真一、堺雅人
ソニー・ピクチャーズ／二〇〇九年
おすすめ度：★★★☆☆

オヤジ臭さ（二〇〇九年七月三日）

「新聞はインテリが作ってヤクザが売る」と言われるが、この映画を観ると、作っているほうもヤクザなんじゃないかと思う。

むろん、大人の世界なんてある程度ヤクザなものだし、そう割り切って観れば、感動する人がいるのも分かる。結局みんなこんな風にして生きているのだと、オヤジ臭い世界に没入するのもよろしい。

しかし一番バカバカしいのは、飛行機墜落の原因を、一日早くスクープするなどということは、新聞を読む側にとってはどうでもいいことだ、ということである。時おり新聞周辺から聞こえてくる「スクープ」というのは、実にバカバカしい。速さを競い、真実を伝えるという努力を怠った結果、今日の新聞の退廃があるのだと思うと、勝手にやってろと言いたくなるのである。たかが一日のことでわあわあ騒ぐこの連中は「患者さま」のためを思っていますという病院が全然そんなことを思っていないのと同じように、新聞というのが読者の立場に全然立っていないことを端無くも暴露した映画だと言えよう。

やわらかい手
監督：サム・ガルバルスキ　出演：マリアンヌ・フェイスフル、ミキ・マノイロヴィッチ
ビデオメーカー／二〇〇八年
おすすめ度：★★★☆☆

いや、なかなか（二〇〇九年七月八日）

始めは、子供の難病ものかと思っていたら、物語は意外な方向へ進んで、なかなかです。もっともう一工夫欲しかった気もする。ロンドンでは「ヘルス」じゃなくて「手」が主流なのだろうか。

「ならずもの国家」異論
吉本隆明
光文社／二〇〇四年
おすすめ度：★☆☆☆☆

ボケた老文学者の垂れ流し（二〇〇九年七月九日）

かつて吉本隆明は、「反核アピール」がソ連の謀略ではないかとしてこれを徹底的に批判し、これに賛同した大岡昇平と埴谷雄高の対談を、ボケた文学者のたれ長しと呼び、埴谷と論争になったが、どうやら今では吉本の方が完全にボケてしまったらしい。

「では仮に日本国の本土が戦場になったらどうするか。自衛隊は「非戦条項があるから戦わない」というかもしれない。それならそれでかまわない。でも、国民一般はそれにしたがう必要はありません。自衛隊が戦わないといっても、ぼくらは目の前で妻子や家族が殺されたら勝手に戦争をすればいいんです。（略）もっとも、ぼくら一般国民だけでは組織的な戦争はできませんから、その場合はゲリラ的な戦いになるでしょうが、でも戦えばいい。」

これがボケ文学者のたわ言以外の何だというのか。

ほんとうの唱歌史「海ゆかば」
演奏：安宅薫、藍川由美
(株)カメラータ・トウキョウ／二〇〇七年
おすすめ度：★★★★☆

やはり「抜刀隊」ですかね（二〇〇九年七月九日）

『海ゆかば』そのものは、『国民歌謡』に入っていたのとほとんど同じ。あと『レクイエム』以前の明治期軍歌が白眉で、特に西南戦争の『抜刀隊』が、このピアノ伴奏は聴いたことがなかったので価値があります。しかし「お正月」などは、藍川さんの研究のためにあるようなもので、特段聴く必要はないかも。

えー軍歌であろうと、いい曲はいいのであって、別にこれに感動したからといって天皇崇拝家になったり靖国神社にお詣りしたりする必要はないのであります。

奇跡の丘
監督：ピエル・パオロ・パゾリーニ　出演：エンリケ・イラソキ、マルゲリータ・カルーソ
エスピーオー／二〇〇九年
おすすめ度：★★★★

危うく洗礼を受けかけた（二〇〇九年七月十二日）

私はこの映画を観たあと、キリスト教徒になろうかとさえ思いました。もし人をキリスト教徒にしたい人がいたら、この映画をみせるのが一番効果的ではないでしょうか。

まあ結果的にはならなかったわけですが、それくらいの傑作だってことです。

トウキョウソナタ
監督：黒沢清
出演：香川照之、小泉今日子
メディアファクトリー／二〇〇九年
おすすめ度：★★★☆☆

微妙だ（二〇〇九年七月十九日）

リアリズムものかと思っていると、役所広司の強盗が出てくるあたりから様子が変わって、マジックリアリズムになっていく。しかし結末はどうも予定調和的で、もうちょっと変てこなところが多いと良かったと思う。香川照之も、リストラされて苛立っているとはいえ、妙に怒りすぎで、こういうところが前からだったのかそうでないのかが分かりにくい。

小泉今日子はいい女優になった。ただ小泉のせいで、『空中庭園』の亜流に見えてしまうというのも否めない。何かいまひとつ、シナリオにひねりが欲しかった気がする。

娘と私
獅子文六
新潮社／一九七二年
おすすめ度：★★★★★

獅子文六の名作自伝小説（二〇〇九年七月二十二日）

愉快な物語小説で知られる獅子文六の、自伝小説、私小説である。フランス人女性との間に儲けた娘だが、妻は病を得てフランスで死去、後妻を迎え、戦争があり、娘は病気などしながら育ち、戦後遂に結婚するまでを描くが、その前に後妻は急死していた。

前半が何とも陰鬱である。特に主人公つまり文六が、あんまり結婚や子供を持つことに向いていないと繰り返すからでもある。それでもとうとう頑張り通したのである。愉快な作家獅子文六の意外な側面を映し出す私小説の名作である。

増補　折口信夫論
松浦寿輝
筑摩書房／二〇〇八年
おすすめ度：★☆☆☆☆

ちんぷんかんぷん（二〇〇九年七月二十四日）

よくここまで全編何を言っているのか分からない書物が書けるものだと感心する。要するにポストモダンいんちき哲学だから論理も実証も何もなくて、散文詩みたいにずらずら言葉を並べて、いかにもそれらしければいいということか。荒川洋治は「官僚的」と書いていたが、官僚はこんな意味不明な文章は書かないだろう。著者は東大教授だが、くれぐれも学生はまねをしないように。これは現代詩の一種である。

現人神の創作者たち　全二冊
山本七平
筑摩書房／二〇〇七年
おすすめ度：★★★★★

天皇を考える際の必読書（二〇〇九年七月二十七日）

どういうわけか、山本七平を「右翼」だと思っている人がいるようだが、そういう人はぜひこの本を読むべきである。山本はここで、尊王思想とか現人神思想というのが、水戸学の中でどのように「創作」されていったかを追及しているのである。要するに天皇崇拝思想などというのは、古代から連綿と受け継がれてきたものではないのである。

ヴァージニア・ウルフなんかこわくない
エドワード・オールビー　鳴海四郎（訳）
早川書房／二〇〇六年
おすすめ度：★★★★

戦後アメリカ演劇の最高傑作（二〇〇九年七月二十八日）

この一語に尽きる。なぜテネシー・ウィリアムズやアーサー・ミラーがあんなに名声が高いのかよく分からない。しかし教授の娘と結婚した学者なんてのは、こういうのを観るのはつらいだろうなあ……。

寝園
横光利一
講談社／一九九二年
おすすめ度：★☆☆☆☆

いや驚いた（二〇〇九年七月三十日）

どういう訳がらで横光利一というのが当時大作家扱いされたのか、ぜひ研究しなければならん。「機械」その他いくつかの短編と『紋章』を除けば、横光の長編小説のだいたいが、つまらないか通俗かのどちらかである。これは通俗のほうで、もう通俗臭ふんぷんたるものがあってしかもつまらない。読まれなくなったのは当然である。

現代小説作法
大岡昇平
第三文明社／一九七二年
おすすめ度：★★★★★

意想外の名著（二〇〇九年七月三十日）

いや驚いた。これほどの名著とは思わなかった。1956年のものだが、大岡はむしろその後、民衆史観に毒されていくつもおかしな文学論争を展開したし、最晩年の『小説家夏目漱石』が不出来だったから期待していなかったのだ。

だがこれは、ですます調で、英国、フランスの文学史にも通じ、スタンダールやドストエフスキーが小説技術において劣っていることとさえ見据えた、いわゆる80年代の文学理論ブーム以前のこととて、それにも毒されておらず、実に見晴らしのいい本である。

東京原子核クラブ
マキノノゾミ
早川書房／二〇〇八年
おすすめ度：★★☆☆☆

通俗劇（二〇〇九年七月三十一日）

これは？と思う人のために書いておくが、マキノノゾミの芝居というのはだいたいが通俗もので、これもその例に漏れない。もちろん、通俗劇というのはあっても構わないのだが、このあたりになると、三谷幸喜とともに、その辺の境界があいまいなまま通用しているということが問題で、読売文学賞というより、菊田一夫演劇賞のほうがふさわしいだろうと思う。

人を惚れさせる男 吉行淳之介伝
佐藤嘉尚
新潮社／二〇〇九年
おすすめ度：★★★☆☆

感心しない（二〇〇九年八月三日）

始めの方を読んで嫌になった。「四畳半襖の下張り」裁判で戦った人が「看護師」などと看護婦のことを書くのが嫌だ。淳之介が小学校へ入って、絵も作文も運動もできない劣等生だったと書いたすぐあとで、六年間を通じて全甲の優等生だったと書く。そこに何の説明もない。著者不明の辻野久憲訳「ランボオ」とあるが、NDLで検索すればジャック・リヴィエール著であることはすぐ分かる。まじめに書いているのだろうか。まあ、あとの方まで読めば何かあるのかもしれないが、伝記というのはもうちょっとちゃんと書くものだ。

ギララの逆襲 洞爺湖サミット危機一発
監督：河崎実
出演：加藤夏樹、加藤和樹
松竹／二〇〇九年
おすすめ度：★☆☆☆☆

怪獣映画への冒瀆（二〇〇九年八月七日）

昔のギララも、東宝、大映はもとより日活のガッパにも及ばないくだらなさだったが、結局今回もただの下らないお笑いものになってしまった。こういうのは、怪獣映画の精神とは相いれないもので、怪獣映画が嫌いな人が観た方がいいのではないか。こんな映画に「オマージュ」とか称して伊福部昭風の音楽を使うのも伊福部への冒瀆だし、著作権者の許可を得たのか。

「分かってやってんだよ、パロディなんだよ」と言うだろうが、全然面白くなくて不快なだけ

トルストイの生涯
藤沼貴著
第三文明社／一九九三年
おすすめ度：★★★★★

基本的な伝記（二〇〇九年八月八日）

現代の日本人が読むのにちょうどよい伝記であり、トルストイ研究の第一人者によるもので、新しい情報もしっかり入っている。

龍をみたか

三田誠広
角川書店／一九八一年
おすすめ度：★★☆☆☆

『白痴』のパロディー（二〇〇九年八月十一日）

『僕って何』で芥川賞を受賞しマスコミの寵児となった三田誠広の朝日新聞連載小説。ドストエフスキーの『白痴』のパロディーとして、突然現れた純真無垢な生年白鳥啓介が、最初の作品で「A賞」を受賞、そこから起こる作家、編集者、文壇バーのマダムや女優たちのドタバタ喜劇である。三上三千輝というかつてA賞を受賞した作家が、最後に憤懣をぶちまけて暴れるが、これは三田、中上健次、高橋三千綱、宮本輝をあわせた名前である。筒井『大いなる助走』と似た感じもあるが、当時の雰囲気を知る良い資料ともなろう。

天才画の女

松本清張
新潮社／一九八二年
おすすめ度：★★☆☆☆

竜頭蛇尾（二〇〇九年八月十一日）

かつて竹下景子主演でドラマ化されたことがある。その時も感じたが、竜頭蛇尾な作品である。途中でネタそのものは割れるし、あとはただ大したことのない展開を見せるだけで、まあ先にドラマを観てしまったせいもあろうが、それをのけても結末に向けてさしたるクライマックスはない。

ザ・テレビ欄　1975～1990

テレビ欄研究会著
ティー・オーエンタテインメント／二〇〇九年
おすすめ度：★★☆☆☆

全部ではない（二〇〇九年八月十三日）

書店で見つけて衝動的に買ったのだが、見たら全部載っているわけではなかった。まあ当然かと思いつつ、全部でないと資料としては使えない。有名な番組がいつ始まったかなどということはネットを使えば分かる。知りたいのはむしろ、映画や特番といった、データの乏しいものの放送日であるから、これは使えないのだ。
　まあそれも、東京だけの話だろうといえばいえるが…。高くてもいいから全部載せたデータ本を出してほしい。

赤毛のレドメイン家
イーデン・フィルポッツ　宇野利泰（訳）
東京創元社／一九七〇年
おすすめ度：★★☆☆☆

凡作（二〇〇九年八月十四日）
　推理小説の古典だから、トリックは後代の者に追い抜かれてしまう、というのは本当かねと思うくらい、簡単というか、誰だっておかしいと思うだろう。それをこの長さで真ん中過ぎまで明らかに見当違いの方向をうろうろされては困る。古典的といったってクロフツの『樽』なんか今でも面白いぞ。しかも…を…しか知らないなんて、不自然過ぎる。なんで古典なのかね。

【新釈】罪と罰
スヴィドリガイロフの死
三田誠広
作品社／二〇〇九年
おすすめ度：★★☆☆☆

惜しい（二〇〇九年八月十五日）
　副題から、スヴィドリガイロフという人物を中心として『罪と罰』を書きかえる試みかと思ったが、そうでもなく、割と普通に『罪と罰』を少し違った視点から書き直したものでしかない。ラスコーリニコフなどよりスヴィドリガイロフのほうがずっと興味深く、また妹アブドーチヤも興味深い人物なのに、せっかく小説家が書き直すのなら、もっと自在にやってほしかった。原典負けしている。

容疑者Xの献身
監督：西谷弘
出演：福山雅治、柴咲コウ
ポニーキャニオン／二〇〇九年
おすすめ度：★☆☆☆☆

原作のひどさが増幅されている（二〇〇九年八月十七日）
　原作にも多々不自然な点があるが、映像化でさらに不自然さが増した。まず、殺害があまりに安易。一流大学卒の人間がこんなことに手を染めるはずがない（そうでなくてもありえない）。堤真一のほうが、女がつきあい始める男よりハンサム。第一堤真一のような男が、妻も恋人もなしにいるのが不自然（これがたいそう不細工でもあればまだ分かる）。トリックを友人に看破された以上、それを女に話し女が出頭するのは予想できるはず。

いかにも「つくりごと」である。

「美少女」の現代史

ササキバラゴウ
講談社／二〇〇四年
おすすめ度：★★☆☆☆

ん？（二〇〇九年八月二十二日）

一九七〇〜八〇年代の漫画・アニメ史としてはいいのだが、宮台真司・フロイト的に、説明が巧すぎて胡散臭い。ルパンがクラリスを抱きしめるのを禁欲するのはそれ自体が物語のお約束でしょう。ルパンがクラリスと結婚するわけにいかないんだから。女の子の内面を分かってあげたい↓分かってあげている自分は偉い、という展開も、いかにも八〇年代フェミニズムである。

しかし最大の問題は、漫画・アニメの中での美少女と男の子の関係についての分析と、それら漫画・アニメを観て萌える観客の分析が分別されていないことで、宮崎駿の場合は分かりやすいし観客は宮崎と同じ位置に立つ、としていいわけだが、後半になるとしばしば二つのレベルが混同されていて、しかし読んでいると気づきにくい。それにやっぱり他国文化との比較とか、映画とか文学との比較がないと、ちゃんとした論とはいいえないでしょう。

R・P・G・

宮部みゆき
集英社／二〇〇一年
おすすめ度：★☆☆☆☆

やっぱりいかんね（二〇〇九年八月二十二日）

もともと半分くらいの分量だったのを水増ししたことが明らかに分かる。そしてもちろん、地の文でなにしてはいけない。それなら戯曲にすべきである。筒井康隆の『ロートレック荘事件』を読んで勉強すべしである。しかも最初のほうで、自らネタを割っている。

虹のカマクーラ

平石貴樹
集英社／一九八四年
おすすめ度：★★★☆☆

東大教授の処女作（二〇〇九年八月二十五日）

米文学者の作者によるすばる文学賞受賞作。東京駅近くで知り合った黒人青年ボブと、タイから来ている十六歳の少女ソムシーは、ソムシーの姉が鎌倉で虹を見たというので、一緒に鎌倉へ行く。ソムシーも姉も、売春をして生計を立てているのだった。周囲の視線にいら立ったボブは、鎌倉の大仏を見たあと、いちゃついている日本人カップルに暴力を働いてしまう。フォークナー研究者による、外国人を主人公とした先駆的な作品である。

蝶のゆくえ

橋本治
集英社／二〇〇八年
おすすめ度：★★☆☆☆

小説、下手だな（二〇〇九年八月二十八日）

橋本治の小説を読むのは『桃尻娘』以来だが、こんなに小説下手だったのか、と思う。全部いきあたりばったりに書いている。それに中間小説誌に書いているのに半分くらい純文学で中途半端なのもいけないが、「ふらんだーすの犬」の主人公が子供だとか、あるいはところどころに「人間は酷薄なものだ」という橋本理論の解説が入る。柴田錬三郎賞受賞、功労賞的なものだろうが、もしかすると橋本のもっといい小説がよそにあるのかもしれない。『巡礼』を読んでみよう。

我が愛する詩人の伝記

室生犀星
中央公論新社／二〇〇五年
おすすめ度：★★☆☆☆

犀星にしては凡作（二〇〇九年八月二十八日）

確か何か受賞したと思うが、犀星の本としては『随筆女ひと』のほうがずっと面白い。犀星は自由に書いたほうが面白いのに、いちいち枠に嵌めているからあまり面白くないし、十一人の詩人について短い「伝記」を積み重ねても、仕方あるまい。

悲夢

監督：キム・ギドク
出演：オダギリジョー、イ・ナヨン
ハピネットピクチャーズ／二〇〇九年
おすすめ度：★★★☆☆

ギドクにしては……（二〇〇九年八月三十日）

へんてこなのはいつも通りだが、いまひとつギドクらしい異様なイメージの展開がないまま終わった。別に日本人を使ったから委縮したというわけでもあるまいが……。

故郷の空　イタリアの風
大久保昭男
新評論／二〇〇六年
おすすめ度：★★★★☆

翻訳家の自伝的エッセイ（二〇〇九年八月三十日）

一般的にはどうか知らないが、私と郷里が近い翻訳家の自伝的エッセイとして面白く読んだ。東大仏文科を出てイタリア文学の翻訳家になり、モラヴィアを多く訳した人だが、モラヴィアを角川春樹に頼まれて角川文庫に入れていたのに、春樹が、モラヴィアが共産党寄りだと知って以後モラヴィアを増刷しなくなった話とか、日本における著者と出版社の不安定な関係とか、興味深い話題が多い。

君よ憤怒の河を渉れ
監督：佐藤純彌
出演：原田芳雄、大滝秀治
角川エンタテインメント／二〇〇八年
おすすめ度：★★★★★

カルト映画の資格十分（二〇〇九年九月三日）

シナで八億人が観たとか言われている映画だが、青山八郎の、とてもサスペンス映画とは思えない、まるで海岸で戯れる男女につけるような珍妙な音楽が全編に流れ、ご都合主義的な美人令嬢との出会いやクマとの遭遇、洞窟内でのセックス、理解ある地主が貸してくれたセスナで操縦法も知らないのに東京へ帰る、馬の疾走、そして西村晃の「二千六百五十年の歴史を持つわが国体を」とかいういかにもシナで受けそうな悪役ぶりと、これはもう笑いどころたっぷりのカルト映画としてきっちり評価すべきでしょう。ていうかあの音楽よく監督採用した、と思うのだが…。

瘡瘢旅行
西村賢太
講談社／二〇〇九年
おすすめ度：★★★★★

ひとつの世界が形作られてきた（二〇〇九年九月三日）

書評を別途するかもしれないから詳しく書かないが、「さわやか青春小説」くそくらえ、という人は必読である。

ねじの回転
ヘンリー・ジェイムズ　蕗沢忠枝（訳）
新潮社／一九六二年
おすすめ度：★★☆☆☆

代表作ではない（二〇〇九年九月三日）

ヘンリー・ジェイムズは日本では正しく受容されず、これとか『デイジー・ミラー』とかが短いというので読まれてきたが、その本領は『鳩の翼』『使者たち』などの後記長編にある。
　これはまあ、凡作であろう。幽霊物語のように見えるが、ガヴァネスの性的欲求不満が見せた幻想とする説もあり、特に定説はなく、別にジェイムズの代表作というわけではないので、これを読んでジェイムズを判断しないでほしい。

コロンバ
プロスペル・メリメ　杉捷夫（訳）
岩波書店／一九三二年
おすすめ度：★★★★★

メリメの最高傑作（二〇〇九年九月五日）
　メリメといえば「カルメン」が有名だが、あれはオペラで有名なだけで、原作は大したことはない。実際に素晴らしいのは『コロンバ』である。復讐をするのを嫌がる兄をさんざん焚きつける妹コロンバは、すばらしい魔性の女だ。むろん短編「マテオ・ファルコーネ」とかもいいのだが、メリメは「カルメン」しか読まずに誤解されがちな作家だ。

星の牧場
庄野英二
理論社／二〇〇三年
おすすめ度：★★★★★

これは名作です（二〇〇九年九月十二日）
「ビルマの竪琴」のほうが有名ですが、文学作品としての完成度ではこちらのほうが上でしょう。千住真理子が出たNHKのドラマは、VHSを持っています。たいへん幸せであります。

もう一つのヴィクトリア時代
性と享楽の英国裏面史
スティーヴン・マーカス　金塚貞文（訳）
中央公論社／一九九〇年
おすすめ度：★★★☆☆

翻訳は遅かった（二〇〇九年九月十二日）
　これの原著は一九六六年、翻訳は一九九〇年である。これの大半は、作者不詳『我が秘密の生涯』の紹介と分析に費やされているが、日本では一九七〇年代にこれを田村隆一が訳しているから、遅すぎた翻訳ということになろう。しかもかつての、お上品なヴィクトリア朝という認識は、本書以後大きく修正されて、ここに描かれたような性的放

逸が裏面にあったことは常識になっている。それにこれは研究書であり、フロイトなどを用いているあたりが古めかしいし、いろいろな意味で今読むのは遅すぎる。

　しかしまあ、『我が秘密の生涯』は長いし、ここで紹介だけ走り読みするといいだろう。

桑の実

鈴木三重吉
岩波書店／一九九七年
おすすめ度：★★☆☆☆

退屈である（二〇〇九年九月十三日）

　好きな人は好きでよろしいのだが、おくみという若い女が、妻を亡くした青木という画家のところへ手伝いに行く。しかし、何も起こらないで、期間が終って去っていくというそれだけの話で、退屈極まりない。これは全部つくりごと小説で、三重吉は、あんまりヒロインを清浄無垢に仕立てたから途中で青木と何かを起こせずじまいだったらしい。道徳的作家である漱石への遠慮もあったろうし、漱石は褒めた。しかしいくら何でもこれでは小説ではない。

　まあ何となく、こういうものに感心しなければいけないという雰囲気がある。ので、あえて退屈であると言っておく。

　なお鈴木三重吉は、童話なんか書いているがあまり人間的には酒癖が悪いし好きではない。そういう偏見も混じっている。

アフリカの女王

監督：ジョン・ヒューストン　出演：ハンフリー・ボガード、ロバート・モーリー
ファーストトレーディング／二〇〇六年
おすすめ度：★★★★★

名作中の名作（二〇〇九年九月十三日）

　もう実際にも四十を超えたキャサリン・ヘップバーンが、老嬢という設定で、こちらも五十近いハンフリー・ボガートと、アフリカの奥地で出会い、ドイツ軍の襲撃に会って二人で小船で逃亡するはめになり、はじめは男を嫌がっていた女だが、二人で困難を乗り越えるうちに…と実に楽しい映画である。

　こんな名画がキネマ旬報ベストテンに入っていないのは、そりゃ西洋中心主義的だ帝国主義だ、と思われたからに決まっているのである。しかし、いいものはいい。

南の島に雪が降る
加東大介
光文社／二〇〇四年
おすすめ度：★★★★★

これは名著だなあ（二〇〇九年九月十三日）

これは名著である。題名になった場面が有名だが、その前後もまた、素人の手になったとは思えないくらい、うまい。いまひとつ喧伝されないのは、戦争や軍隊を悪として描いていないからであろう。むろん、ここに描かれなかったこともあるだろうが、これはこれとして、やはり名著である。

虎の書跡
中島敦とボルヘス、あるいは換喩文学論
諸坂成利
水声社／二〇〇四年
おすすめ度：★☆☆☆☆

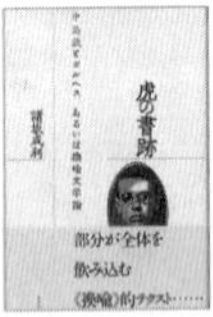

これはひどい（二〇〇九年九月十六日）

日本比較文学会賞受賞作であるが、これはひどい。比較文学の邪道というべきものであって、著者はただボルヘスやナボコフについて語っていればいいのに、全然関係ない中島敦と比較してまったく見当違いのことばかり言っている。たとえば前半では中島の初期作「虎狩」を、作者の最高傑作といい、これが『中央公論』の懸賞に応募され掲載はされたが理解されなかった、つまりメタフィクション的なもので、ボルヘスやナボコフに似ていると言うのだが、「虎狩」の語りが奇妙だといって、それは谷崎の「吉野葛」の真似に決まっているのであって、中島は谷崎に私淑していたし、この程度の語りの実験は当時の谷崎がさんざんやっていたのであり、あるいは語り口には芥川の「馬の脚」にも似たところがある。比較文学とは直接の影響関係を研究するものであって、こんな隙だらけの作品比較をすることではない。もちろん「虎狩」は当時、谷崎や芥川の亜流だと思われたに決まっているのである。

大日本「健康」帝国
あなたの身体は誰のものか
林信吾
平凡社／二〇〇九年
おすすめ度：★★★★★

good job!（二〇〇九年九月十九日）

国家による健康管理、ないし過剰な管理を思想的な観点から問題にする本は多いが、肝心の禁煙ファシズムについては素通りしてしまうものがほとんどだった中、八木晃介の『健康幻想の社会学』に並んで、新書判でこういうものが出たのは喜ばしい。
もっとも疫学的な喫煙の害に異論を唱えると「インチキ文化人」として裁判所に認定されたりするから、ご注意を。

イワン・デニーソヴィチの一日
ソルジェニーツィン　染谷茂（訳）
岩波書店／一九七一年
おすすめ度：★★☆☆☆

どうってことない（二〇〇九年九月二十一日）

学校教師だったソルジェニーツィンを一躍有名にした作品であるが、読むと、どうってことはない。私はもちろん、ソ連に理想国家を思い描いたことなどないのであって、これはそういう人が読んで衝撃を受ける小説でしかないからである。

感情教育　全二冊
ギュスターヴ・フローベール　山田𣝣（訳）
河出書房新社／二〇〇九年
おすすめ度：★★★★★

フロベールの代表作（二〇〇九年九月二十四日）

こんなことを書くと驚かれるだろうが、『ボヴァリー夫人』よりこちらのほうが面白い。

戯場戯語
坂東三津五郎
中央公論社／一九六八年
おすすめ度：★★☆☆☆

読みにくいの何の（二〇〇九年九月二十四日）

先々代の三津五郎、ふぐで死んだ人の随筆集で、「ちょっといい話」みたいなものだが、いや読みにくいこと。素人が書いているから、時々、話の筋が分からない。誰かこれ、注釈つけて出してくれないか。日本エッセイストクラブ賞受賞で当時売れたらしい。

新装版　ぼくらの時代
栗本薫
講談社／二〇〇七年
おすすめ度：★★☆☆☆

歴史遺産（二〇〇九年九月二十五日）

長髪でロックバンドをやるような若者への、大人たちの敵意を主題とした推理小説。今だってそういう世代間対立はあるが、やはり時代が違うし、いま読むと時代を感じさせる。推理ものとしては、まあ大したことはないだろう。
もっとも収穫は、そういう若者の一人が「シナ人」なんて言ってることで、これは旧版で読んだから新版では変えてあるかもしれない。シナとか言っちゃいけない、と中共が圧力をかけ始めたのは八〇年前後なのだよね。

オルフ：カルミナ・ブラーナ
指揮：ズービン・メータ
演奏：ロンドン・フィルハーモニー管弦楽団
ワーナーミュージック・ジャパン／二〇〇〇年
おすすめ度：★★★★

現代音楽では「ない」（二〇〇九年九月二十六日）

「現代音楽」といえば、不協和音と得体の知れないメロディー、メロディーなんかないみたいでどれを聴いても同じに聴こえる、日本の作曲家なら琴や尺八が混じるといったものだが、これはその変てこな現代音楽ではなくて、民族音楽をベースにした二十世紀の作品とは思えない素晴らしい名曲である。

赤い天使
監督：増村保造
出演：若尾文子、芦田伸介
角川映画／二〇〇四年
おすすめ度：★★☆☆☆

失敗作であるゆえん（二〇〇九年九月二十七日）

一九六六年作だが、意図的に白黒で撮って古色を出している。なるほど、戦地での美しい看護婦の性を描いて、前半は確かに面白いエピソードがいくつかあるし、凄い映画のような気がするのは分かる。しかし、それらが焦点を結ばないまま、単に看護婦と軍医の恋物語になっていってしまい、完成度は高くない。というのも途中から、軍医と看護婦の関係を見つめる他人の目が消えてしまうからであろう。いや、もちろん、凄いと言いたい気持ちは分かるのだがね…。

センチメンタル・ジャーニー
ロレンス・スターン　松村達雄（訳）
岩波書店／一九五二年
おすすめ度：★★★★☆

滑稽猥褻チョイ悪親爺仏蘭西旅行譚（二〇〇九年九月二十九日）

あの天下の奇書『トリストラム・シャンディ』の著者が書いたのだから、こんな題名でも、おとなしやかな紀行文であるはずがない。フランス国内、行く先々で、下女やら人妻やらにちょっかいを出して行く滑稽猥褻譚の趣がある。『風流チョイ悪親爺紀行』とでも訳したらいいのではなかろうか。

若草物語
ルイザ・メイ・オルコット　松本恵子（訳）
新潮社／一九八六年おすすめ度：★☆☆☆☆

訳が古い（二〇〇九年十月一日）

新潮文庫の『若草物語』は、一九五一年の松本恵子訳を未だに使っているが、もうどうしようもなく訳が古びている。明らかに新訳を出すべき段階にあるのだが、文庫界の帝王とも言うべき新潮文庫でも、時々こういうことがあるから油断できない。他の翻訳をお勧めします。

平成オトコ塾
悩める男子のための全6章
澁谷知美
筑摩書房／二〇〇九年
おすすめ度：★★★★☆

「フェミニズム」から自立したフェミニスト（二〇〇九年十月六日）

いや、よく頑張ったよ渋谷、というところだ。非モテ論でも売春論でも、上野千鶴子から離れようとしつつ離れられなかった著者が、どうやらここで、「自立」を果たしたようだ。

非モテ論について、女の非モテも扱うべきだという批判には、それはそれとしてやれ、と突き放し、「自己責任というな」と、上野「コミュニケーション・スキル」論に絶縁状を叩きつけ、かつてうろうろと迷い続けた売春問題でも、きっちり、男の買春に限定して、売る方を尊重できるならよし、と言う。

ああよくここへ落とし込んでくれたと、ほっとする思いである。まあ、東大院から東京の大学準教授というような女に、男のことを偉そうに言われたくない、という男も多いだろう、とは思うがね。特に博士号あり定職なしのもてない男には、不快感ありそう。

あるスパイへの墓碑銘
エリック・アンブラー　小西宏（訳）
東京創元社／一九六一年
おすすめ度：★★☆☆☆

古典としては残らないだろう（二〇〇九年十月八日）

なんだかずいぶん多くの人が訳しているが、スパイ小説のように見えて実際は犯人当ての推理小説で、よくあるように、候補者のうち誰が犯人でも驚かないよという心境になっていって、やっぱり驚かない。何か仕掛けがあるのかと思ったら、まあ今となっては別にどうってことない仕掛けがあるだけで、時代背景とかで読まれたのだろうが、まあ古典推理ものとして残ることはないだろう。

猿飛佐助

柴田錬三郎
文藝春秋／一九七五年
おすすめ度：★★★★★

柴錬の最高傑作（二〇〇九年十月十日）

かつてＮＨＫ人形劇『真田十勇士』の原作となったのが、この「柴錬立川文庫」の二冊である。子供向け人形劇の原作ながら、擬古文を用いて甚だエロティック、真田幸村が眉花なる女に産ませた真田大助は、母子二人暮らし、母は逞しく成長するわが子に「男」を感じ始める。ある日、敵との戦闘から帰った大助は、その戦闘で陰茎を失ったことを母に告げる。母は大助を…。

岩見重太郎の眼疾は、女子の淫水で治るという。猿飛佐助は大坂城中から一人の女中をさらって来て、重太郎の見ている前で……。

歳をとって女子との交合がままならなくなった豊臣秀吉が「この、象の鼻めが！」と叫び、秀頼は秀吉の子ではなく、淀君が城の欄干から外を見ている際に、着物の中に潜んだ一人の男が…、といったエロティック話満載である。二冊併せて、読まれたい。

ローラ殺人事件

監督：オットー・プレミンジャー　出演：ヴィンセント・プライナー、ジーン・ティアニー
ファーストトレーディング／二〇〇六年
おすすめ度：★☆☆☆☆

ありえない（二〇〇九年十月十日）

いくら一九四〇年代だって、推理ものとしてお粗末すぎるだろう。ありえない展開に拍子抜けしてあとはもう惰性で観た。まあ、女優が美人だから、それが観たいという人はどうぞ。

未来のための江戸学

田中優子
小学館／二〇〇九年
おすすめ度：★☆☆☆☆

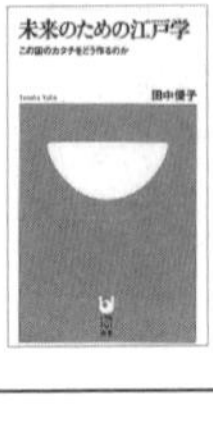

根本的問題（二〇〇九年十月二十日）

西尾幹二のように、徳川時代の文化という上部構造を礼賛するだけなら矛盾は生じない。しかし、田中優子のように、生活全体を肯定しようとすると、身分制という壁に突き当たる。田中が読むべきだと主張する渡辺京二の『逝きし世の面影』もまたこの点で矛盾を抱えている。徳川時代が彼らに美しく見えるのは、そこでは、農民の子は農民、武士の子は武士という身分秩序を人々がさして疑わずに受け入れ、自足していたからである。では田中や渡辺は、労働者の子に生まれたらそれに自足し、階級上昇など夢見るなと言うのだろうか。労働者の子に生まれた者が、大学へ行こうとか出世しようとか考えたら、田中が嫌う競争が起きる。これをどうするのだ。もう二十年以上も前にイヴァン・イリイチが「ヴァナキュラー・ジェンダー」などと言って猛反発を食らい、そんなことは自明の理なのに、今なおこういう「平和で良かった」「お江戸左翼」が跋扈するのは困ったものである。

アメリカ交響楽
監督：アービング・ラパー　出演：アルバート・バッサマン、チャールズ・コバーン
ファーストトレーディング／二〇〇六年
おすすめ度：★★★☆☆

ガーシュインの伝記映画（二〇〇九年十月二十二日）

まあ当時の日本の観客向けの邦題なので、うっかりするとガーシュウィンの伝記映画であることが分からないが、原題は「ラプソディ・イン・ブルー」である。

ガーシュウィンの三十九歳の短い生涯を二時間以上かけて描いていて、ちと長い。短命の作曲家は多いが、映画では伏せられているけれど、ガーシュウィンは脳腫瘍で死んでおり、最後はかなり悲惨だったので、それを知っていると、楽しい映画とは言えなくなってしまう。それに実際はけっこう「俺は天才だ」みたいなことを口走る人だったので、きれいごとづくめのこれよりも、もう少しクールに描かれた現代のガーシュウィン伝記映画を観たいと思ったのであった。

〈貧乏〉のススメ
齋藤孝
ミシマ社／二〇〇九年
おすすめ度：★★☆☆☆

なんかなあ……（二〇〇九年十月二十六日）

齋藤孝が不遇時代を語る！　かと思ってつい購入してしまったぜ。三十二歳の時に定職がなくて貧乏だったたっていっても、今や、東大で博士号をとっても生涯定職なし（見込）、貧乏（見込）というような人々がいるご時世に、そのあと明治大学に定職を得たぴょーんみたいな、それで貧乏を語られても、はい出世して人気物書きになってようございましたねと嫌味も言いたくなる。貧乏な人が読んでもあまり嬉しくならない本です。

まあ、奨学金については、いいことを言っている。大学に定職を得たら返さなくていいというのはおかしいじゃないかと。その通りで、学生支援機構は回収できなくて困っているというが、定職を得て返済免除になった教授の面々は、今こそ、あえて返済します、といった提言をすべきじゃないのかね（あ、それなら齋藤さんもか？）

女と人形

ピエール・ルイス　生田耕作（訳）
晶文社／二〇〇三年
おすすめ度：★★☆☆☆

翻訳がひどい（二〇〇九年十月三十一日）

晩年の生田耕作はおかしかった。この訳業などそのいい見本で、当人としてはしゃれているつもりか知れないが、連用形で文を止めるのがやたら多くて、単にリズムがぶち壊しになっているだけだ。

私は飯島正の古い訳で読んだが、これを読んでたまげた。こんな訳は絶版にして、飯島か江口清訳を復活させるか、新訳すべきものである。

せっかくの名作が台無しだ。

東京大学エリート養成機関の盛衰

橘木俊詔
岩波書店／二〇〇九年
おすすめ度：★☆☆☆☆

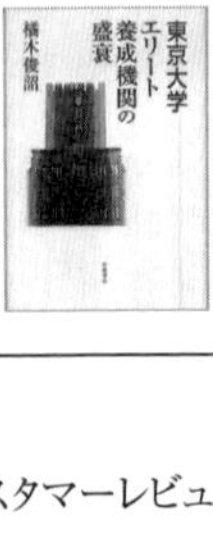

まんじゅう本（二〇〇九年十一月五日）

「盛衰」とタイトルにあるが、巻末に現東大総長濱田純一との対談が載っているのを見て、ああこれじゃ本当のことは書かれていないなと思ったら案の定だった。九〇年代の大学改革が大失敗で、博士号をとっても定職のない東大出身者が大勢いることなど触れられていないし、濱田との対談で「最近は東大出身の作家があまりいない」と村上春樹が早大であることに触れつつ、松浦寿輝も堀江敏幸も野田秀樹も橋本治も小林恭二も三浦俊彦も小野正嗣も知らないらしく、「柴田翔は芥川賞をとったのにドイツ文学の先生になってしまったのはなぜでしょう」ってそんなこと文学の素人の濱田に訊いて分かるはずがなくて全然答えになっていない。本当に橘木がそれを知りたいなら柴田に直接訊けばよい。

さらに冒頭で、東大生の学力低下を否定するのだが、立花隆が言い出したことで、立花は東大以外の大学を知らないから期待水準が高かったと言うのは意味不明で、東大卒だから「俺のころに比べて教養がなくなった」と分かるのであって、小樽商科大学から阪大院の著者こそ、東大卒じゃないし東大で教えてもいないから分からないのだと言うべきだろう。

全体として、東大のお墨付き、東大の葬儀の時に配るまんじゅう本みたいなものだ。

「縮み」志向の日本人

李御寧
講談社／二〇〇七年
おすすめ度：★☆☆☆☆

いわゆる「日本文化論のトンデモ本」（二〇〇九年十一月六日）

七〇年代に流行した「日本文化論」の多くは、今ではトンデモ本とされている。本書などは、冒頭で土居健郎の『「甘え」の構造』を鋭く批判していて、それはいいのだが、今度は自分でトンデモ日本文化論を書いてしまったといういい例である。俳句だ茶の湯だおむすびだと、時代も階層も無視して、「日本人」を一つのキーワードでくくろうというのが土台間違いで、おむすびなんか、じゃあサンドウィッチやハンバーガーはどうなのだ、といくらでも例外が見つかる。極めつけは、西洋人は閉所恐怖症で日本人は広場恐怖症だという珍論で、もう抱腹絶倒である。笑いたい方はどうぞ。

くにこ ism

猪口邦子
西村書店／二〇〇七年
おすすめ度：★★★★★

笑える（二〇〇九年十一月八日）

自慢とのろけ満載。あまりのことに、怒るより笑える。中でもすごいのが、猪口孝は本郷の東大、自分は四谷の上智勤務なので、その中間地点に住めばいいのだが「でもそれでは共倒れ」なので孝を優先して東大の隣のマンションに住んだ、「それが孝の初期の学問の成功の秘訣だった」というあたり。仙台と大阪とかに勤務先が別々の学者夫婦とか、見たら激怒する、というか、まあ失笑だわな。本郷と四谷って…。しかもこれが著者の四冊目の単著だという事実は、いったいいかなる優秀な学者だったのだろうかと、さらなる苦笑をもたらしてくれる。なお後半の、女が働く社会のほうが出生率は高いというのは、とっくに赤川学に論破された嘘です。

美人女性学者を実力以上にちやほやするとどういうものが出来上がるかの、よいお手本でしたね。

流刑の神々／精霊物語
ハインリッヒ・ハイネ　小澤俊夫（訳）
岩波書店／一九八〇年
おすすめ度：★★★★★

多神教と一神教（二〇〇九年十一月十日）

古代ギリシア・ローマの神々が、キリスト教の広まりとともにどこへ行ってしまったのか、そのことにいち早く目を向けて、ヨーロッパに残る神々のその後の姿を描いたのが、この作品である。訳者の小沢俊夫は比較民話学者だから、柳田国男にこの著作が影響を与えたという興味深い仮説を提示しつつ、日本ではキリスト教が、とふしぎなことを言っている。むしろ日本では、こうした民俗神を抑圧したのは、キリスト教ほど苛烈ではなかったにしても、仏教であったろう（小沢も、一カ所だけ、浄土真宗に触れている）。

だが、十九世紀以降、ロマン派の詩人や藝術家は、こうした異教の神々を復活させていき、ギリシア悲劇は復活し、ワグナーの楽劇や、トルキーンなどのファンタジーを開花させることになる。ヨーロッパといえばキリスト教、といった単純な比較文化論に惑わされないためにも、必読の書である。

堕ちた天使
アザゼル
ボリス・アクーニン　沼野恭子（訳）
作品社／二〇〇一年
おすすめ度：★☆☆☆☆

ものすごくつまらない（二〇〇九年十一月十二日）

昔、義理で書評したことがあって、その時は言えなかったが、ものすごくつまらない。これがロシヤで受けたというのは、ロシヤに国産の推理小説がないからで、日本人がわざわざ読むほどのものではない。この後これ以外のものも訳されているが、多分日露友好か何かのために訳されているだけだと思う。

おやすみなさい、と男たちへ
田中りえ
講談社／一九八七年
おすすめ度：★★★★★

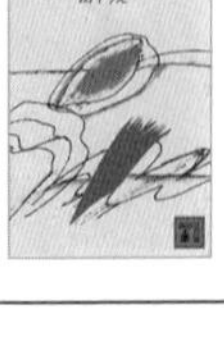

不思議だ、すごくいい（二〇〇九年十一月十五日）

これが出た当時、見延典子とかの女子大生小説がはやっていたので、そんな感じの、今風な女子大生が、男とセックスして男をバカにする類の小説かと、題名からも思っていたのだが、これが違う。確かによく「寝る」女子大生ないし予備校生がヒロインの短編集だが、男たちはそれなりにダメだけれど、別に悪く描かれていない。もっとも、大学生当時に読んだら、やりまくり女の小説だと思ったかもしれないが、いま読むといい。復刊してほしいものだ。

暴力と聖なるもの

ルネ・ジラール　古田幸男（訳）
法政大学出版局／一九八二年
おすすめ度：★☆☆☆☆

賞味期限切れ（二〇〇九年十一月十六日）

かつて「ニューアカ・ブーム」の頃によく読まれた本だが、もともと非科学的なフロイトを、さらに非科学的な脱構築とやらにかけるのだから、もうしっちゃかめっちゃか、「何となく分かる」けれど、概してフレイザーの『黄金の枝』にバタイユを加味したようなものである。ジラールはカトリックだから、欲望の模倣にしたって、最後は神の模倣に行きつくもので、まあ暇な人はどうぞ、という感じの本。難解な文章を楽しみたい人のための娯楽評論としても賞味期限切れでしょう。

加治隆介の議　全二十冊

弘兼憲史
講談社／二〇〇〇年
おすすめ度：★★★★★

護憲派に読ませたい漫画（二〇〇九年十一月十六日）

『島耕作』でバカにされがちな弘兼だが、これはいい。まあ主人公が美化されているのは漫画だからよしとして、何といっても護憲派に読ませたい。日本海有事で何が起こるか、現憲法ではこの程度の有事でも対応できないという事実を知らしめたい。ちょっとした小競り合いで敵方を殺傷したら自衛官は殺人罪に問われるというのが現憲法の下での現実なのである。

複雑な彼

三島由紀夫
集英社／一九八七年
おすすめ度：★★★☆☆

三島お得意の通俗小説（二〇〇九年十一月十九日）

三島由紀夫の純文学は読むに耐えないが、戯曲や通俗小説はうまい。これはそのうまい通俗小説の、恐らく最後のもので、一九六六年一～七月の『女性セブン』に連載された。モデルは若き日の安部譲二で、解説も安部が書いている。角川文庫の復刊はこの解説を引き継ぐのだろうか。相変わらず、ラディゲに学んだ男女の会話を主としてうまいが、後半、いったん譲二と冴子が思いあう仲になってからは、少しだれる。

波の塔 全二冊
松本清張
文藝春秋／二〇〇九年
おすすめ度：★★☆☆☆

古びたな……（二〇〇九年十一月二十五日）

和服を着て憂いを帯びた人妻とか、高級官僚の令嬢とか、昭和三〇年代の風俗、ないしはそういうものがあると信じられていた時代の産物で、いま読むと古めかしくて実感が乏しい。松本清張は恐らく実際にそういう女たちを知る機会はなかったのだろう、と思う。ちょっと大仏次郎の現代もののようだ。

玉嶺よふたたび
陳舜臣
双葉社／一九九六年
おすすめ度：★☆☆☆☆

凡庸なスパイ小説（二〇〇九年十一月二十九日）

大家の作品であることを勘案しての評価である。日本推理作家協会賞受賞作だが、当時はこの程度だったのか、と思う。

戦時中のシナを舞台として、日本人学者とシナ人女性との恋、抗日軍とそのスパイ、摩崖仏をめぐる伝説などをからみあわせたものだが、現代の推理小説読者ならすぐに先が見えてしまうだろう。

こんなものか、という感じである。

勝海舟（第1巻） 全六冊
子母沢寛
新潮社／一九六八年
おすすめ度：★★★★★

これはもう古典名作だね（二〇〇九年十一月二十九日）

子母沢寛は知識人作家である。勝海舟のことを調べたのは子母沢寛である。

そして作家でもあって、いくらかぎごちなく、また庶民の生活ぶりなどを実によく知って描いている。そして水野越前なら越前、むやみと忠邦と呼んだりはしない。当時使わないからだ。そのこともよく知っている。

もちろん勝海舟その人がいい。これは凄い。

勝海舟（第3巻）
子母沢寛
新潮社／一九六八年
おすすめ度：★★★★★

ヴィクトル・ユゴー級の名作（二〇〇九年十二月一日）

文久三年の政変から蛤御門の変、長州征伐と時代は激しい勢いで動く。いったん御役御免になった勝麟太郎は、慶応二年、再び軍艦奉行として召し出され、第二次長州征伐の散々な失敗のさなか、役を辞めて江戸へ帰ると言う麟太郎を叱咤する松本良順。勝を信じ、任せてくれた将軍家茂は二十一歳で急死し、号泣する勝。その勝に、長州との談判に赴くよう、徳川慶喜から命が下る。

事実に基づいた小説でありながら、『レ・ミゼラブル』に等しい感動を与える名作である。幕末の日本人の偉大さを知る。美化もあろうが、これは事実だ。

―大明帝国― 朱元璋 DVD-BOX I
監督：フォン・シャオニン
出演：フー・ジュン、チュイ・シュエ
エスピーオー／二〇〇九年
おすすめ度：★★★★★

いやあかっこいいぜ（二〇〇九年十二月四日）

異民族に支配された元帝国を滅ぼし、漢民族の明帝国をうちたてたのは、貧しい農民から成りあがった朱元璋、世界史上最も低い身分から皇帝になった男と言われる。史実ではもっとおっかない顔だったようだが、ここではマイルドなお顔。目をかけてくれた元帥のバカ息子を見殺しにして金陵を制していく。まあ史実にどの程度忠実かはともかく、日本人はこういう史実自体あまり知らないんだから見て損はなし。とにかくかっこいいぜ。

ウィーン家族
中島義道
角川書店／二〇〇九年
おすすめ度：★★★☆☆

究極のミソジニー小説（二〇〇九年十二月五日）

哲学者による初の私小説で、内容的には『続・ウィーン愛憎』と重なる。しかし、ここでの主人公つまり作者の行動は常に異常であり、母、妻、姉といった女たちに対する激しい憎悪が見てとれる。「人を愛せない」というような生易しいものではなく、これは激しいミソジニーである。父親を罵倒し続けた母を憎み、男に「愛されず」洗礼を受けて独身のままの姉を軽蔑し、教養のない女と結婚して、その妻に冷酷な仕打ちを繰り返し、しかし何ゆえか離婚はしない。あたかも古代ギリシア人のような、「ガリア的伝統」のような、書簡に見られるペトラルカのような究極の女性嫌悪。恐らく作者は精神的同性愛者なのでもあろう。現代日本におけるミソジニーの見本として参照されるべき書物である。あまりにも「非日本的」ではあるけれど。

ろくでなし
監督：吉田喜重
出演：津川雅彦、高千穂ひづる
松竹ホームビデオ／二〇〇六年
おすすめ度：★☆☆☆☆

時節遅れの太陽族映画（二〇〇九年十二月九日）

吉田喜重の監督第一作ということでDVD化されたものだが、時節遅れの太陽族映画としか言いようがない。会話もまるっきり「慎太郎＋カミュ」で面白くない。そうしなければ商業ベースに乗らなかったということだろう。

毛皮族の「天国と地獄」
監督：江本純子
出演：江本純子、町田マリー
コロムビアミュージック／二〇〇七年
おすすめ度：★★★★★

久しぶりに面白い舞台を観た（二〇〇九年十二月十一日）

演劇への情熱が薄れつつあった私だが、これは久しぶりに楽しいといえる舞台を観た。町田マリーのユリディスが美しい、田口トモロヲのジュピターが男くさい、乳首を隠しただけの女たちほか下ネタも多いが、下手に「藝術演劇」にしようとしていないところが成功の秘訣でしょう。長いからもし舞台で観ると疲れそうだが、自宅で観る分にはよいです。

コクトーの下手なアレンジより面白い、と言ったら怒られるか。

逝きし世の面影
渡辺京二
平凡社／二〇〇五年
おすすめ度：★☆☆☆☆

現代最大の悪書（二〇〇九年十二月十三日）

名著扱いされていなければ、よくある「お江戸礼賛」本の一つだろうが、名著扱いのために現代最大の悪書となっている本である。

外国人、主として西洋人が、幕末・明治初期の日本を観察して描いた記録だけを読み、日本側の記録は一顧だにしないという偏った方法で、外国人が日本を褒めれば涙を流さんばかりに喜び、貶せば西洋人流の偏見だと怒る。だが朝鮮通信使もまた同様に日本を野蛮国として記述していたことは知らない（『申維録』）。また、日本人は裸体を気にしないという俗説は、同時代の川柳（渡辺信一郎『江戸の女たちの湯浴み』など）によって覆される。あるいは著者は無邪気にも、売春は明るかったのだなどと言うが、キャバレーのホステスであろうと、客を前にすれば明るく振舞う。背後にどんな闇があろうとも。
　近世および明治という、過去礼賛に耽溺し、現実を直視できなかった著作であり、その一方で、この著を正しく批判できない多くの左翼知識人にも大いなる責任がある。

抵抗の場へ　あらゆる境界を越えるためにマサオ・ミヨシ自らを語る
マサオ・ミヨシ、吉本光宏
洛北出版／二〇〇七年　おすすめ度：★★★☆☆

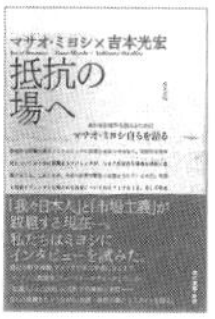

評価が難しい（二〇〇九年十二月十四日）

　マサオ・ミヨシは評価の難しい学者である。これはインタビュー形式によるその自伝とも言うべきものだが、これまた評価が難しい。各々のエピソードには興味深いものがあるが、比較文学者でなければ意味が分からないものも多い。たとえば日文研というのがどういうところか、アール・マイナーというのがどういう人かを知らないと。また九〇年代の大学改革について、ミヨシは何も変わらないと言うが、それは違う。ミヨシの予言がはずれたのかどうか。一番問題なのは「大学を抵抗の拠点とする」「大学は反逆者を解雇しない」というところで、これはミヨシの間違いである。その間違いはチョムスキーから引き継がれたもので、チョムスキーは、自分がヴェトナム反戦運動をしてもMITから解雇されなかったことを基準にして言っているわけだが、それはチョムスキーでありMITであったからであって、富山国際大学は藤野豊を、今後大学は就職指導中心になるからと言って解雇するのである。

Nの肖像
統一教会で過ごした日々の記憶
仲正昌樹
双風舎／二〇〇九年
おすすめ度：★★☆☆☆

この人自体がとらえどころがない（二〇〇九年十二月十四日）

　著者は私と同学年、現役で東大に入っているから大学ではじめは一年上だが、私などは、入学時のクラスのガイダンスなどで「原理」には気をつけるよう言われたものだ。しかし著者はクラスの集まりなど出なかったのか、駒場寮へ入って左翼に辟易したせいか、あっさり原理研に入ってしまう。これは著者自筆ではなく、編集者が聞き取りをしてまとめたもので、子供時代のことからざっと生い立ちが綴られている。しかし高校時代のところが妙にあっさりしていて、米国にホームステイして、英語に失望したとか、成績が良くなっていったとかあるのみで、男女共学であるにもかかわらず、女生徒への関心などは出てこない。あとの方で、「本格的な恋愛をしたことがない」とあるが、確かにそうらしい。かといって同性愛というわけでもないし、若い男がしばしば悩まされる性の飢餓も経験していないようだ。そのため、今日に至るまで著者は謎めいた人物であり続けている。著者にとって必要なのは、統一教会について語ることよりも（赤裸々、というほどの内容はない）、なぜそこまで自分が他人に関心がないのかを探ることではないかとさえ思える。そしてまた、こういう人がドイツ哲学などやりがちなのである。

毛皮族　銭は君
作・演出：江本純子
出演：江本純子、町田マリー
○○○／○○○○年
おすすめ度：★★☆☆☆

悪夢のようだ（二〇〇九年十二月十九日）

うーん『天国と地獄』が良かったから買ったのだが、途中で挫折した。もうむちゃくちゃとしか言いようがない。江本純子や町田マリーが出ているだけでいい、という人にしか観ていられないだろう。

たまたま
日常に潜む「偶然」を科学する
レナード・ムロディナウ　田中三彦（訳）
ダイヤモンド社／二〇〇九年
おすすめ度：★★★☆☆

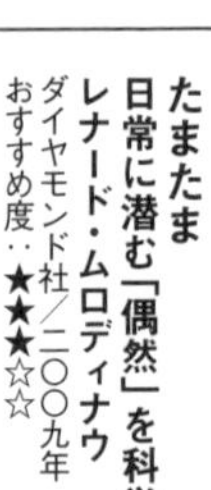

普通に書けや西洋人（二〇〇九年十二月二十日）

「偶然性」と言いつつ実際には統計学の議論が多いように思う。

それと、もしかしたらこの本には興味深いことが書いてあるのかもしれないが、西洋人（ないしアメリカ人）特有の、ユーモアのつもりのもって回った言いまわしのために恐ろしく読みにくい。「モンティ・ホール問題」の説明などその最たるもので、導入部からしてもって回っていて、後ろにヤギがいるとか言いつつ、司会者は一つのドアを開ける、とだけあって意味がつかみにくいところへ、何々語のシェイクスピアだのかっこいいクルマだのと文飾が激しすぎで、こんなものを読むならブルーバックスで日本人ライターが書いたものを読んだほうがましである。こういう、まあアメリカ人特有のくどい言いまわしは「超訳」してもらいたい。また日本人でこういうのが好きという人はしょうがないが、不快に思う人ははっきり声をあげるべきである。

女のみづうみ
監督：吉田喜重
出演：岡田茉莉子、芦田伸介
松竹ホームビデオ／二〇〇六年
おすすめ度：★★★☆☆

和製ヌーヴェルヴァーグ（二〇〇九年十二月二十二日）

芦田伸介の夫をもつ人妻（岡田茉莉子）は北野という青年と密会している。北野は戯れに彼女のヌード写真を撮る。帰路彼女は後をつけられ写真のネガを奪われる。脅迫電話に誘われて女は片山津温泉へ出かけるが、途中で北野が追ってくる。ネガを奪った男（露口茂）が現れ、北野の婚約者と称する女も現れる。岡田と露口は海辺を歩き、露口の求めに応じて体を与えるが、宿へ戻ると夫が来ていて二人で汽車で帰ろうとすると…。

という話。川端康成『みづうみ』の主人公を女に変えたもので、吉田喜重らしい光と影の映像が特徴的で、汽車、駅、海辺など印象的に撮られている。しかし退屈なのは免れない。

刺青　背負う女
監督：堀江慶
出演：井上美琴、伊藤裕子
ハピネットピクチャーズ／二〇〇九年
おすすめ度：★★★☆☆

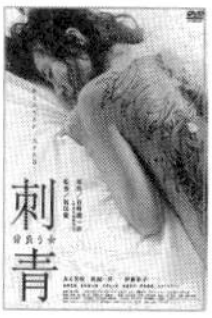

鑑賞に耐える作（二〇〇九年十二月二十六日）

最近、谷崎『刺青』を原作として、単に女が刺青を彫るという内容だけ同じの現代を舞台とする映画が続けざまに作られている。

これは、その中では、かなり鑑賞に耐えるほうである。シナリオにちょっとムリがあり、やくざの恋人が死んでしまうなど類型的ではあるが、井上美琴が美しいし演技もうまく、ヤクザの恋人もそれなりにいい（しかし兄貴は刺されても死んだわけじゃないんだから殺しに行かなくてもいいと思うのだが）。

下手に小細工をしなかったのが功を奏した映画といえよう。

秋津温泉
監督：吉田喜重
出演：岡田茉莉子、長門裕之
松竹ホームビデオ／二〇〇六年
おすすめ度：★★★★★

傑作（二〇〇九年十二月二十八日）

岡田茉莉子の女優としての、吉田喜重の監督としての最高傑作である。藤原審爾の原作も独特の味わいのあるものだが、これほどの名作を、岡田自身が映画百作目を記念して自ら原作および監督を指名して作ったというのが驚きである。なかんずく林光の音楽がもう一方の主役と言ってもいい。

十一代目團十郎と六代目歌右衛門
悲劇の「神」と孤高の「女帝」
中川右介
幻冬舎／二〇〇九年
おすすめ度：★★★☆☆

もっと厳しくてもいい（二〇〇九年十二月二十九日）

もうちょっと歌右衛門に対して厳しいものを想像していたら、そうでもなかった。私は一九八〇年から歌右衛門を見ているが、猫背で悪声で、阿古屋をやっても楽器はみな下手で、いったいこれのどこが名優なのか分からなかった。著者は、歌右衛門が良かったのは昭和二十年代だというが、その時代の録画などはないに等しい。七〇年代の録画を見ても、舞踊の名手とは思えない。たとえば坂東玉三郎は五十歳でも美しく、坂田藤十郎もまた美しさを感じさせたが、歌右衛門の美というのを、私は見たことがない。芝翫が巧いのはつくづく感じるが、歌右衛門にはまったく巧さを感じなかった。ここでは歌右衛門が権力となり、実は五代目の実子でないことを隠していくさまが戦後歌舞伎史として綴られているが、多くは歌舞伎を知る人には常識の範囲を出ない。なお歌右衛門が妻と性関係がなかったことも中村哲郎の説として触れられているが、自殺だったという説には触れていない。

歌舞伎は滅びゆく藝能であろう。今日、団十郎や菊五郎の大根ぶりがタブーなのかどうか、知らないが、歌右衛門が名人だったというのは、いったい本当なのかどうか。

セルバンテス
ジャン・カナヴァジオ　円子千代（訳）
法政大学出版局／二〇〇〇年
おすすめ度：★★★★★

セルバンテスの伝記（二〇〇九年十二月三十一日）

現在日本語で読める中では最も精細なセルバンテスの伝記である。現代のフランスの学者によるものなので、読みやすいとは言えないが、十六〜十七世紀の政治史、また文学史についても基本的な知識を与えてくれる。『ドン・キホーテ』があたかも『1Q84』のように、ないしそれ以上に、刊行される前から有名だったというのは驚きである。

二〇一〇年

高層の死角
森村誠一
祥伝社／二〇〇九年
おすすめ度：★★☆☆☆

歴史的な意味だけかな……（二〇一〇年一月一日）

のち角川商法でベストセラー作家となった森村の出世作。しかし、途中での飛行機をめぐるアリバイ崩しは別に新味はなく、最後のホテルでのチェックインのアリバイ崩しはまあまあだが、逆に犯人がそこまで考えるかという疑問もある。

なかんずく、刑事と女と犯人の三角関係めいたものに、一向にリアリティがない。そこが描けていなければただのトリックのための添え物のファンタジーになってしまう。まあしかし、世評的にもこんなもんだろう…。

勝海舟（第4巻）
子母沢寛
新潮社／一九六八年
おすすめ度：★★★★★

名作佳境へ（二〇一〇年一月一日）

よく考えると、勝に敵意を抱く男が、会いに行ってその「人物」に打たれるというパターンが繰り返されていて、ちょっとあれなのだが、まあそれは瑕瑾だ。

のち明治期に有名になった西周、成島柳北といった面々がひょいひょい登場してくるのも面白い。鳥羽伏見の戦いに敗れて逃げ帰った徳川慶喜を叱りつけるのはこの巻だが、榎本武揚を置き去りにしたことが書いていないのはなぜだ？

サリヴァンの旅
監督：プレストン・スタージェス　出演：エリック・ブロア、ヴェロニカ・レイク
ファーストトレーディング／二〇〇六年
おすすめ度：★★☆☆☆

くだらん（二〇一〇年一月三日）

コメディ映画の有名監督が、社会派映画を撮りたくなり、君は下層の苦難を知らないだろうと言われ、それを経験する旅に出る。お定まりで女優志願の女と出会い、何度も連れ戻されるが、強盗に襲われ、苦難を知るというお話。

偽善というにも値しない陳腐なシナリオ、下らないコミックシーン、ありがちな展開で今では観るに値しない。女優も良くない。ただ最初のほうに出てくる少年のところだけ良かった。

片翼だけの天使
生島治郎
講談社／一九九四年
おすすめ度：★★☆☆☆

不出来な私小説（二〇一〇年一月三日）

一九八四年刊行当時話題を呼んだ「私小説」である。当時生島治郎は五十一歳。かつて小泉喜美子と結婚して離婚、小泉は生島の姓であり、喜美子はこの翌年事故死している。ソープ嬢として出会った韓国人女性には夫がいた。だがこの女性は主人公に惚れこんでしまい、男もかわいく思って、そこへ夫がからみ、女を家から出すところで終っている。続編も書かれている。

しかし、私小説としては不出来である。第一に、生島の癖なのだろうが、不要に長い。そして何より不明なのは、この女は、かわいいけれど頭が弱いのではないかとしか思えず、それを主人公が、韓国人だから日本語が不自由なのだと思い続けていることで、もちろんその頭の弱さが「天使」という表題につながるわけだが、主人公は日本がかつて朝鮮を侵略したことを負い目に感じている。くりかえし、それゆえの偽善的愛情ではないと強調するが、これが日本人の女だったら、恐らく惹かれることはなかっただろう。結局この女と結婚した生島は、以後散々な目に遭うことになる。愚かだ、としか思えず、かといって愚かに女に溺れているのでもない。

中庭の出来事
恩田陸
新潮社／二〇〇六年
おすすめ度：★★☆☆☆

小説熱海殺人事件？（二〇一〇年一月四日）

推理小説仕立てだけれど別に決まった解決はない、どうぞお好きに選んでくださいという意味ではつかこうへい『熱海殺人事件』のようなものだ。いろいろ趣向を凝らしてはいるが、面白くないのは、結局細部にユニークなものがないからだろう。登場人物は類型化されているし、台詞や文章はありきたり。三島由紀夫の言う、どこまで行っても墨取りが回らない小説かもしれない。100頁「著名な作家の記念館の天井に作中人物そっくりの顔が浮かび上がった」（大意）。小説の作中人物に顔があるんでしょうか。185頁「彼が交通事故で亡くなったのは衆知のところですが」「周知のことがら」の間違い。「衆知」は「衆知を結集して」と使う。新潮社にしては校閲が甘い。きっとほかの作品がいいのだろう。

死の棘
島尾敏雄
新潮社／一九八一年
おすすめ度：★★★★★

私小説の極北（二〇一〇年一月七日）

私小説なら何でもいいというわけではない。これは作者が命をかけて書いた長編私小説である。映画はこれのだしがらのようなものだ。文章がみな立つ。妻が精神病だと聞かされた夫は「ききちがいではないかと思った」とわざわざひらがなで書く。これは何なのか。使いに行った息子は途中でどぶへ落ちてどろどろになって帰ってくる。このユーモア。

あやしい人妻 テレクラ・リポート
監督：大竹一重
出演：大竹一重、中島陽典
東映／二〇〇九年
おすすめ度：★★☆☆☆

大竹一重、城野みさ（二〇一〇年一月七日）

テレクラ取材を始めた夫と、妊娠している妻。大竹一重ほか、城野みさ（愛川瞳）も、母乳の出る人妻として登場し、エロいシーンは多いが、筋は次第に重苦しいものになっていく。結局離婚してしまうわけだが、夫がそれほど悪い奴に思えないので、カタルシスはない。

何がジェーンに起ったか？
監督：ロバート・アルドリッチ　出演：ベティ・デイビス、ジョーン・クロフォード
ワーナー・ホーム・ビデオ／二〇〇〇年
おすすめ度：★★★★★

真実のホラー（二〇一〇年一月八日）

超自然現象が起こるホラーは、所詮絵空ごとだが、ここではそういうものは起こらず、それだけに恐ろしい。ヒッチコックの『サイコ』だってこれに比べたら甘いものだ。気の弱い人はトラウマになるからお勧めできません。

推理小説常習犯
ミステリー作家への13階段＋おまけ
森雅裕
ベストセラーズ／一九九六年
おすすめ度：★★☆☆☆

こんなもんか。（二〇一〇年一月八日）

ほかのレビューからもっとすごいものを期待したのだが、期待が大き過ぎたのか。まあ、講談社関係の悪口が多くて、講談社ってイケズなところのようだから、大変だったろうなと思うばかり。家を訪ねるのに手土産がない、とか怒ってもあまり一般人の共感は得られないのではないか。痛快だったのは、原爆を描くと必ず傑作になるというところか。松浦理英子が「仕事がなくなるわよ」と心配してくれた、というところに、ああ松浦さんも耐えているのかなあ、と感慨を催した。

―大明帝国― 朱元璋 DVD-BOX II
監督：フォン・シャオニン
出演：フー・ジュン、チュイ・シュエ
エスピーオー／二〇〇九年
おすすめ度：★★★★★

はまるとやめられない（二〇一〇年一月九日）

最大の敵・陳友諒は朱元璋の策略の前にあっけなく滅び、遂に朱元璋は大明帝国皇帝の地位に就くが、義軍の総帥である小明王が邪魔になった。朱元璋は小明王暗殺を言い含めて大虎を送り出すが、胡惟庸が途中で大虎を待っていた――。

建国までの爽快な進撃と打って変わった宮廷内での暗闘が始まり、李善長と劉伯温が隠微な闘争を繰り広げ、胡惟庸はその本性を現し始める。

日本の大河ドラマとは一味違う、強大な力を持つ皇帝の前での家臣たちの腹のさぐりあいが、もういったんはまると止められない面白さである。

火宅の人 二冊
檀一雄
新潮社／一九八一年
おすすめ度：★★★★★

不思議な爽快感（二〇一〇年一月九日）

『リッ子・その愛―その死』と並ぶ檀一雄の傑作私小説である。障害のある子供すらいるのに、女優の愛人と遊び暮らす男、それが檀一雄である。ダメ男のはずなのに、そこに不思議な爽快感が漂い続ける。それは檀一雄という男の魅力なのだろうか。

秀十郎夜話
千谷道雄
冨山房／一九九四年
おすすめ度：★★★★★

本書を読まずして歌舞伎を語るなかれ（二〇一〇年一月十一日）

歌舞伎界の裏側を描いた名著である。歌舞伎の世界は御用評論家たちによって明るい表側ばかりが語られる傾向がある。こうした書物は貴重である。

又五郎の春秋

池波正太郎
中央公論新社／一九七九年
おすすめ度：★★★★☆

不思議な名著である（二〇一〇年一月十三日）

大正時代からの歌舞伎俳優で先ごろ物故した中村又五郎について、もう二十年近く前に死去した池波が書いたものなので、奇妙な時間のずれを感じる本である。

又五郎は播磨屋である。しかし門閥ではないから、終生脇役だった。播磨屋といえば吉右衛門なので、大向うからは「又播磨」と声がかかった。

池波が、大看板ではなくて又五郎を選び出したことが面白い。又五郎が高齢で死去した今、昭和歌舞伎を偲ぶための一冊である。

続・渋沢孝輔詩集

渋沢孝輔
思潮社／一九九六年
おすすめ度：★☆☆☆☆

悪しき「現代詩」の典型（二〇一〇年一月十五日）

かつて、いわゆる「現代詩」といえば、まあ平たく言えば「さらば青春」の歌詞をもっとエグくしたみたいな、意味不明な言葉を意味不明につなぐというものだと思われていて、しかしそれはまあ誇張でそれなりに優れた詩とされるものはいいのだろうと思っていたが、これを読んで、本当にそういう詩があるのだと知って少々驚いた。もし知らない人に、現代詩というのはこういう変てこなもので、それが一世を風靡した時代があったのだと知らせるためには、渋沢孝輔の詩がお勧めである。代表作「われアルカディアにもあり」を抄録。

中島敦「山月記伝説」の真実

島内景二
文藝春秋／二〇〇九年
おすすめ度：★★☆☆☆

買うほどのものではない（二〇一〇年一月二十日）

まあ私としては仕事の必要上買いました。『文豪の古典力』などハッタリの多い著者ですが、宣伝文とか帯文句は著者の責任ではない。「山月記」本文が収録されているというのも見方を変えれば水増しだし、原典「人虎記」は当時知られていたといっても、佐藤春夫が支那古典訳の中に訳出した（しかしこれは「山月記」よりだいぶ前）のと今東光がやはり訳したということで、これでは当時有名だったことの証明にはなっていないのである。

で帯の「悲しい秘密」なんてものは全然なくて、ただ夭折した中島のために友人らが全集を編纂したという、それだけの話である。それに、李徴＝中島敦だと思っていた人は、なーんだそんなに友達がいたのかと思うかもしれない。事実、けっこう遊び人だったみたいだし。

夕凪の街　桜の国（コミック）
こうの史代
双葉社／二〇〇八年
おすすめ度：★☆☆☆☆

二点でも多すぎる（二〇一〇年一月二十二日）

日本では、原爆を描けば、小説でも演劇でも高く評価される。それが藝術的に優れているかどうかは二の次である。これもそういう漫画だ。絵柄に独自性はあるが、コマ運びが稚拙で読むに耐えないし、筋もどうということはなくかつ分かりにくく、分かりにくくする必然性もない。なんであんなに評価されたのかといえば、相変わらず原爆を特権化しているからだ。

草饐
評伝大田洋子
江刺昭子
濤書房／一九七一年
おすすめ度：★★★★★

名作評伝（二〇一〇年一月二十四日）

名著というのは、時に地味なものであると、つくづく思う。大田洋子といえば、原爆作家として僅かに知られる。幸い近年復刊が相次いでいるが、元来大田は戦前からの作家であり、たまたま郷里広島で被爆し、それを描いたことから「原爆作家」となったものだ。著者江刺昭子は広島出身で、在学中に大田宅に居候していて大田の急死に出会い、のちこれを書いて田村俊子賞を受賞する。何度も結婚と離婚をくりかえしては子を産んだ洋子の母、複雑な家庭環境と、いくどかの世間から指弾されるような恋愛、上京して作家を目指し、ようやく地位を確立したのは戦時下でのことだった。そして戦後は、あの広島の、原爆をめぐる複雑な関係の中で、原爆を売りものにしていると非難され、原爆を離れたといっては非難され、当人は不安神経症に襲われ、特異な性格のため次第に出版社からも敬遠されてしまう。原爆もの以外の作品についても、江刺は冷静に記述しており、故人への礼賛や擁護に溺れることはない。いずれまた大田の作品も読んでみたいと思ったが、むしろこの本を復刊してほしいものである。

ぬけがら
佃典彦
白水社／二〇〇六年
おすすめ度：★★☆☆☆

困った（二〇一〇年一月二十四日）

岸田戯曲賞受賞作、刊行から三年、誰もレビューを書かない。読んで困った。四十一歳の男が主人公で、出来心で浮気をしたために妻と離婚することになっているが、それを聞いた七十七歳の母親が心筋梗塞で急死してしまう。その葬儀の準備から話は始まる。父親は八十二歳。男の両親としては歳が行き過ぎているが、ボケた父は母の死を理解できず、そのうち、ぬけがらを脱いで七十代に、さらに次々と若返っていき、遂には、特攻を免れた戦後すぐの二十代の若者になる。その間のドタバタを描いた一種の喜劇。夫婦の関係とか家族とかいうものを描きたかったのだろうが、いわば「普通」のレベルで、なんでこれが岸田戯曲賞なのかは分からない。もっとも「あてがき」（あとがきの代わり）を見たら、母の死、父との同居は作者の身の上に起きたことで、両親との年齢差も事実そのままの「半私戯曲」だという。それなら、それをそのまま描いたほうが良かったようにも思う。

私は猫ストーカー
監督：鈴木卓爾
出演：星野真里、江口のりこ
マクザム／二〇〇九年
おすすめ度：★☆☆☆☆

猫ファシズムか（二〇一〇年一月二十八日）

「映画芸術」ベストテンに入ったから観てみたが、これは映画ではない。猫好きのための環境ビデオである。別に猫に関心のない者にとってはただ退屈なだけ。「映画芸術」ってこういうのを選ぶ雑誌だったのか、と少し失望する。

それと登場する青年が「ルイス・シンクレア」と言っているが、『バビット』の作家で米国人で初めてノーベル賞をとったのは「シンクレア・ルイス」である。青年はシンクレアシンクレアとくりかえすが、アプトン・シンクレアと混同したのか。

新編 日本語誤用・慣用小辞典
国広哲弥
講談社／二〇一〇年
おすすめ度：★☆☆☆☆

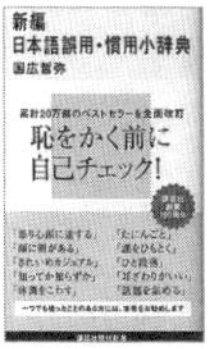

「命題」がなかった（二〇一〇年一月二十八日）

　立ち見で確認しただけなのでレビューとして不適切かもしれませんが、なぜ「命題」の誤用が載っていないのでしょう。この種の本に決して出てこない「命題」の誤用。多くの人が使っているから誤用ではなくなったというなら、そう説明すればよろしい。しかし私以外の誰も、「命題」を「達成すべき目標」「設問」の意味で使う誤用を指摘しない。「至上命題」なんておかしい。

―大明帝国― 朱元璋 DVD-BOX Ⅲ
監督：フー・ジュン
出演：フー・ジュン、チュイ・シュエ
エスピーオー／二〇〇九年
おすすめ度：★★★★☆

大団円（二〇一〇年一月三十日）

　胡惟庸は楊憲を追い落として宰相の地位に就き、専権を揮い、いったん帰郷した劉伯温は皇帝の執拗な贈りもの責めにあって京へ戻るが、胡惟庸によって追い落とされる。朱元璋は宮廷を留守にしてその間胡惟庸に好きなようにさせるが、遂に胡は劉伯温を毒殺、朱元璋は帰京して胡一派を徹底弾圧する。

　史実をだいぶ曲げている（特に前後関係、また藍玉はこの後北元を滅ぼしているはず）が、知識人劉伯温の最期はフィクションとしても美しい。こういう連続ドラマを作るようになったという点で、中共はもはや侮れない国となったと思う。

解ってたまるか！
劇団四季
ＮＨＫエンタープライズ／二〇〇九年
おすすめ度：★★☆☆☆

これはひどい（二〇一〇年二月一日）

　福田恆存の戯曲は、台詞が堅い。シェイクスピアの翻訳ですら堅い。しかしこの戯曲は、読む戯曲としてはある程度面白いが、左翼的イデオロギーの持ち主には受け入れられないだろう。

　ところがこの舞台は、ただでさえ堅い台詞を堅い台詞回しでやっているから、とても観られたものではなくなっている。それは、どうしようもないというレベルに達している。堅い台詞回しは、フランス古典劇のためにとっておけばよい。

ノン子36歳（家事手伝い）

監督：熊切和嘉
出演：坂井真紀、星野源
東映／二〇〇九年
おすすめ度：★☆☆☆☆

ひとりよがりな映画だなあ（二〇一〇年二月二日）

『キネマ旬報』ではベストテンにも入らず『映画芸術』でベストワンになった映画。

場所は埼玉県の寄居という田舎町である。ヒロインののぶ子はちょっとした芸能界仕事をしたあと離婚して神主の親の実家でごろごろしている。そこへ、神社の祭りでひよこを売りたいという青年がやってくる。

この青年が何者で、なんでここでひよこを売りたがるのかまるで分からない。「世界に出る」とか「夢がある」とか言っているが、なんでそれが寄居でひよこを売ることなのかてんで分からない。またのぶ子にしても、へえへえ働かなくても裕福な実家でようございましたねえとしか思えないし、ただだらしないだけ。それに訪ねてきた元の夫とセックスするが、こいつ明らかにコンドームをしていない。若者がまねをしたらいかんだろう。それで青年にキスを求め、とうとうセックスもする。こちらはコンドームくらいしたのかしれん。祭りでひよこが売れないと分かって青年は電動のこぎりを振って暴れ回るが、自分勝手に許してもらえると思っていて実にたちが悪い。それでいきなり女と電車に乗って逃げだすが途中で女は去ってしまう。

徹頭徹尾ひとりよがりな青年を中心としたひとりよがりの映画としか言いようがない。

忘れられた帝国

島田雅彦
新潮社／一九九九年
おすすめ度：★★★☆☆

自伝的小説（二〇一〇年二月四日）

今まで読んだ島田雅彦の小説の中では最もまともである。衒学趣味や余計な趣向を凝らすのは相変わらずだが、常に物語や自伝から逃走しようとしては小説を破綻させてきた島田が、自伝小説という枷を与えられてようやくここでは落ちついたという観がある。いったん十五歳くらいになったかと思うと幼稚園時代に戻ったりするのは、新聞連載（毎日夕刊一九九四年五～十一月）なので筆が先走っただけだろう。今にして思えば、これで何か賞をとっておけば、島田も怨念を抱かなくて済んだろうにと惜しまれる。

十二人の手紙

井上ひさし
中央公論新社／二〇〇九年
おすすめ度：★★★★☆

直木賞受賞作はこれくらいのレベルが欲しい（二〇一〇年二月四日）

連作書簡体小説とでも言うべきか、十二人の、どちらかといえば貧しい、あるいは不幸な人々の手紙だけで構成された作で、最後にそのうち何人かの人生が交錯する。近ごろの直木賞受賞作などよりよほど面白い、といっては、それはこれを書いた時の井上は直木賞作家だったのだから当然ともいえようが、直木賞受賞作はせめてこれくらいのレベルのものを望みたい。概して直木賞は、こうしたトリッキーな作品に冷淡であるような気がする。

言わなければよかったのに日記

深沢七郎
中央公論社／一九八七年
おすすめ度：★★★★★

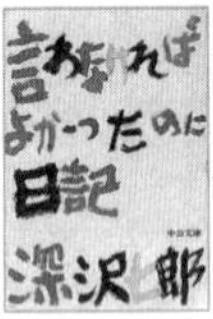

演技か天然か（二〇一〇年二月五日）

一度も芥川賞の候補にもならなかった深沢七郎。その理由の一端はここに窺える。

正宗白鳥の家を訪ねて、白鳥のいる池があるはずだと思う深沢。文体が独特で、天才と何とやらは紙一重を思わせる。

『盆栽老人とその周辺』もよろし。

逃がれの街

北方謙三
集英社／一九八五年
おすすめ度：★★★★★

やはり巨匠（二〇一〇年二月七日）

北方謙三は、純文学作家としてデビューした。これは長篇ハードボイルド二作目で、当時話題になったものだが、何が凄いといって、これは解説の北上次郎も書いているのだが、ストーリーの力で読ませるのではないことである。筋の展開にはムリがある。いくら何でもそうなる前に歯止めがかかるだろうと思わせる。一介の市井の男が犯罪を犯して警察に追われるというような小説はいくらもある。その際、ふと知り合った子供を一緒に連れていくというような物語も、さして珍しくはない。なのに凡作になっていないのは、純文学で培った文章の力かもしれない。文章には、一点の疑問も見出せない。格闘シーンなど、まったくムダもなければ不足もない。そして何より、このストーリーで書けると思うところが凄い。北方を学生として教えたという磯田光一に妬みさえ覚える。感服した。

まほろば
蓬莱竜太
白水社／二〇〇九年
おすすめ度：★☆☆☆☆

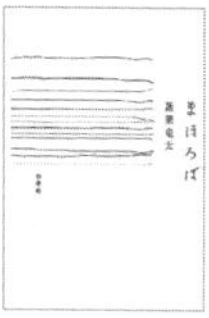

七〇年代へ逆戻り（二〇一〇年二月七日）

岸田戯曲賞受賞作。挟み込みの選評で永井愛がはっきり批判している。四代（ないし五代）にわたる、田舎の女たちの物語。六十代のヒロコの長女ミドリは四十代初めで、都会で結婚して跡取りを作ることを期待されており、次女キョウコは三十代後半で、若いころ誰の子とも知れない子を生み、それが二十歳のユリアである。キョウコが今つきあっているのではないかと疑われている男の娘で十一歳のマオがからむ。被爆のことも語られているから広島あたりかもしれない。突然帰郷したミドリを中心に話は進み、生理が止まった、閉経したからもう子供は作れない、つきあっていた男はいたがしばらくセックスしていない、と言う。一方ユリアの妊娠も明らかになり、これは妻のある男とつきあった結果であると分かる。だが後半になり、ミドリは酒に酔って新田という男と知らないうちにセックスしてしまったのではないかという疑惑が持ち上がって、妊娠していると分かる。実に下らない、一九七〇年代のテレビドラマのようだ。永井愛以前と言ってもよい。女は母性を中心として描かれ、産むことが価値となる。それとミドリは「アルコール依存症」であるが、作中で否定されている。読者に誤った知識を与えるという意味でも害悪である。こういうものに授賞してしまう井上ひさし、坂手洋二らの見識さえ疑う。

大阪ハムレット
監督：光石富士朗
出演：松坂慶子、岸部一徳
ジェネオン・ユニバーサル／二〇〇九年
おすすめ度：★★★★☆

あえて言おう、原作よりいいと（二〇一〇年二月八日）

原作人気あるし、きっと原作がどうとか言う人も多いんだろう。しかし私は『少年アシベ』は好きだったがこの原作はあの絵がダメ。蛙顔が気持ち悪すぎる。

それに比べるとこちらは万人向けである。大阪の西成、天下茶屋といった西南部の比較的貧しい地区を舞台に、中学生なのに大人の女と恋愛関係になってしまう長男、『ハムレット』に読みふける不良の次男、女の子になりたいといって学芸会でシンデレラを演じる三男が、肝っ玉母さんみたいな松坂慶子と、その恋人の岸辺一徳とともに描かれる。

しかしまあ優等生的な映画なんだよね。文化庁がかんでるし、学芸会の踊りだってプロが指導しないとああはいかないし、不良の次男、シェイクスピア理解できすぎだし、見苦しさがあまりに乏しい。だから醜い原作のほうが本物かもしれない。

甘い夜の果て
監督：吉田喜重
出演：津川雅彦、山上輝世
松竹ホームビデオ／二〇〇六年
おすすめ度：★★★★☆

ヌーヴェルヴァーグ以前の吉田喜重（二〇一〇年二月八日）

若いころの吉田喜重の作品だから、普通に筋がある。当時流行の、野心的だが学歴も縁故もない、顔だけはいい若者の成りあがり計画の失敗物語。

各女優ともいいが、若い女の山上輝世がいい。いかにも野性的である。残念ながらこの映画に出ただけで終わったようだ。最後は津川雅彦が死にそうなものだがなぜかこの女が死ぬ。

秘書～黒蠍の誘惑
監督：仰木豊
出演：長澤つぐみ、麻田真夕
ジェネオン　エンタテインメント／二〇〇九年
おすすめ度：★☆☆☆☆

色気なし（二〇一〇年二月十一日）

長澤つぐみは、かわいいのだが色気がない。ここでも終始一貫、色気が感じられない。シナリオにもムリがある。まあムリはＶシネマにつきものだからいいが…。ただまあ、ＳＭ好きな人がどう感じるかは、私はＳＭ不感症なので、分からんが。

大人も知らない「本当の友だち」のつくり方
松本啓子
講談社／二〇〇五年
おすすめ度：★☆☆☆☆

こういうのが売れるってショックでかい（二〇一〇年二月十八日）

多分、こういうのを読まない人は読まないから知られていないんだろうが、こういうものが売れていてこうも評価が高いというのは何ともショックである。

話をすれば分かってもらえる、ってそんなのウソであることは誰でも知っている。話をしていじめをやめさせることなんかできないこともみんな知っている。

そういう、嘘が書いてある本である。

アメリカン・ラプソディ
ガーシュインの生涯
ポール・クレシュ　鈴木晶（訳）
晶文社／一九八九年
おすすめ度：★★★☆☆

ガーシュインの伝記（二〇一〇年二月二十六日）

天才作曲家ガーシュインの伝記として、分量も少なく適宜なものだろう。何しろ三十代で若くして死んでいるから。ガーシュインの伝記映画として『アメリカ交響楽』がある。この著者はこの映画をずいぶん貶しているが、特に映画とこの伝記が大きく違うとは思われない。ただ、ちらりと触れられてはいるが、ガーシュインは「自分は天才だ」と言うような人だったので、その辺をもう少し書き込んでほしいと思った。その最後はけっこうかわいそうで、『わが人生に悔いあり』という本に怖いことが書いてある。

恐るべき子供たち
コクトー　鈴木力衛（訳）
岩波書店／一九五七年
おすすめ度：★★★☆☆

きっと、ある種の人には意味不明な作品（二〇一〇年三月四日）

実は大学一年の時、俺はこの作品を脚色して上演したことがある。しかし推薦したのは他人であった。その当時から、よく分からん小説だと思っていた。萩尾望都の漫画があるので有名だったようだが、そっちを読んでも同じように分からない。筋はちゃんとあるし、恋愛もある。なのにその、ポールのアガートへの恋というのがまるで真実味がない。だってコクトーは同性愛者だから、女への恋なんか描けないのである。ポールにとって重要なのは一貫してダルジュロスなのである。これぞ、同性愛者か女でなければ理解できない小説であるといえよう。

菜根譚
洪自誠　今井宇三郎（訳）
岩波書店／一九七五年
おすすめ度：★★☆☆☆

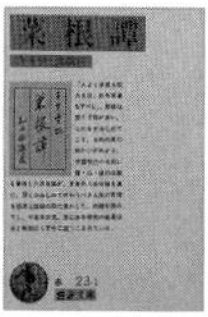

まさに通俗古典（二〇一〇年三月五日）

最近、ビジネス書方面で人気のある古典。

通俗書にも古典はあるわけだが、これなどまさにその最たるものか。

倹約はいいがケチになるなとか、誠実に生きれば一時的に不遇になるとか、人を疑うなとか、中庸の徳を教える文言がなかなかうまい対句で綴られているが、どれもこれも、まあごもっとも、と思うけれどだんだん飽きてくる。こういうのは、相田みつをが高級になったみたいなもので、寝る前に一つずつ読むとか、そういうものであろう。

　まあこれを読んで生き方の指針にしようと思うのは、一流のインテリにはいないだろうな。てなことを言うと怒られそうである。しかし実際、大した指針にはならない。

現代芸術のエポック・エロイク　パリのガートルード・スタイン
金関寿夫
青土社／一九九一年
おすすめ度：★★★☆☆

気楽に読めるガートルード・スタイン（二〇一〇年三月五日）

　妙な題名であるが、ガートルード・スタイン覚書のようなもので、エッセイ集成ふうに気楽に書かれていて、もちろんそこに、米国詩を専門とする著者の学識がさりげなく含まれている。スタインの盟友アリス・B・トクラス、ヘミングウェイ、またあまり知られていなかった頃のセザンヌ、またマティスの絵を初めて買ったのがスタインだとか、いろいろなエピソードが楽しい。ピカソもまた青の時代である。

　ただ何というかさらさらし過ぎていて、おおっというようなところはない。だからだんだん飽きてくるけれど、多分それは私があまりこの「モダニズム」というやつが好きではないからだろう。好きな人は、是非どうぞ。読売文学賞受賞だが、十分それに値する本だと思います。

けものみち　全二冊
松本清張
新潮社／二〇〇五年
おすすめ度：★★☆☆☆

まあ過去の遺物でしょうね（二〇一〇年三月六日）

　私は一九八〇年代に名取裕子主演でドラマ化された時に観たが、あとで思い返すと、夫の焼死体のグロテスクな場面や、山崎努が出てくる発端しか覚えていない。今回原作を読んでその理由も分かった。高齢の政財界の黒幕がいて、女を世話してもらったりするというのは、今ではよくある小説の題材で、刑事が真相を調べようとしても握りつぶされ、新聞に言ってもつぶされ、とうとう殺されてしまうとか、清張小説によくある筋だが、今となっては別に目新しさはないのだ。小説としても、筋はネタが割れるとあとはどうということはなく竜頭蛇尾。まあ、高校生くらいがドラマでも観て、世間って怖いなと思うためのものでしかあるまい。だいたい、政財界の黒幕以外に、世の中には怖いことがいくらもあることは、大人なら知っている。

ロートレック荘事件
筒井康隆
新潮社／一九九五年
おすすめ度：★★★★★

今まで読んだ中で最高の推理小説（二〇一〇年三月九日）

えっと、はい、私、推理ものはあまり読まないのです。ですから、この小説のトリックなるものが、もう手あかにまみれているのかどうか、その辺判断がつかないのですが、まあいわゆる「二度読まずにいられない」ってやつですかね。

もちろん、筒井先生は天才ですから、このくらい、普通に書いてしまうのでしょうが、何かある満足感がありますね……。

しあわせの書
迷探偵ヨギガンジーの心霊術
泡坂妻夫
新潮社／一九八七年
おすすめ度：★☆☆☆☆

しあわせな人々のための書（二〇一〇年三月十一日）

うかつにも、絶賛レビューを見て、何かすごい仕掛けのあるものらしいと購入して読んで、なんだ、この程度のことか、という本である。

これなら別に、隠したりしないでいいよ、前もって言ってくれれば読まずに済ますよ、まあ三十分くらいで読んだけどちょっと時間の無駄だったかな、という本。

こんなもので喜べる人たちって、幸せだなあ……。

女子高生物語　淫らな果実
監督：加藤彰
出演：真弓倫子、沢木麻美
東映／二〇〇九年
おすすめ度：★★★☆☆

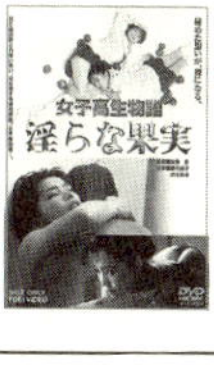

Vシネマにしては凝った筋（二〇一〇年三月十一日）

主演真弓倫子というのを目当てに観たのだが、主演か？主演は「妹」のほうに見える…。ずいぶん凝ったシナリオで、半分くらいまで行かないと五年前のことが分からない。イメクラ嬢の真弓は主役に恋している役で、速水典子や小林ひとみはちらりと出るだけ。妹のほうは、まあちょいブスに近く、何といっても埼玉県の田舎あたりの（あ、私は埼玉育ちですからバカにしているのではない）風景が味がある。ガラス屋やってたり、妹の事実婚の相手がすごいデブだったり、随所に不思議なリアリズム。何とも言えん。

横しぐれ
丸谷才一
講談社／一九八九年
おすすめ度：★★★★★

丸谷才一の最高傑作かも（二〇一〇年三月十三日）

丸谷才一は『たった一人の反乱』以後、十年に一冊、あまり面白くない風俗小説を書くようになったのだが、純文学として言えばその前の『笹まくら』がいい。しかし『たった一人』以後のものとして、「横しぐれ」は、推理小説としての最高傑作ではないかと思う。

それがなんでか、というのは、世間で言う「ネタバレ」になるから書けない。解説は池内紀。

メロドラマからパフォーマンスへ
20世紀アメリカ演劇論
内野儀
東京大学出版会／二〇〇一年
おすすめ度：★☆☆☆☆

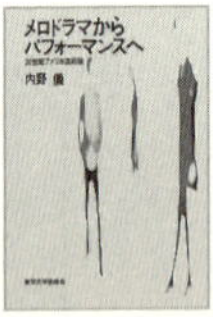

これで博士論文とは呆れる（二〇一〇年三月十三日）

帯には柴田元幸が絶賛の推薦文を書いているが、若いころからのアメリカ演劇に関する論文をただ並べただけのものなので、オニールなんか、いい作家なのか悪い作家なのか分からない、テネシー・ウィリアムズはない。こんなもので東大の博士号がとれるんだから、東大も甘いと、言わざるを得ないね。

女教師日記3　秘められた性
監督：伊藤裕彰
出演：大竹一重、斉藤陽一郎
東映／二〇一〇年
おすすめ度：★☆☆☆☆

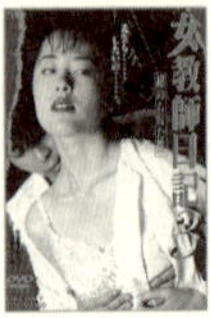

それはないぜ（二〇一〇年三月二十日）

大竹一重目当てで観ると失望のシナリオ展開。男子高校生にいじめられる女教師は、パソコン上のチャットで「ロック」と名乗る男に「リサ」の名で話しかけて二人に愛が芽生える（よく分からんのだが）。雨の降る中待ち合わせ場所に現れたのはあの男子生徒。教師はそのまま立ち去る。それから女教師が、やたら豪勢な生徒の自宅へ入り込んだりと意味不明な展開の上、男子生徒は弓道をやっている女子高生と相愛なんだかよく分からない関係にあって、ようやく教師が自分がリサだと明かすが、どういうわけか生徒は女生徒とつきあい始めてしまう。結局、女教師と男子生徒のからみはパソコン上での幻想シーンだけ。教師だから生徒とはつきあえないらしいが、そんなくそリアリズムでVシネマを撮るなあーっ。

オブローモフの生涯より
監督：ニキータ・ミハルコフ　出演：オレーグ・タバコフ、エレーナ・ソロヴェイ
アイ・ヴィー・シー／二〇〇四年
おすすめ度：★★★★★

これは傑作です（二〇一〇年三月二十二日）

学生時代に映画館で観て、これこそ私が観るべき映画だと思ったものです。十九世紀ロシヤの貴族で、土地があるからすることもなく寝ているだけのオブローモフを訪れる、自ら事業を興して成功したシュトルツ、そして彼に紹介されたアンナにオブローモフは恋をするが、そのためにはその怠惰な生活から抜け出さなければならない。けれどオブローモフは怠惰ぐせが抜けず、アンナはやはりシュトルツの許へ。

二葉亭四迷が『浮雲』を書いた時、きっとこの原作のほうが念頭にあったと思う。

あとで原作も読んだけれど、やはりいい。ちょうど学生時代の自分のようだったからである。

機械じかけのピアノのための未完成の戯曲
監督：ニキータ・ミハルコフ　出演：アントニーナ・シュラーノワ、アレクサンドル・カリャーギン
アイ・ヴィー・シー／二〇〇三年
おすすめ度：★★★★★

映像の美しさの極み（二〇一〇年三月二十二日）

なんか「通」には評判の悪いミハルコフだが、私は好き。チェーホフを原作にした映画だが、映像美というのはこういうものか、と初めて思った映画（もっともそれも「通」からすると大したことはないらしい）。

鳴門秘帖　全三冊
吉川英治
講談社／一九八九年
おすすめ度：★★★★☆

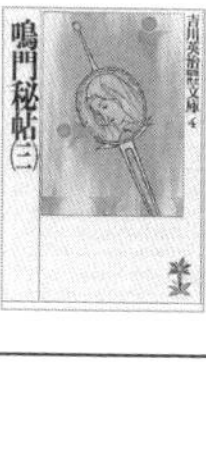

名文古典（二〇一〇年三月二十二日）

一九七七年にNHKで放送された、田村正和主演の一年間のドラマを楽しく観た。語り手古今亭志ん朝、脚本・石山透のコミカルなドラマ。三林京子が見返りお綱、原田美枝子が千絵、江原真二郎がお十夜孫兵衛、角野卓造が旅川周馬、山口崇が平賀源内、日下武史が甲賀世阿弥、岡田裕介の竹屋三位卿、小林麻美のお米といった配役で、ちょっと配役に難があるのだが、そのため原作は今日まで読まずに来た。しかし途中ちょっと飛ばし読みながら読んでみたらやはり面白い。
　吉川英治の文章がいいのである。変幻自在で、ちょっと今こういう文章を書く作家は見当たらないくらいである。何といっても、大詰め、阿波へ渡るあたりが圧巻である。

グラン・トリノ
監督：クリント・イーストウッド　出演：クリント・イーストウッド、ビー・バン
ワーナー・ホーム・ビデオ／二〇〇九年
おすすめ度：★★★☆☆

シナリオにデジャヴュ（二〇一〇年三月二十五日）

　正直に言うと、不覚にも最後は少し泣いた。だが、このシナリオ、デジャヴュ感ありすぎ。こんな展開なら、少々変形を加えれば過去いくらもあったでしょ！　なんで銃乱射の時点で警察に頼まないかといえば、それでは殺人を犯していないから、悪ガキどもに、実は肺がんか何かで余命いくばくもない自分を殺させて、重罪に陥れるため。
　なんかもう『私のグランパ』と、フランキー堺が主演した一九七八年ＮＨＫの『人情紙風船』を混ぜ合わせたみたいなもので（このドラマが知られていないのが残念だが）、いくらでも類例は見出せる。こんなもんでこれほど絶賛されるなら、映画史上いくらでもこのレベルのものはある。

黒澤明vs.ハリウッド『トラ・トラ・トラ！』その謎のすべて
田草川弘
文藝春秋／二〇一〇年
おすすめ度：★★★☆☆

四つも賞をとるほどのものか（二〇一〇年三月二十六日）

　紹介文にある通り、本作は四つの大きな賞を受賞している。あとで書かれるレビューというものは、そういったことも勘案して行われるもので、あの当時、またこの本か、と驚いたものだが、二つくらいならともかく、果して四つもとるほどの偉大な著作かといえば疑問である。つまり、先行研究に対してどの程度のことを付け加えたか、ということが問題だが、この著者は、米国側資料、および当時の黒澤の診断書を発見したと言うが、その結果は、さして重要ではなかった。黒澤は「てんかん者」であると自分で言っているし、ここに描かれたような症状を見たら、詳しい人は「神経症」だと思うだろう。ところがこの著者は、「精神の病といえば精神分裂病を一般にまず想像するが」などと書いており、パニック発作、躁鬱病など多くの精神の病が問題にされている現代においてずいぶん的外れな表現だと言わざるを得ない。

むろん、『トラ、トラ、トラ』に関するルポルタージュとしては、いいものではあるし細密である。だから、賞二つくらいはいい、のだが、四つとるとなると、そのことを勘案して点数をつけることになる。もし何も賞をとっていなければ五点である。私は書物をそういう風に評するのである。

いじめを考える

なだいなだ
岩波書店／一九九六年
おすすめ度：★★★★★

なだいなだはやはり凄かった（二〇一〇年三月二十八日）

なだいなだ、というと、哲人のようなイメージがある。凄く偉い人だと思われていたりする。けれど、本当に偉いのか、と思って本書を読んでみたら、本当にえらかった。この本は、古代ギリシアの対話編のように、先生役と、山田くんという高校生との対話で成り立っている。いじめについて問う山田くんに、先生は、いじめという言葉はどう定義されるか、昔もいじめはあったか、大人の世界にもあるか、といった、基礎的なことがらから順々に説明していく。そして、かつてなだが、子供の自殺が増えているというマスコミ報道に対し、統計を示して減っていると論陣を張ったように、いじめもまた、減っているというのが事実らしい、と言う。しかし、大人の世界でも子供の世界でも、いじめは良くないことだが、それを今すぐすべてなくすことはできない、というあたりまで持っていく。極めて理性的な本で、やはりなだいなだは凄い、と思ったのであった。

黄落

佐江衆一
新潮社／一九九九年
おすすめ度：★★★★☆

文学の王道（二〇一〇年四月一日）

一九九二年から九五年くらいにかけての話であり、実話、私小説である。

もう還暦近い、藤沢に住む作家が、近くに住む老いた両親のために疲弊していく。母親は、父親の過去を呪い、自ら絶食して命を絶つ。しかしあとに残った父親は、九十歳を過ぎてなお、入れられた介護施設で、八十歳の老婆と恋愛ごっこを始める。

その間、作家の妻は舅の仕打ちに耐えかねて愚痴を洩らし、あやうく夫婦離婚の危機すら訪れる。

つくりごと小説にはとうてい描けない真実がある。やはり私小説こそ文学の王道なのだ。

キムラ弁護士、ミステリーにケンカを売る
木村晋介
筑摩書房／二〇〇七年
おすすめ度：★★☆☆☆

ケンカなんか売ってないじゃん（二〇一〇年四月二日）

目次面を見ると、そうだよ俺もこれはおかしいと思うんだよといった推理小説が並んでいる。ところが、実際に読んでみると、たとえば『マークスの山』なら、名門中の名門大学なんて日本にはあれしかないし、あれが卒業生名簿をなんたらできるわけがない、といったこと、は言ってない。『容疑者χの献身』も、まあそれはその通りなんだが、単なる片思いの相手のためにそこまでするか、とは言ってない。要するに生ぬるい。これでケンカを売っているつもりだとすると、キムラ弁護士とはケンカの定義が違う。なんだか、おずおずと「名作なのは分かっているんですが、これはちょっとどうですかねえ」とでも言っているようなのだ。まあ純文学音痴の、推理物、冒険物好き界隈では、この程度で十分ケンカを売ったことになるのかね、と思った。

わが塔はそこに立つ
野間宏
講談社／一九九二年
おすすめ度：★☆☆☆☆

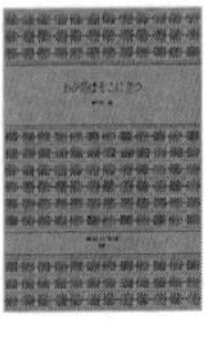

記念碑的なつまらなさである（二〇一〇年四月三日）

高校時代、ひょいとしたきっかけで野間宏を読み始めて、当時講談社文庫にあったこの小説を読んだが、長くてひたすら退屈だった。自伝的小説らしいのだが、むやみと「ラ・ファン」と入れたり、ウェルギリウスからダンテへの系譜に自分を組み込むという誇大妄想ぶりとか、そういうおかしなところが面白かったが、それ以外はひたすら退屈で、のち大学時代に、野間宏が好きだという人に出会ってびっくりしたくらいである。まあ左翼全盛の時代に出現して、もうそれだけで生涯突っ走ってしまった人ということでしょうか。文学的価値はゼロに近い。いや、この文章が大江健三郎に与えた影響だけは、評価できるでしょう。

チャイコフスキー：ピアノ協奏曲第1番
アリス＝紗良
ユニバーサルクラシック／二〇一〇年
おすすめ度：★★☆☆☆

不純な動機はいけませんね（二〇一〇年四月三日）

あまりに美形なのでつい購入してしまいましたが、チャイコフスキーの一番というのはこれは難物で、ポゴレリッチが演奏して初めて名曲だと再認識されたくらいのものですから、これはまあ、弾いた、という程度のものでしかない。演奏家の顔に左右される己を恥じることしきりでした。もっともこれで初めてチャイコフスキー1を聴いたという人は、そりゃあいいでしょうがやはりポゴレリッチを聴くべきでしょう。

ラフマニノフ：自作自演
ピアノ協奏曲第2番＆第3番
演奏：ラフマニノフ、フィラデルフィア管弦楽団
ユニバーサルクラシック／二〇一〇年
おすすめ度：★★★★

自作自演あなどれず、すばらしい（二〇一〇年四月三日）

ラフマニノフ自作自演（これが正しい用法）の盤があるのは二十年以上も前から知ってはいたが、作曲家本人だからいいというものではないだろうし、録音も古いだろうと手にしなかったが、聴いて驚いた。素晴らしいではないか。三番といえば、オーマンディとホロヴィッツのライブ盤が名演で知られるが、それに勝るとも劣らない。指揮はストコフスキーだ。最高のラフマニノフ弾きはラフマニノフだった、というのは何とも意外である。

恵比寿屋喜兵衛手控え
佐藤雅美
講談社／一九九六年
おすすめ度：★★★★★

直木賞受賞作にしては！（二〇一〇年四月五日）

はじめ、「どうせ捕物帳だろう」と思って読み始めたら、公事宿を舞台に、近世の裁判を描いた名作長篇であった。ふかぶかと満足して読み終えたのを覚えている。直木賞の授賞作には、首をかしげるものが多いが、これなどは、納得の受賞であったと言えよう。

カメレオン
監督：阪本順治
出演：藤原竜也、水川あさみ
バップ／二〇〇八年
おすすめ度：★★★★☆

なんだこの評価の低さは……（二〇一〇年四月六日）

クレージーキャッツの生き残り、谷啓と犬塚さんが出ている。

冒頭の結婚詐欺自体が、そんな良家の令嬢が、興信所を使って調べないまでも、普通披露宴までこぎつける前にバレるだろうから、ありえないのである。それに、ばんすか銃で撃たれた水川あさみがなんで生きているか、老人三人はなんで無事?とか、わけ分からないのだが、私はあの女戦闘員との戦いとか、好きでしたね。
　まあ、最近のマフィア映画みたいにむやみと血が飛び散ったりしないのも、私としては好印象だったりします。

恋忘れ草
北原亞以子
文藝春秋／一九九五年
おすすめ度：★★☆☆☆

パワーがない（二〇一〇年四月六日）

　直木賞受賞作にしてはパワーがないんだよねえ。まあいわば借景小説、現代の働く女を励ますために、近世を舞台に、働く女を描いたという、短編集だが、どれもこれも淡々しくて、また妙に現代人っぽいのだ。
　北原さんは苦労人だから、功労賞で直木賞だったのかな、ってところです。

日本　権力構造の謎　全二冊
カレル・ヴァン・ウォルフレン　篠原勝（訳）
早川書房／一九九四年
おすすめ度：★☆☆☆☆

なんで猪瀬直樹はあんなに褒めたのか（二〇一〇年四月十日）

　なんか刊行当時猪瀬直樹が絶賛していたが、「日本文化論はすべてインチキ」の例外ではなかった。別に権力とか、派閥とか人脈とか、どこの国にだって当てはまるだろうというようなことが、徳川時代以来の日本の特性であるかのように論じていて、それが他国にないのか、という懐疑が全然ない。しかし日本人って馬鹿だから、こういうのが好きなんだよね。褒めても貶しても馬鹿だから、「日本の深層」と言われると喜ぶんだ。商売上手だねウォルフレン。

百年の孤独
ガブリエル・ガルシア＝マルケス　鼓直（訳）
新潮社／二〇〇六年
おすすめ度：★☆☆☆☆

そんなに名作かねえ（二〇一〇年四月十一日）

　読んだのはもう二十年くらい前だが、何ひとつ覚えていない。感動した記憶もない。読んだことだけは確かだ。とにかくみんなが名作だという。それで「ん?」と思っても、空気に押されて言えない、というのは、日本だけではなくて世界的な状況である。ここは勇気をふるって、自分には面白くなかった、と言ってみようではないか。まあ純文学ってのは二十世紀前半に実験をやり尽くして、もう終わりつつあったから、こういう何かそれらしいフォークナーの亜流みたいなので景気をつけようとしただけでしょう、って。

暴力の街
監督：山本薩夫
出演：岸旗江、原保美
新日本映画社／二〇〇四年
おすすめ度：★★☆☆☆

本庄事件（二〇一〇年四月十三日）

一九四八年に埼玉県本庄町で起きた、朝日新聞記者に対する暴行脅迫事件と、そこから展開した町のボスたちへの指弾事件を描いた、朝日新聞の『ペン偽らず』を映画化したもので、表題は「ペン偽らず　暴力の街」となっている。しかし、とにかく音が小さくて、時にはセリフも聴き取れないのは困る。

評伝　梅原猛
哀しみのパトス
やすいゆたか
ミネルヴァ書房／二〇〇五年
おすすめ度：★★☆☆☆

益田勝実の怨霊が祟るぞ（二〇一〇年四月十三日）

梅原猛には、『学問のすすめ』に描かれた鮮烈な若き日の自叙伝がある。むろんそれ以後の梅原というのもいるわけだが、何といっても手下が書いた生前のまんじゅう本伝記である。梅原が高校時代に恋に破れた、というのは私もその通りだと思うが、あとはひたすら梅原寄りの記述になっていって、『隠された十字架』や『水底の歌』への批判にはまったく触れられていない。なかんずく後者の、柿本人麻呂が罰を受けて佐留という名にされたという説は、当時益田勝実が、それならなぜ『続日本紀』に「佐留卒す」とあるのか、もしそのころまでに罪が許されていたなら「人麻呂」ではないかと指摘して大論争になり、ついに梅原はこれに答えられなかったわけで、やすいという人はそのことを知らないはずはないのにごまかしてしまうのである。いったい、哲学や宗教というのを学んでも、人間が立派になるわけではないという、好例であろう。

バルトーク物語
セーケイ・ユーリア
羽仁協子、大熊進子（訳）
音楽之友社／一九九二年
おすすめ度：★☆☆☆☆

悪夢のような翻訳だ（二〇一〇年四月二十三日）

伊東信宏の『バルトーク』が、伝記というより民俗音楽採取に関する研究だったので、伝記を読みたいと思って購入したのである。著者がバルトークの弟子だというので一抹の不安はあったが、想像以上にわけの分からない代物であった。訳者は羽仁協子・大熊進子となっているが、羽仁は羽仁五郎夫妻の娘。いきなりその羽仁によるお説教くさいまえがきがあり、「バッハがどんなに偉大でも、インタープリターの人格を通してしかその偉大さは聞くものに伝わってきません」。へ？　インタープリターって何？

演奏家のこと？　演奏家の人格？

本文は、ですます調である。確かに内容は伝記なのだが、いきなりバルトークの両親が「父さん」「母さん」などとあって、いったいこれは誰が何を語っているのか？　要するに子供向け伝記なのか？　それにしても視点が定まらず、めまいがする。

途中でやめて、大熊のあとがきを見ると、翻訳をしていると常にかたわらにバルトーク先生がいて話しかけていたとか、この本を得た時は著者はまだ存命だったが、私のハンガリー語は「未熟すぎるほど未熟でした」。日本語が未熟なのではないか…。しかも、自分が訳すのを羽仁先生は見守ってくれました、ってじゃあ共訳ではないではないか。「バルトークの伝記は何冊か出版されていますが、伝記ではない伝記はこれだけでしょう。訳しながらまるで映画を見るような気がしていました」って、そんなもの訳さないでほしい。だいたい大熊というのは東京学芸大学音楽科卒で、ハンガリー語の専門家じゃないし。

結局私は、別の伝記を探すことにした。

女教師日記　禁じられた性
監督：中田秀夫
出演：大竹一重、川名浩介
東映／二〇一〇年
おすすめ度：★★☆☆☆

脱力シナリオ（二〇一〇年四月三十日）

中田秀夫のシナリオと監督だから期待したが、これはシナリオが凡庸過ぎである。女教師に恋する高校生と、女教師とつきあっている男教師（今は亡き沖田浩之）、そして高校生を好きな女子高生の話で、女子高生が嫉妬もあって男教師を誘惑してホテルに行き、結果として女教師と別れ、男子高生の告白を聞いて駆落ちするという話。
まあ、大竹一重ファン以外には、意味のないものでしょうね……。

石内尋常高等小学校　花は散れども
監督：新藤兼人
出演：柄本明、豊川悦司
バンダイビジュアル／二〇〇九年
おすすめ度：★★★☆☆

デクレシェンドな映画ではある……（二〇一〇年五月三日）

冒頭部、小学校のところが実にいいし、川上麻衣子もいい。ただ「三十年後」といって、どうやら主役の豊悦は四十前後になっているはずで、新藤の伝記映画ならもう監督として仕事をしているはず…。それに倒れた先生の家にテレビがあって、それなら六〇年代で、いよいよ新藤は有名監督であるはずで…。それと、喫茶店で編集者と会う場面が間に五年を挟んでいるのに、いかにも位置をずらして同じ時に撮影したという感じ。それと大竹しのぶはどうして名優扱いされることになったのか分からん。メリル・ストリープみたいにいつでも同じ演技ではないか。最初はいいのにだんだんつまらなくなっていく映画である。
と不満は多いのだが、川上麻衣子が美しいからそれでよし。

のんちゃんのり弁
監督：緒方明
出演：小西真奈美、岡田義徳
キングレコード／二〇一〇年
おすすめ度：★★☆☆☆

つまらん脚本にミスキャスト（二〇一〇年五月八日）

筋についていえば、ひたすらくだらない。自称小説家の夫のほうをもっと掘り下げてくれればよかった気もするが、それ以上に、小西真奈美というのがミスキャストで、だいたいこの主人公は盛んに「三十女」などと言われて、怪しげな酒場に勤めて客からいきなりキスされて辞め、女将から、世間を甘く見るなとか言われるが、小西真奈美ならいるだけで客を寄せることができるしだいたい三十女に見えないのである。キャバレーやキャバクラへ行ったって、いきなりキスするなんてことはないのであって、だいたいこの主人公が三十になるまでどういう生き方をしてきたのかどうも分からない。恐らく原作では、それほどの美人ではないという設定なのだろう。だから全然納得がいかないのである。

山本有三正伝　上巻
永野賢
未来社／一九八七年
おすすめ度：★★★★★

その名にたがわぬ正伝（二〇一〇年五月九日）
山本有三の女婿の国語学者が、他人には入手できない日記、書簡などをふんだんに用いての山本伝で、上巻しか刊行されずに著者が死んでしまったため話題になり損ねたが、結婚の頃までの山本を描いて正伝の名にたがわぬものになっている。女優木下八百子との情事のところなど圧巻であって、他では知ることができない。

朗読者
ベルンハルト・シュリンク　松永美穂（訳）
新潮社／二〇〇三年
おすすめ度：★★★☆☆

失敗した推理小説（二〇一〇年五月十二日）
まあこれは純文学ではないね。推理小説の一種。しかもその肝心のネタが「ありえない」。中世の農民じゃあるまいし、二十世紀のドイツでああいう仕事をしていて、あれはありえない。そのありえないことが核心になっているのがありえないし、それを隠したいがために死刑になるかもしれない危険を冒すのもありえない。
ないない尽くしである。でもこういうのが世界的に売れるんだから、どこの国でも「一杯のかけそば」に感動する大衆はいるってことさ。

オン・ザ・ロード
著者：ジャック・ケルアック　青山南（訳）
河出書房新社／二〇〇七年
おすすめ度：★☆☆☆☆

退屈の一語（二〇一〇年五月十二日）
これじゃなくて古い翻訳で学生時代に読んだが、同じことの繰り返しであまりの退屈さに真ん中へんで放り出した。断わっておくが当時の私はけっこうまじめに最後まで読む方だったのである。それでも耐えられなかった。
要するにこの世には、バイクとか車とかであちこち走りまわる、ということにむやみに興奮する連中というのがいるのであろう。昔のアメリカだからいいけど、今の狭い日本でそれやられると迷惑だからね。

啓蒙の弁証法——哲学的断想
マックス・ホルクハイマー、テオドール・W・アドルノ　徳永恂（訳）
岩波書店／一九九〇年
おすすめ度：★★☆☆☆

読む必要はないでしょう（二〇一〇年五月十九日）

だいたい、アドルノという人は意図的に難しい文章を書く人であって、もしこの本について知りたいなら概説書を読めばいい。こんなもの真面目に読んだらバカを見る。アドルノやその追随者は「アウシュヴィッツ」をやたら重視するが（アドルノに限らないが）、なんでポル・ポトやスターリンではないのか。要するに西欧でそんなことが起こるなんて信じられないという西欧中心主義なのである。啓蒙されたのち野蛮になるのではなくて、人間の一部は何を教えられたって野蛮なのであって、そこには弁証法なんてものはない。弁証法なるものはヘーゲル歴史哲学というインチキと不即不離であって、歴史法則主義が成り立たないことはポパーの言う通り。それに、ヒトラー以後、西欧ではアウシュヴィッツ的事態は起きていない。フランクフルト学派は母国ドイツだからやたら気にするわけだが、そこが彼らの限界でもある。もっともこの本はまだ何を言っているか分かるからいいが『否定弁証法』となると何を言っているのか分からないから困る。分からないのはあなたが悪いんじゃなくてアドルノが悪いのである。

女はポルノを読む　女性の性欲とフェミニズム
守如子
青弓社／二〇一〇年
おすすめ度：★★☆☆☆

うーん……（二〇一〇年五月二十四日）

最近流行の観がある、ボーイズラブ、レディスコミックの分析が中心の博士論文である。しかし方法的に問題があろう。第一に、女には性欲がないとされてきたが本当かという前提だが、近代以前においては、女は淫乱であるといった女性嫌悪的言説が一般的だったことを言い添えないと、知識のない読者をミスリードするだろう。また近代以後についても、それは中産階級の言説に過ぎず、下層階級では相変わらずではなかったのか。

第二に、著者も自覚している通り、女が楽しむポルノはBLとレディコミだという前提は疑わしく、男向けポルノを楽しむ女もまたいるであろうということだ。かつ、こうした雑誌の投稿欄の分析は、結局そうした雑誌類を読む層の分析にしかならず、「女性向けポルノが出現した」という事実の周囲を循環的に論じることにしかならない。また、限定された主題についての論となるためかもしれないが、外国との比較をするべきだっただろうと思う。まだまだこれからだね守さん。

死産される日本語・日本人
「日本」の歴史‐地政的配置
酒井直樹
新曜社／一九九六年
おすすめ度：★☆☆☆☆

左翼学問の愚書（二〇一〇年五月二十八日）

学問的に新しいことは何もない。ただ回りくどい言いまわしで、近代日本を批判しているだけである。九〇年代に流行したもので、くだらないとしか言いようがない。これくらいなら金静美の『水平運動史研究』のほうがよほどましで、この著者は言葉づかいだけは激しいが中身は結構微温的なのである。

アンナと過ごした4日間
監督：イエジー・スコリモフスキ　出演：アルトゥル・ステランコ、キンガ・プレイス
紀伊國屋書店／二〇一〇年
おすすめ度：★☆☆☆☆

これは……（二〇一〇年五月三十日）

評価の高い映画のようなのであえて一点にしておく。筋だけ見ると面白そうだが、とにかくむやみと台詞が少なくて、ひたすら動き（しかも後半になると別に面白くもない動き）が延々と写されて退屈で身悶えしてしまう。さらに女優はちっとも美しくないし、異化効果とか表現主義とかそういうものかもしれないが、とにかく退屈ではしょうがない。まあ、いいと言う人もいるのだろう。

裸はいつから恥ずかしくなったか
日本人の羞恥心
中野明
新潮社／二〇一〇年
おすすめ度：★☆☆☆☆

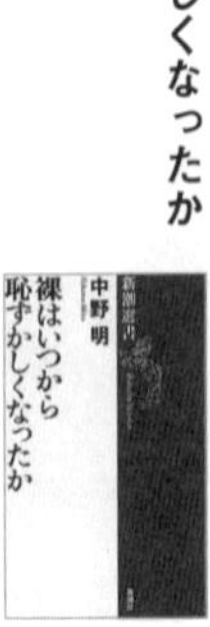

やっぱりダメだね（二〇一〇年五月三十日）

幕末明治、日本人の混浴に西洋人が驚いた、という話は渡辺京二の『逝きし世の面影』が大々的に取り上げた。私はそれを批判したが、さてこの本は渡辺流のダメ本か、というに、何となく微妙である。渡辺よりも日本側の資料をちゃんと見ているようではあるが、皮肉なのは、本の末尾に付せられた広告にちゃんと載っている渡辺信一郎の『江戸の女たちの湯浴み』を見ていないことである。もちろん、私が書いたものも見ていない。「日本人」「裸体」といった語の定義があいまいであり、階層による差、上半身の裸体と下半身の裸体とを区別していないといった、従来の「日本人裸体論」の欠陥を引きずっている。また、現在西洋にはヌーディストビーチがあるのに日本にはないことなどに触れていない。明治初期までの銭湯がかなり薄暗かったことも認識できていない。結構広く資料を見ているようで、存外ダメである。それにしてもこの著者は何者であろうか。何しろビジネス書をたくさん出している人だが、経歴不詳である。出身大学くらい書いてほしいのだが。

空気人形
監督：是枝裕和
出演：ペ・ドゥナ、ARATA
バンダイビジュアル／二〇一〇年
おすすめ度：★☆☆☆☆

気持ち悪い（二〇一〇年六月四日）

最後に男が腹に穴をあけられて死んでしまうあたりからむやみと気持ち悪くなるのだが、それがなければよかったかといえばそうでもない。空気式のダッチワイフじゃなくて今はシリコンのラブドールがあるわけで、これは空気式だからあんなに顔がいいはずがない。「心を持った」というが、言葉も知識も備えているわけで、そういうファンタジーを受け入れさせるだけのシナリオになっていない。要するにペ・ドゥナを鑑賞するための映画以上のものではない。

仕事と人生
城山三郎
角川書店／二〇一〇年
おすすめ度：★☆☆☆☆

「甘粕大尉」は外すべきだったでしょう。（二〇一〇年六月七日）

このエッセイが連載されていた時、明らかに「ボケ」たと思われるものが三点あった。うち二つは、自身の行動に関するものなので、いいとして「甘粕大尉」のものだけは、完全に何か勘違いしたまま書かれたものである。関東大震災に乗じて大杉栄らを拘引して死に至らしめ、のち満洲国を牛耳った甘粕を、城山は何と勘違いしたのか、戦時下の日本人に希望を与えた人などと書くのである。あるいは当時甘粕はそうだったのかもしれないが、もし何も知らない若者が読むと混乱を引き起こす。記述も乱れていて、正常な頭で書いていないことが分かる。単行本化の際削るべきだったが、遂に文庫化に際しても削られなかったかと残念に思う。

魯迅
竹内好
講談社／一九九四年
おすすめ度：★☆☆☆☆

過去の遺物（二〇一〇年六月十一日）

名著だと言われ、竹内好の代表作だと言われているから、昔読んだ時は驚いた。何しろ戦時下で碌に資料もないと言いつつただ雑多な思いつきだか思い入れだかが脈絡なく並んでいるだけである。なんで名著と言われたかといえば、そりゃ魯迅は共産党支持で、戦後中国共産党というのは凄いと思う知識人がおおぜいいたからで、まさか今そんなことを考えている人はいないだろうし、要するに過去の遺物なのである。

テロルの決算
沢木耕太郎
文藝春秋／二〇〇八年
おすすめ度：★★★★★

ノンフィクションの古典的名作（二〇一〇年六月十二日）

これと、柳田邦男の『マッハの恐怖』は、いわゆる七〇年代ノンフィクションの二大古典と言うべきものだろう。一九六〇年、壇上で演説する社会党委員長浅沼稲次郎を、躍りあがった十七歳の少年が刺す。山口二矢、母は明治の作家・村上浪六の娘で、伯父は村上信彦である。沢木は政治的偏りなく、この少年の異常な純粋さを描きだす。

題材が良かったということもあろうが、柳田も沢木も、この初期の代表作を超えるものは書けていないのではないか。現在なぜノンフィクションが低迷しているのかといえば、それは「書かせる」側に問題があると思う。さまざまな「自主規制」でがんじがらめになったマスコミに。

みいら採り猟奇譚
河野多恵子
新潮社／一九九五年
おすすめ度：★☆☆☆☆

冗漫（二〇一〇年六月十三日）

面白そうな題材だが、長い上に中身も淡々としている。これには何か意味があるのではないかと十年くらい考えたが、ないのではないかと思う。谷崎潤一郎の衣鉢を継いでいるはずだが、谷崎を水で薄めたようなものでしかない。

カチアートを追跡して
ティム・オブライエン　生井英考（訳）
国書刊行会／一九九二年
おすすめ度：★★☆☆☆

大したことないぜ（二〇一〇年六月十四日）

なんか昔出た頃話題になったので読んだのは覚えているが、内容は全然覚えていない。要するに面白くない。世界的に純文学というものは衰退に向かっているということを再確認させるような小説である。

衣服哲学
カーライル　石田憲次（訳）
岩波書店／一九四六年
おすすめ度：★☆☆☆☆

多分、翻訳で読むのは無意味（二〇一〇年六月十九日）

著名な本であります。原題は「サーター・リザータス」。衣服についての本ではない。『英米文学辞典』によるとラテン語原題の意味は、衣服哲学者の遺稿を整理したもので、第一部は架空のドイツ人学者トイフェルスドロッケンの、一切の象徴や形式や制度はすべて衣服のごとく一時的なはかないものであるとし、第二部はカーライルの精神的自伝の第一期を述べたもので、懐疑否定から虚無感をへて肯定に至る、そうである。しかし読んでもちんぷんかんぷん、これほど分からない本は読んだことがない。という意味で怖いもの見たさで読むのはいいけれど、カーライル研究者が英語で読むならいざ知らず、日本語訳をいきなり読んで意味があるかどうかはかなり疑わしい。

ベーオウルフ
中世イギリス英雄叙事詩
忍足欣四郎（訳）
岩波書店／一九九〇年
おすすめ度：★☆☆☆☆

退屈である（二〇一〇年六月二十二日）

ウディ・アレンの映画に、大学で、中世英文学のベオウルフを読まされるのはやめたほうがいいぞ、という台詞がある。それは中世英語が難しいから、ととれるが、実は『ベオウルフ』がつまらないからである。

つまらないが、天下の英国、天下の英語であり、その唯一の古典である、ということで昔から大勢の中世英語の研究者がよってたかってやってきた。しかしつまらないものはつまらない。『源氏物語』に比べたら雲泥の差、ホメロスに比べたら文明の程度が違うくらい。北欧神話、はては『ニーベルンゲンの歌』のほうがまだ面白い。各国の英雄叙事詩の中で最もつまらないものである。だから誰もオペラになんかしないし、リライトもしない。日本では単に英文科を出て学者になる人が多く、そのうち一定程度が中世英語をやるから、かろうじて読まれているだけである。

世の中へ・乳の匂い
加能作次郎
講談社／二〇〇七年
おすすめ度：★★★★★

人が生涯に一つだけ書けるような（二〇一〇年六月二十三日）

その当時は、加能作次郎はある程度知られた作家だったが、その後忘れられた。だが、これを読めば、人は誰でも生涯に一編の傑作を書けるという、私小説の名作が、表題作の少なくとも二編が、それに当たることが分かる。

特に「乳の匂い」は、おじの妾で子供を産んだばかりの女と一緒に、若者（つまり作者）が歩いていて目にゴミが入り、女が唾でとろうとするのだがとれず、乳を噴出して目にかけてとるという、何ともエロティックな小説である。

評伝　広津和郎
真正リベラリストの生涯
坂本育雄
翰林書房／二〇〇一年
おすすめ度：★☆☆☆☆

評伝ではありません（二〇一〇年六月二十六日）

文学研究の世界には、時々こういう本が現れる。「評伝誰それ」と銘打っておきながら、中身は、なるほど年譜に載っている程度のことに毛が生えた程度の伝記は書いてあるけれど、あらかたは作品論で、まるで評伝ではない、伝記でもない、というもので、これもその一つである。文学者について「評伝」とか「伝記」と銘打つ際は、作品論は最低限にしてほしいのである。秋庭太郎の荷風伝のように書いてほしいのである。結局、広津和郎の伝記というのは、まだないのである。まあ『年月のあしおと』を読めばことたりる、ということか。

ウルトラミラクルラブストーリー
監督：横浜聡子
出演：松山ケンイチ、麻生久美子
バップ／二〇〇九年
おすすめ度：★★☆☆☆

一点にするほどではない（二〇一〇年六月二十九日）

女性監督、精神障害者、一般人には聞き取れない青森弁のセリフなどが評価されているのだろう。しかし意余って力足らず、単なる変で気持ち悪い映画になってしまったという観がある。中で気になるのは麻生久美子が、獲得形質の遺伝を信じているらしいことで、何も知らない観客が信じるとまずいのではないかと思った。

人間の絆　全三冊
モーム　行方昭夫（訳）
岩波書店／二〇〇一年
おすすめ度：★☆☆☆☆

退屈だった（二〇一〇年七月三日）

二十代の頃に中野好夫訳で読んだが、何だか描写がスカスカで、ちっとも面白くないので途中でやめてそれっきりである。当時は真面目に一字一句読んでいたから、今でも面白くないだろう。モームは通俗的だというが、面白いが通俗的というならともかく、面白くないのでは読まれなくなったのも当然である。ただ私はディケンズの『デヴィッド・コパフィールド』も退屈だった。『ジャン・クリストフ』は素晴らしかったのに。それは藝術性とかいうことよりも、英文学というものにある、何か特殊なものが関係していると思う。私はこの訳者からいただいたので申し訳ないのだが、行方先生に教わったヘンリー・ジェイムズの方がずっと面白かったのに、なぜあれを出さないのだろうと思うのである。なお題名は誤訳というより販売戦略で、本当は「人間の束縛」であります。

百合祭
桃谷方子
講談社／二〇〇三年
おすすめ度：★★★★★

傑作です（二〇一〇年七月十二日）

昔出た時に私もほかの人も絶賛して、映画にもなったのだが、映画は各地を巡演していて未だに観られずにいる。老女たちが集うハウスにちょっといい老男がやってきてみなでセックスを繰り広げるという話だったように思うが、著者がその後書かなくなってしまい忘れられているのは悲しい。

ヴィクトリア女王 世紀の愛
監督：ジョン＝マルク・ヴァレ　出演：エミリー・ブラント、ルパート・フレンド
ハピネットピクチャーズ／二〇一〇年
おすすめ度：★☆☆☆☆

アホ映画（二〇一〇年七月十七日）

マーティン・スコセッシがプロデューサーに加わっているのを見てショックを受けた。こんなアホ映画に関わるような奴だったのかと。

　ただヴィクトリア女王が即位してアルバートと「恋愛結婚」するというアホらしいお話。そのヴィクトリアの治下で最大の帝国主義をやらかしてビルマまで自国版図にして、日本がまねようとすると「黄色い猿はまねしちゃいかん」というようなそういう国の基を築いた女王だぜ。冗談じゃない。

天の夕顔

中河与一
新潮社／一九五四年
おすすめ度：★★☆☆☆

ウェルテルじゃないだろう……（二〇一〇年七月十七日）

　今でも読まれていたのか…。しかし『ウェルテル』に比せられるというのはおかしくて、ウェルテルのは、片思いでもしかしたらロッテも自分が好きかもしれず、しかしピストルを渡すのはロッテなのだ。それに比べたら、こっちは人妻との相思相愛だから、あんまり感情移入できないのだよね。

大正文士颯爽

小山文雄
講談社／一九九五年
おすすめ度：★★★☆☆

読者を選ぶ本か（二〇一〇年七月十七日）

　佐佐木茂索と小島政二郎と、いずれも地味な作家たち、むしろ佐佐木は戦後の文春社長として知られる。この二人を軸に芥川の自殺までを描いていて面白いが、一般読者には主役がなじみがなさ過ぎるのは惜しいことだが、いい本である。しかし佐佐木と小島のその後も書いてほしかった気もするのである。あと大正十五 年、新潮合評会に谷崎精二が出ているのを潤一郎と間違えているのは、著者らしくない気がした。潤一郎は新潮合評会に出たことはない。

物語のディスクール　方法論の試み

ジェラール・ジュネット　花輪光、和泉涼一（訳）
水声社／一九八五年
おすすめ度：★★★★★

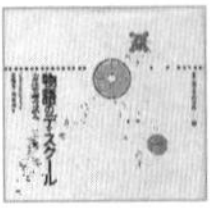

「ポストモダン」ではない必読書（二〇一〇年七月十八日）

　題名とか雰囲気から、「ポストモダン」の「作者の死」とかの本と勘違いされそうだが、これはそうではなくて文学作品の構造についての必読書、基本書である。特に、語り手の問題――一人称か三人称かという区別はさして重要ではなく、「視点人物」が重要なのだとしたことは、従来気づかれていたことではあるが明快に述べたものとして革命的であり、特に日本では、私小説を一人称小説と呼ぶ間違いがあり、「私は」とするのが私小説だという、実情に即せばすぐ間違いだと分かる議論が通用しているので、日本近代文学の研究者なども、絶対に読むべきものである。これと並立するのがウェイン・ブースの『フィクションの修辞学』である。フィクションの修辞学（叢書 記号学的実践）

アクシオン・フランセーズ フランスの右翼同盟の足跡
ジャック・プレヴォタ　斎藤かぐみ（訳）
白水社／二〇〇九年
おすすめ度：★★☆☆☆

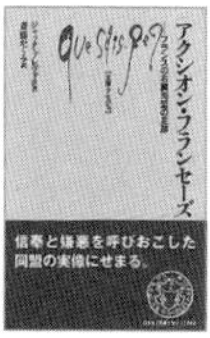

あってしかるべき本ではあるが……（二〇一〇年七月十八日）

主題は重要であるが、文庫クセジュにしばしばある、簡略過ぎる記述がこうした近代ものの場合には顕著に出る。訳注が補っているのは当然として、その訳注を見てさえ、モーラス、レオン・ドーデらの生没年が分からぬ。これは何とも残念なことであった。福田和也『奇妙な廃墟』のほうを読むべきであろう。

勝海舟〈第6巻〉明治新政
子母沢寛
新潮社／一九六九年
おすすめ度：★★☆☆☆

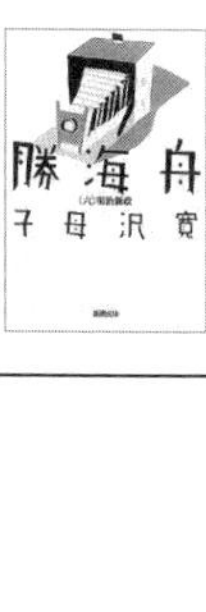

敗戦に迎合してしまった（二〇一〇年七月十九日）

五巻までがすばらしかったので六巻は読むのが惜しくてとっておいたのだが、これはちょうど中外商業連載中に敗戦を迎えて、ＧＨＱに媚びながら書いているから、大村益次郎を軍国主義の鼻祖としてだいぶ悪く書いていて、しかも、ああいう軍事で押していく奴が出ると日本は将来大変なことになるなぞと、あからさまな戦後への迎合があって白ける。おかげで大村と対立した海江田武次（信義）はひどくいい人間に描かれていて、しかも明治二年の大村暗殺までは書いてないが、これは海江田が黒幕だから、司馬『花神』を知る人には、ありゃありゃという感じだ。だいたい生麦事件で真っ先に斬りつけたのはこの海江田（有村俊斎）である。つまり最後に来て思想が変わってしまったわけで、竜頭蛇尾であった。

カルメンお美

矢野晶子
有隣堂／一九八八年
おすすめ度：★☆☆☆☆

こういう書き方は許せないなあ（二〇一〇年七月二十一日）

佐藤美子というオペラ歌手の生涯を描いたもので、著者はその親戚だという。とうてい、よくできた本とはいえないが、それでも以下の部分がなければこれほど低評価にはならなかっただろう。石井歓に取材したら、高校時代の友人の「ケイサク」に佐藤美子を紹介されたという。著者は「ケイサク」について訊きたかったが石井は逃げたという。ケイサクは銀座に店を持つ実業家で、美子のパトロンだったという。美子はその名前を広めたくて、その名を冠した音楽賞を作り、石井、宮沢縦一、菅野浩和らが審査員をしたが、ケイサクが六七年に急死したのでなくなってしまったという。これだけ書いておいて「ケイサク」が何者なのか分からないのである。そういうことを隠蔽したがる人は、本など書くべきではないと思う。

宮本百合子

中村智子
筑摩書房／一九七三年
おすすめ度：★★★★★

最も正統的な宮本百合子伝記（二〇一〇年七月二十六日）

気づいていない人が多いが、宮本百合子は、近代日本の最も偉大な女性作家である。樋口一葉は夭折により、与謝野晶子はその華やかさで知られるに過ぎない。その一方、宮本百合子は共産党の偶像でもある。本書は「共産党の百合子」から離れ、適切な文献処理を行いながら、過不足なく百合子の生涯を描いたものであり、まっさきに参照されるべきものである。

孤高の人

瀬戸内寂聴
筑摩書房／二〇〇七年
おすすめ度：★★★☆☆

宮本百合子に冷たい（二〇一〇年七月二十七日）

湯浅芳子の伝記的覚書である。その限りではいいが、副題をつけてほしかったとも思う。山原鶴、河野多恵子、矢田津世子、田村俊子といった人たちが登場する。しかし、宮本百合子に対して瀬戸内が冷たい。なるほど湯浅との関係については、フェアに書いているが、『伸子』について、どうも納得がいかないのである。もし瀬戸内の言うように、荒木茂との結婚生活に不満が生じたのが、結婚生活につきものだとしたら、それはなぜ宮本顕治の場合にはない（ように見えた）のか。もちろん、そっちへ行ったら湯浅を離れてしまう。しかしそれなら、宮本百合子についても別途書くべきではなかったか。かつて伊藤野枝や菅野スガや金子文子について小説を書いた瀬戸内が、次第に左翼離れをしていったことは世間周知のことで、ここにもそれが感じられるのだが、どうであろうか。

無名作家の日記　他九篇
菊池寛
岩波書店／一九八八年
おすすめ度：★★★★★

菊池寛は本当は面白い（二〇一〇年七月二十八日）

岩波文庫は、「半自叙伝」と「無名作家の日記」とその他数編で新しいのを出してしまったから、こちらはもう出ないのだろうが、どうせなら別途菊池の短篇集を、それも恩讐の彼方にとかではないのを出してほしいもので、菊池の短編というのは本当は面白いのである。あまりに世間が、テーマ小説だの通俗だのと言うから埋もれていただけで、批評家のせいで埋もれた作家というのは珍しい。

大いなる遺産　全二冊
ディケンズ　山西英一（訳）
新潮社／一九五一年
おすすめ度：★☆☆☆☆

なぜこれが名作扱い？（二〇一〇年七月三十一日）

ディケンズというのは不思議な作家で、『荒涼館』のような傑作が日本ではあまり読まれずに、『二都物語』とかこれみたいな失敗作が読まれているのだよなあ。あとまあ通俗だが面白いのは『オリヴァー・トゥィスト』くらいか。いや、つまらないし意味もよく分からないですよこの小説。

道標
宮本百合子
新日本出版社／一九九四年
おすすめ度：★★★★☆

私小説にして大河小説（二〇一〇年八月一日）

宮本百合子は、共産党委員長の妻だったという偏見にさえぎられて、偉大な作家であることが理解されていない。最高傑作は『伸子』だが、この『道標』もいい。最終的にソ連の正義を信じるようになるのは、いま読むと白けるものがあるが、むしろ主人公佐々伸子の、生き生きとした認識の動きや会話、その相棒たる吉見素子（湯浅芳子）の独特のキャラクターなど、他ではえがたいものがある、独自の作として今もなお輝いている。

テス　全二冊
トマス・ハーディ　井上宗次、石田英二（訳）
岩波書店／一九六〇年
おすすめ度：★☆☆☆☆

とても今では読むに耐えない（二〇一〇年八月二日）

この小説は昔は「大衆文学全集」に入っていたりしたのだが、ハーディが古いものとされて読まれなくなる中でもなぜか生き残っているし、ポランスキーも映画にしたりしたが、やはりつまらないものだ。要するに由緒正しい家柄の娘が誤って処女を失ったというだけの話であって、とても今では読むに耐えないが、こういう話にリアリティーを感じる人もいるのだろうか。

私が殺した少女
原尞
早川書房／一九九六年
おすすめ度：★★★☆☆

失敗かな……（二〇一〇年八月四日）

「真相」に至るまでは、結構いいのである。「芥川賞」とか「学習院女子短期大学」とか、実在のものの名をはっきり出しているのが小気味いい。しかし「ホスピス」については、意味が分かっていないのではないかと思ってしまう。そして、ああこのどんでん返しは、やっぱり失敗で、それまでの読者の期待の地平を陥没させてしまい、突如としてリアリティを失わせる。数多くの作品を書く作家が、いっぺんやった失敗ならいいのだが、寡作な作家の直木賞受賞作なだけに、この失敗は大きいなあ…。

聖獣学園
監督：鈴木則文
出演：多岐川裕美、山内えみこ
東映ビデオ／二〇〇三年
おすすめ度：★★★★★

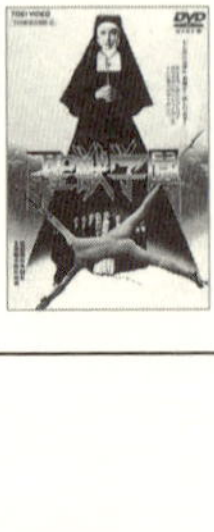

B級映画の傑作（二〇一〇年八月五日）

いかにも、女子修道院に対する淫靡な空想を全部ブチ込んだような作品で、とにかくためらうことなく通俗な筋立てを展開していて小気味いいほどだ。チンピラ役のたこ八郎にも注目である。ポルノ写真がたくさん挟んである本が曽野綾子のベストセラー『誰のために愛するか』だったり、細かいところもいい。ただ最後は、ぜひ炎上する女子修道院で終わらせてほしかったが、予算的にムリだったのかな。

好きな女の胸飾り
舟橋聖一
講談社／一九六七年
おすすめ度：★★★★★

なんでこんな名作が品切れのままなのか（二〇一〇年八月九日）

エロティック文学の巨匠・舟橋聖一だが、作品の出来にはむらがある。これは『ある女の遠景』と並ぶ代表作で、源氏物語を研究する学生と、これを援助する人妻との恋をきわめてエロティックに描いて他の追随を許さない。講談社文芸文庫で復刊してほしいものである。

夕暮まで
吉行淳之介
新潮社／一九八二年
おすすめ度：★☆☆☆☆

「すまた」が話題になっただけの作品（二〇一〇年八月十二日）

十三年をかけて書かれたという割には薄い。中身も薄い。私は吉行淳之介の小説のどこがそんなにいいのか分からないのだが、これは中でも、世評の高さの割に中身のない作品である。要するに「すまた」とか「オリーブオイル」とかが、週刊誌的に話題になっただけでもあり、当時吉行が「文壇の人事担当常務」として地位を築いていたことの反映でしかあるまい。今でも読まれているのは驚きだが、まあ薄いし、「純文学」を読んだ気になりたい人が読んでいるだけだろう。

吹けば飛ぶよな男だが
監督：山田洋次
出演：なべおさみ、緑魔子
松竹ホームビデオ／二〇〇九年
おすすめ度：★★★★★

意想外の名作（二〇一〇年八月十八日）

どうせ山田洋次の人情ものだろうと思い、キネマ旬報十位ながら敬遠してきたのだが、これがなかなかの名作である。主演がなべおさみというのも、寅さんで食傷した目には新鮮だ。いかにもありそうなチンピラの若者二人組の人情噺だが、犬塚弘のヤクザがいい、有島一郎の先生がいい、そして何より緑魔子がいい。そして緑魔子の郷里を九州にしたのは、森崎東だろう。それにミヤコ蝶々がいい。最後のほうでは泣けるくらいにうまい。

デクノボー宮沢賢治の叫び

山折哲雄、吉田司
朝日新聞出版／二〇一〇年
おすすめ度：★☆☆☆☆

とうとう丸めこまれてしまったか（二〇一〇年八月二十三日）

『宮沢賢治殺人事件』で世の賢治教徒どもを怯えさせた吉田司が、賢治教徒山折と対決、かと思いきや、話はあくまで平穏、結局吉田が、宮沢賢治に屈服したも同然の、やっぱり賢治は面白いですねえという、面白くもない対談本が出来上がった。吉田の敗北であり屈服である。『…殺人事件』を認めてくれたのは柄谷と山折だけだったなどと書いているが、ああ大物しか相手にしないんですねえ吉田サン、という感じ。米村みゆきや山下聖美ががんばったのを台無しにしたのは吉田司だ。山下と島田裕巳の対談のほうがずっと面白かった。

斎藤茂吉随筆集

阿川弘之、北杜夫 編
岩波書店／二〇〇三年
おすすめ度：★★★★☆

うしろへ行くほど面白い（二〇一〇年八月二十八日）

斎藤茂吉といえばわいせつな話で有名である。だからそういうものを集めたら面白いだろうが、岩波文庫だからそうは行かず、始めのほうは結構まじめである。後の方へ行くとだんだん面白くなる。特に、精神を病んだ西洋人の女を入院させたら左の頬をぶたれ、決して西洋ではこんなことはない黄色人種だから舐めているのだと茂吉の怒りがおさまらず、夜中に忍び入ってぶって復讐してやろうと考える「一瞬」が一番面白い。あと兼常清佐がアララギの悪口を言うというので怒って兼常の悪口を言っているのが面白い。しかしさらに面白いのが、撰者である阿川と北の二本の解説で、阿川が、欧州旅行中茂吉の妻輝子が、梅干がおいしいと言ったのを引いたのを、北が、阿川は輝子が妊娠中だと気づいていない、阿呆ではないかと書いているところである。宮本武蔵が卑怯だというのも面白い。だが鷗外の歴史小説の話は、つい読んでしまったが、なくても良かったように思う。

リバー・ランズ・スルー・イット
監督：ロバート・レッドフォード　出演：ブラッド・ピット、クレイグ・シェーファー
ジェネオン エンタテインメント／二〇〇四年
おすすめ度：★★★★★

いや、こんなにいいとは（二〇一〇年九月四日）

ロバート・レッドフォードの映画、へっ、とか思って観ずにいたが、いいねえ。まず、著者が七十四歳になって初めて書いた小説が原作というのがいいし、実名で出てくるというのもいい。だから全部リアリズムなんだが、リアリズムの力を感じる。

ガールフレンドの兄のおかしな人柄とか、実際にあったことでなければ描けないし、ガールフレンドの「吊り橋効果」みたいな、それじゃあべた惚れになっちまうぜ、といった振る舞い。

一見元気に生きているように見える弟の、実は複雑な内面とあの……。泣ける。

釣りの場面が長すぎる気もするが、結末を引き立たせるためには必要だったのかも。

原作者がスタインベックと同年というのも驚く。スタインベックって割に若くして死んだのだな。

恐慌論
宇野弘蔵
岩波書店／二〇一〇年
おすすめ度：★★☆☆☆

素人の感想ですが誰か教えて下さい（二〇一〇年九月八日）

昔朝日新聞に柄谷行人が宇野弘蔵を引き継いで「宇野・柄谷派」といわれるとあったので経済学の苦手な私が読んでみようとしたのだが、大学での講義録であるせいか、妙に文章がくどくて読みづらく、かつ中身は何だか『資本論』をよけい分かりにくくしたみたいで、まあ昔の本だからと思って解説（伊藤誠）を読んでみると、これがまた現代のサブプライムショックにおいてもはやマルクスに立ち返るしかないとか、マルクスの洞察がどうとか、個人崇拝も甚だしい文言が並んでいて、結局マルクスは何が足りなくて宇野はどこが偉いのか全然分からないのであった。私はマルクス礼讃を聞きたいのではなくて学問的に何が新しいのか知りたいのである。

白夜を旅する人々
三浦哲郎
新潮社／一九八九年
おすすめ度：★★☆☆☆

つくりものになってしまっている（二〇一〇年九月九日）

三浦哲郎は「私小説作家」「短編の名手」と言われた。これは、自殺した二人の姉を描いたものだが、哲郎自身は、生まれたばかりの赤ん坊として出てくる。つまり、自分で見たことを書いたわけではないので、つくりものの小説になってしまっている。

藤村の『夜明け前』もそうだが、自分の肉親のことを描いても、自分がその場にいないと、いい小説にならないという一例である。

馬鹿まるだし
監督：山田洋次
出演：ハナ肇、桑野みゆき
松竹／二〇〇五年
おすすめ度：★★★★☆

桑野みゆきが意外にいい（二〇一〇年九月十四日）

もう二十年も前に観て絶賛していた友人がいたのだが、どうせ何かそういう怪しい意味での絶賛なのだろうと思っていた。しかし観てみると、まあ筋立ては「無法松の一生」のパロディみたいなもので、しかも劇中で「無法松の一生」が上演されるという入れ子構造、ハナ肇も馬鹿と言いつつ大して馬鹿ではないのだが、見るべきものは桑野みゆきが意外にいいことである。『青春残酷物語』が妙に有名なため、却って、桑野通子の娘だってだけだろうと思われがちな桑野だが、ここではちゃんと美しいご新造さんを演じていて、時おりはっとするほど美しい。目の下に皺があるが、それが却って美しく感じさせる。これは、桑野みゆきを見直すための映画である。

舞姫タイス
アナトール・フランス　水野成夫（訳）
白水社／二〇〇三年
おすすめ度：★☆☆☆☆

過去の遺物（二〇一〇年九月十六日）

今となってはただつまらん小説である。アフリカの修道士がタイスという美女を連れ帰ってキリスト教に改宗させるが熱病で死んでしまうというお話で、まあ四、五世紀頃のキリスト教と古代多神教の対立を知るにはいいが、そういう意味でならキングズレーの『ハイペシア』のほうがずっと面白い。

大人社会のいじめを心理分析しよう

小田晋
大和出版／一九九九年
おすすめ度：★☆☆☆☆

著書量産の恥知らず「心理学者」の駄本（二〇一〇年九月十七日）

まあさして期待はしていなかったが、大人社会のいじめについての本は少ないので覗いて見たが、だいたい、いじめが増えているという認識からして間違い。なだいなだの『いじめを考える』（岩波ジュニア新書）でそれはきっちり否定されている。しかも「リストラ」をいじめのうちに入れるのだが、それは企業維持のためのもので、いじめとは違うだろう。あとは人間の攻撃本能とかの話で、ただそれが動物の世界のそれとどう違うのかは、よく分からないまま、法律で規制せよってな、社会科学は素人以下というような議論が続く。忘却の彼方へ飛び去っていただきたい。

海よ、海

アイリス・マードック　蛭川久康（訳）
集英社／一九八二年
おすすめ度：★☆☆☆☆

ご苦労はお察ししますが……（二〇一〇年九月二十九日）

ブッカー賞受賞作の上、戦後の英語文学ベストテンに選ばれたこともある作品。長いので訳した蛭川先生のご苦労は多としたいが、日本人が読むにはちとつまらなすぎる。単に一老俳優が、若いころ失恋した女の面影を追い続けて、結局それは幻想だったみたいな結末へ持っていくだけで、多分英国人は風景描写とかに英国らしさを感じるのだろうが、文庫化もされていないのはやっぱりつまらないからでしょうね。いったいアイリス・マードックというのは『鐘』も読んだけれどそんなに凄い作家なのだろうか。

烏有此譚

円城塔
講談社／二〇〇九年
おすすめ度：★★☆☆☆

おとぼけ小説の末裔（二〇一〇年十月四日）

小説を書くようなふりをしてとぼけにとぼけ続けるというのは、『トリストラム・シャンディ』に始まる「おとぼけ小説」とも言うべきジャンルだが、谷崎『吉野葛』が最高傑作か。後藤明生もこれをやったが、まあこれなんかになると、もう末裔も末裔、誰かが引っかかってくれたらめっけものという、おふざけでしかなくなっている。まあ、よほど暇な人はどうぞ、ということか、それともみな後藤明生など読んでいないのか。まあ私にはお笑い芸人が面白いつもりでやっているのが全然面白くない、というような感じしかしなかったですがね。

かけら
青山七恵
新潮社／二〇〇九年
おすすめ度：★★☆☆☆

うーん……（二〇一〇年十月七日）

芥川賞受賞作「ひとり日和」は高く評価した。私小説と見たせいもある。さてこちらは、川端賞受賞の「かけら」であるが、いかん。あまり不断話さないような父親と、たまたま二人きりで日帰り遠足に出ることになってしまった二十歳の娘の、気持ちを描いている。しかしこういうのが、身辺雑記私小説といって、私小説への軽蔑をもたらしたものではないのかなあ。川端賞受賞作にはこういうのが妙に多い。『お別れの音』に入っている「役立たず」なんかはいいんだが……。文章は丁寧です。

うつしみ
監督：園子温
声の出演：荒木経惟、麿赤児
ビデオメーカー／二〇〇二年
おすすめ度：★★★★☆

傑作だが一つ難（二〇一〇年十月八日）

『愛のむきだし』の原点とも言うべき作品で、荒木、麿赤児、あとファッションデザイナーの仕事ぶりは、映画の本筋とはあまり重なり合わないでただ並列している。しかし本筋は、唐十郎＋『幻の湖』＋石井隆みたいな感じで面白い。ただ残念なのは前半でカメラが激しく手ぶれしているので、パソコンなどで観ると「酔う」ことで、映画館で観たら違うのかもしれないが、惜しい。

タタド
小池昌代
新潮社／二〇一〇年
おすすめ度：★★☆☆☆

純文学を書こうとしている（二〇一〇年十月十一日）

表題作を読んだ。川端康成文学賞受賞作である。題名の意味が分からない。検索するとどうやら下田の多々戸浜というところらしいが、読者には分からない。そういうタイトルの付け方がいいのかどうか、疑問である。

中身は、中年の夫婦に、男女一組が混じり、海の家と称する別荘でうだうだするだけである。面白くはない。詩人だという偏見で言うのではないがやはり散文ではなく散文詩に近い。よくないのは、こう書けば純文学短編として評価されるだろうという意図が透けて見えるところだ。死んだ金魚をトイレに流すという会話で、猫ととり違えるところが、わざとらしくて良くない。志賀直哉みたいなものを狙ったのかもしれない。

団十郎と『勧進帳』
小坂井澄
講談社／一九九三年
おすすめ度：★★★★☆

いい本です（二〇一〇年十月十四日）

刊行当時、あまり話題になった記憶がないのだが、これはいい本である。七代目団十郎（当時海老蔵）が、能「安宅」を換骨奪胎して「勧進帳」を作る（それ以前からこの題材のものはあったが）。それから以後の、息子の八代目団十郎の横死、そして妾腹の子、九代目団十郎が天覧の「勧進帳」を上演するまでが、小説仕立てながらゆったりと描かれていて、危ういところがない。むろん、海老蔵、九代目などの内心は著者の推測だが、それは分かるから良い。なかんずく、昭和十四年に「勧進帳」の一部、聖武天皇が后を亡くして悲しんだという箇所が徳富蘇峰によって削除されたというのは初めて知った。好著である。

（追記）書こうかどうか迷ったが、坂田藤十郎が近松門左衛門と協力して和事を完成、というのはちょっとどうでしょう。近松は竹本義太夫でしょう。

ヴィクトール・ユゴー
詩と愛と革命　全二冊
アンドレ・モロワ　辻昶、横山正二（訳）
新潮社／一九六一年
おすすめ度：★★★★★

ユゴー伝記の傑作（二〇一〇年十月十六日）

実を言えば、ユゴーという人にいくらか幻滅した。奥さんはサント＝ブーヴと浮気をしているが、それもユゴーが何人も愛人を作るからである。フランス亡命にしても、確固たる政治的信念からではなくて、実際は王党派ですらあったユゴーが、ナポレオン三世と「喧嘩」したから、でしかない。子供たちはそれぞれに不幸で、アデルを除いてみなユゴーより早く死んでしまうし、そのアデルはトリュフォーの映画で有名なように、不幸な恋のあげく半ば精神を病んで長生きしただけだ。七十歳を過ぎてもユゴーの性欲は衰えず、ガーンジー島の亡命先でも、次々と女に手を出し、息子は女を探そうとしても、みなオヤジの手がついているというありさま。

ベルギーに、愛人ジュリエットを連れて亡命している最中に、もう一人の愛人が、行きたいと言いだし、ユゴーは妻あてに、止めてくれと手紙を書く。ジュリエットは島への亡命にもついていきて、しかし同居は許されず、一人住まいのまま、ユゴーに先だって死ぬ。しかしそれもこれも天才だから許されてしまうのだ。

そして読後、深い感銘を残すのはやはりモーロワの筆の冴えによる。こんな名著を品切れのままにしておいては、いけないよ。

死の泉
皆川博子
早川書房／二〇〇一年
おすすめ度：★★☆☆☆

まあ人それぞれの趣味ですね（二〇一〇年十月十八日）

ナチスドイツの時代とその戦後を舞台にしたもので、日本人は全然出てこない小説。

北欧神話とかアーサー王伝説とか、人体実験とか散りばめてゴシック小説風ミステリーにしている。しかしナチスとかドイツ好きでない私には、入り込めなかった。確かによく調べていて、米国のナチスに対する姿勢など、歴史の裏側を書いたようなところだけが面白く、登場人物の誰が誰であるかというようなことは、この小説の核心なのだが、それがだんだん、どうでも良くなってくる。推理小説で、あんまり登場人物が多すぎると興醒めしてしまうのに似ていて、どうせ誰かと誰かが入れ替わっていたりするんだろう、と途中で思ってしまうから、だんだんつまらなくなって、最後の「どんでん返し」とやらも、別に面白くはない。まあ中学生くらいなら、これでも十分面白いか。

海松《みる》
稲葉真弓
新潮社／二〇〇九年
おすすめ度：★☆☆☆☆

こういうものが「私小説」だと思われると困るのである（二〇一〇年十月十九日）

表題作は川端康成文学賞受賞作である。稲葉真弓は苦労人なので褒めたいのだが、まったくの身辺雑記私小説で、面白くも何ともない。こういうものを何も知らない人が読んで、「ああこれが『私小説』ってやつだな。面白くないなあやっぱり」と思われたらたまらん、と思うのである。

伝記 ラフマニノフ

ニコライ・バジャーノフ　小林久枝（訳）
音楽之友社／二〇〇三年
おすすめ度：★★☆☆☆

これは「伝記」ではない（二〇一〇年十月二十四日）

一九三三年ロシヤ人によって書かれた『ラフマニノフ』で、一九七五年にはこの題で出たものが、『伝記』がついて出たわけだが、これは伝記じゃないだろう。「小説ラフマニノフ」である。登場人物はふんだんに会話するし、いったい何を根拠に書いているのか分からないような心理描写や情景描写も出てくる。「伝記」とは、そういうものではないし、杉森久英や吉村昭なら、小説であっても史料に基づいて書く。著者の「文学的野心」がうるさくてしょうがない。別のを探そうと思った。

マッカーシズム

リチャード・H・ロービア　宮地健次郎（訳）
岩波書店／一九八四年
おすすめ度：★★☆☆☆

題名に偽りあり（二〇一〇年十月二十四日）

冒頭に、「本書はリチャード・ロービア『マッカーシズム』（原題「上院議員ジョン・マッカーシー」）の翻訳である」と書いてあるが、意味が分からない。「マッカーシズム」というのは翻訳の際につけた題名で、『上院議員ジョン・マッカーシー』の翻訳である、というのが正しいだろう。

したがって、「マッカーシズム」についての本ではなくて、マッカーシーについての本であり、全体にマッカーシーへの罵倒めいた文言が並んでいるが、マッカーシズムそのものの、要するにマッカーシーにそういうことをさせたメカニズムが分からない。こういう中途半端なものが岩波文庫に入るのはどうも不思議である。訳文はうまい。

京都南座物語

宮辻政夫
毎日新聞社／二〇〇七年
おすすめ度：★★★★☆

上方歌舞伎の歴史を知るために（二〇一〇年十一月三日）

上方歌舞伎の歴史については、いい一般向けの本がなかなかない。水落潔の『上方歌舞伎』もいいが、近世の歴史については詳細ではない。この本は、初めのほうの左手に有名人の談話などが載っていて、ちょっと胡乱な本のように見えるが、どうしても江戸中心になりがちな歌舞伎史を、京都南座を中心に語っていて、良い。なかんずく、近松門左衛門が歌舞伎作者だったと勘違いしているような人は必見だと思う。

後ろ向きで前へ進む
坪内祐三
晶文社／二〇〇二年
おすすめ度：★★★☆☆

江藤淳批判（二〇一〇年十一月八日）

この内容紹介では分からないと思うので書いておくと、これには江藤淳批判の一文が載っている。江藤が自殺した後で『諸君！』に載せたものだが、『諸君！』では追悼文みたいにして載せてしまったもので、福田恆存との比較で江藤を批判したもので、これは読んでおくべきものと思う。

父
小林恭二
新潮社／二〇〇三年
おすすめ度：★★★★☆

立派すぎる父（二〇一〇年十一月十二日）

小林恭二の珍しい私小説である。すべて実名の完全私小説で、かねて橋川文三の親友として知られていた神戸製鋼重役だった父親小林俊夫を描いている。小林恭二といえば、『カブキの日』などの下らないファンタジー小説で知られるが、こういうちゃんとした純文学も書けるのかと、驚かされる。文章も端正である。だが、父は東大卒のはずだが、なぜか在学中のことは、結核で療養していたとあるばかりで、あまり追及されていない。しかし、この作品は評価されなかった。小林にとっては不幸なことだったが、それというのも、いかに父が奇人であったかを描いても、東大卒の企業重役の金持ちには変わりなく、「いいおうちのお坊ちゃん」にしか見えないのと、従兄が秀才で小林恭二はダメだったとするあたり、小林も東大卒であるため「高いところでの争いですねえ」と見えてしまうからである。しかし、ファンタジー小説よりはよほどよく、現在のところ小林の代表作だと言っていいだろう。

秩父困民党
西野辰吉
東邦出版社／一九六八年
おすすめ度：★★★★★

傑作である（二〇一〇年十一月十四日）

秩父事件については、その後研究も進んだのかもしれないが、しかし西野が乏しい史料に想像力を交えて描写したこの小説はやはり傑作である。農民一人一人が積み上げられるように描かれ、文章は静かで、鷗外の歴史小説のように（体制イデオローグの鷗外と比べたら西野に失礼だが）、最後の暴動へと至る。巻措く能わず、いっきに読ませる。見事なものである。

いいなづけ　全三冊
A・マンゾーニ　平川祐弘（訳）
河出書房新社／二〇〇六年
おすすめ度：★★☆☆☆

退屈です（二〇一〇年十一月十五日）

うーこれがイタリアの国民的小説だということは、十九世紀イタリアには碌な作家がいなかったのだろう。要するに引き裂かれた恋人同士がハッピーエンドを迎えるまでを、やたら長々しく冗長に描いたものである。最初のほうはいいのだが、とてもじゃないがフランスのユゴー、大デュマ、バルザックに比べたら、退屈である。まあディケンズやサッカレーやツルゲーネフなら、この程度に退屈なものはある。しかしホントにほかの人は「波乱万丈、息をもつがせぬ面白さ」とか思っているのだろうか？

「敗者」の精神史　全二冊
山口昌男
岩波書店／二〇〇五年
おすすめ度：★★☆☆☆

中途半端な本（二〇一〇年十一月二十日）

どうにも中途半端な本である。明治・大正期の「趣味人」的な人物で、しかも戊辰戦争で敗者であった幕府方の人間を選んでいるのでこういう題名なのだが、これまでに別の人がそれぞれ調べたことをつぎはぎして書いているだけで、オリジナルなのはどこなのか、ということが分からない。それに敗者といってもみなそれぞれに金はあったり、しかるべき地位に就いていたりする。こういうのじゃなくて、まだ伝記のない人についてきっちり調べた方が良かったのではないかと思う。あと「低エントロピー」という語がよく出てくるが、エントロピーが低いというのは、整っているという意味で、なんか誤用ではないかという気がするのだが…。

探偵！ナイトスクープ Vol.1&2 BOX
出演：上岡龍太郎
ワーナー・ホーム・ビデオ／二〇〇六年
おすすめ度：★★★☆☆

上岡・西田をごちゃ混ぜにしないでほしかった（二〇一〇年十一月二十日）

やはり「ナイトスクープ」は、上岡・西田でずいぶん違ったと思う。上岡時代のほうが面白かったし、これでも「爆発卵」「マネキンと結婚」などの目玉は上岡時代のもので、編集としては「上岡編」「西田編」に分けて出してほしかったと思うが、そうして上岡編のほうが売れると困ると思ったのか。やはり九〇年代のほうが面白かったと思う。あとキダタローの「野呂恵子さん」を入れてほしいのだが……。

グレアム・グリーン全集〈24〉
名誉領事
グレアム・グリーン　小田島雄志（訳）
早川書房／一九八〇年
おすすめ度：★★★★☆

グリーン後期の傑作（二〇一〇年十一月二十四日）

一九七三年、六十九歳になる大作家グレアム・グリーンが発表した長編で、英米、独仏でベストセラーになったものだが、日本ではあまり売れなかった。物語は、アルゼンチンで、反米ゲリラが米大使と間違えて誘拐してしまった「名誉領事」チャーリーと、英西混血で英国から亡命した男の息子の医師プラーが中心で、チャーリーは酒びたり、売春宿にいた女クララを妻としているが、プラーはそのクララと密通しており、ゲリラの中に幼馴染がいたため、隠れ家へ呼び出される。

グリーンお得意のサスペンス小説だが、奇妙なリアリティがあって、日本でよく読まれる『ヒューマン・ファクター』より引き締まっている。完璧ということはできないが、読み進むうちに、人間の孤独、老い、死への恐怖といったものがひしひしと迫ってくる。

結び目
監督：小沼雄一
出演：赤澤ムック、川本淳市
ビデオメーカー／二〇一〇年
おすすめ度：★★★★★

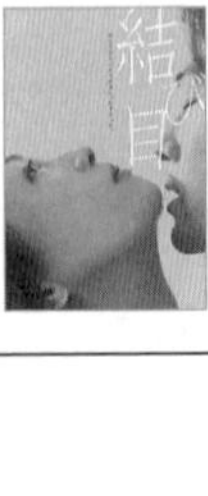

これは名作だ（二〇一〇年十一月二十五日）

観はじめた時は筋がよく分からんで、何やら舅の妾にでもなっているように思うのだが中途から分かってくるところはすごい展開。教師と女子中学生の恋愛という主題を描いて、人間の生きることの重苦しさが伝わってくる。ただ二度観ないとちゃんと分からないのだが、その軽いけれど意味の重い暴力とか、自転車で倒れる時の迫力とか、やっぱり小沼監督は名匠と言っていいでしょう。もちろんシナリオの力が大きいか。ラブロマンスといっても、実に凶々しい。私を信じて観てほしい気がする。

ジェルミナール　全三冊
エミール・ゾラ　安士正夫（訳）
岩波書店／一九五四年
おすすめ度：★★★★★

見直されるべきゾラ（二〇一〇年十一月二十八日）

ゾラは誤解された作家であろう。日本で自然主義が「ゾライズム」などと言われたため、卑小に誤解されたのである。これはルーゴン＝マッカール叢書の一で、『居酒屋』のジェルヴェーズの息子の一人エティエンヌが、ベルギー近くの炭鉱町へ来て労働争議に加わるという、いわばプロレタリア文学である。しかし登場人物は数多くかつかっきりと描かれており雄編の名に恥じない。特に岩波文庫の安士訳は正漢字を使っていて古めかしいがそこに味わいがあるので、みだりに新訳に走る必要はない。大正9年に堺利彦が「木の芽立」として訳したものが近代デジタルで読めるが、これは伏せ字だらけである。

絹と明察
三島由紀夫
新潮社／一九八七年
おすすめ度：★☆☆☆☆

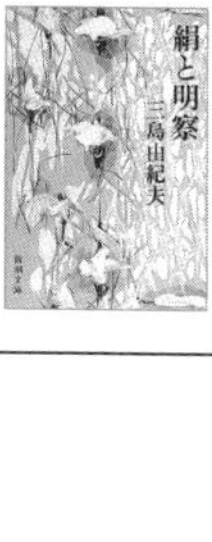

フォニイ（二〇一〇年十一月二十九日）

こういうのを「フォニイ」というのだろう。舟橋聖一のできそこないみたいな芸者が出てきて、三島の観念の産物みたいな工場主が出てきて、最初から最後まで人物は作者の木偶で面白くも何ともないし、不自然きわまる。小説ってのは思想を表現するためのものじゃないんだよ、平岡くん。

庶民たちのセックス
18世紀イギリスにみる性風俗
ジュリー・ピークマン　塩野美奈（訳）
ベストセラーズ／二〇〇六年
おすすめ度：★★★★★

いずこも同じ（二〇一〇年十二月一日）

訳書には記載がないが著者は一九五七年生の女性学者。一六八〇年から一八三〇年くらいまでのイングランドにおける、売春、同性愛、異性装、鞭打ちなどのSMについて、豊富な事例をあげて概説していて、読物として面白い。ただ「庶民たちの」というのはやや誤解を招く邦題で、貴族なども含まれているし、原題に庶民はない。
　ところで幕末から明治初期に日本へ来た西洋人たちは、日本人は性に寛容であるといった言説をずいぶん残したものだが、これや、『もうひとつのヴィクトリア時代』を読むと、せいぜい近代的な性への抑圧（それもまたフーコーが言うように疑わしいとしても）が始まる前は、いずこも同じようなものだったのではないかと思えてくる。本国では評判になった本だが、日本であまりならなかったのはなぜだろう。

歌舞伎リアルタイム
同時代の演劇批評
大矢芳弘
森話社／二〇〇四年
おすすめ度：★☆☆☆☆

ちょうちん持ち劇評の典型（二〇一〇年十二月三日）

　まあ九〇年代以降はなはだしくなった、ただ褒める芸を競うだけの歌舞伎劇評の、その典型みたいなもので、狂言と俳優と、人生観とをごっちゃにしたただの作文の集まりである。結局こういう文章自体が、かつての「月並み俳句」みたいなものになって、歌舞伎を甘やかしてきたのだと思う。最後に「歌舞伎に新しい劇団制を」だけは独立した論考だが、まあむしろそれ以前の「劇団制」というのがどういう「制」だったかといえば、奥役が取り仕切る派閥だったわけで、その辺は千谷道雄『吉右衛門の回想』に詳しい。

逆転世界
クリストファー・プリースト　安田均（訳）
東京創元社／一九九六年
おすすめ度：★☆☆☆☆

私をＳＦから遠ざけた一冊（二〇一〇年十二月六日）

　もう二十年以上前に、すごい傑作だという某氏の紹介文につられて読んで呆れ返ったバカバカしい小説である。まあ、こういうのを面白いと思わない人は、ＳＦには向いてないってことですね。

流跡
朝吹真理子
新潮社／二〇一〇年
おすすめ度：★☆☆☆☆

これは「小説」ではない（二〇一〇年十二月七日）

「流跡」について言えば、これは小説ではなくて散文詩だ。

ヌーヴォー・ロマンといえば言えるが、ヌーヴォー・ロマン自体が、しばしば長い散文詩だ。散文詩なら散文詩として、詩の好きな人が褒めるのは良いが、小説として扱うことには疑問がある。難解だというが現代詩ならこの程度は普通であって、むしろ現代詩の分野で論ぜられるものが、小説のジャンルの中で論ぜられることに間違いがある、と思う。

津田左右吉歴史論集

津田左右吉
岩波書店／二〇〇六年
おすすめ度：★★★☆☆

日本文化論批判（二〇一〇年十二月七日）

津田左右吉といえば、『文学にあらはれたる我が国民思想の研究』で知られるが、この本はあまりに長い。その上、津田の文章というのはめりはりがないので、とても通読できない。そのためいつまでたっても津田は、戦時中に日本神話の事実性を否定して起訴され、ために戦後左翼から、反天皇だと誤解され、そうではないと分かって今度は批判されたという逸話でばかり知られていた。本書のおかげで、津田には、「日本文化論批判」があったことが分かった。日本文化史の流れを追えば、そこには幾変遷があるのであって、日本民族は淡泊であるといったことは言えないということが書いてある。

しかし本書の編纂について言うと、いかにも書く気のない自伝的文章を最初に持ってきたのと、後半に重複が多いのとで感心できない。それにこの編纂者である今井修という人は、津田の研究者らしいのだが、何の紹介文もないほかに著書もない。岩波文庫は、どうも著者略歴の類を省略することがあって、あまり良い傾向とは言えない。もちろん、今井修が誰だって構わないという人はいるだろうけれども。

与太郎戦記

春風亭柳昇
筑摩書房／二〇〇五年
おすすめ度：★★★★★

不思議な面白さ（二〇一〇年十二月八日）

春風亭柳昇といえば、晩年のいくらかとぼけた藝風で知られているが、太平洋開戦前、二十歳そこそこで兵隊にとられ、シナ戦線へ送られ、伍長で敗戦を迎えた人である。私はだいたい戦記ものが好きではないのだが、この本は不思議に面白い。戦後に書かれたものだが、別に戦争を批判するわけではないし、賛美するわけでもない。存外兵士として優秀で、かつ女にもてた青年の戦記である。小学校卒だが、頭は良かったのだろうし、この手記もたいへん頭よく書かれているのである。学歴はないけれど聡明な一青年が、どう「普通に」戦場へ行ったかということが、大受けを狙わない筆致で描かれている。それがいい。もっともこのちくま文庫版は、鶴見俊輔の米国批判みたいな解説がついているのが余計である。

私小説の「嘘」を読む

坂本満津夫

鳥影社／二〇一〇年 おすすめ度：★★☆☆☆

ちょっとした奇書（二〇一〇年十二月八日）

この著者のものを読むのは初めてであるが、多分ほかの本も「奇書」なのだろう。本文p240で、二十一の作家とその私小説を論じているから、一つ平均十一ページ、しかも引用も多いから、内容紹介でほぼ終わる。ですます調になっている章もある。とりあげられているのは、辻井喬、水上勉「決潰」、吉行「闇の中の祝祭」、高見順「私生児」、川崎長太郎、近松秋江「黒髪」、瀬戸内「夏の終り」、俵万智「トリアングル」、岩橋邦枝「月の光」、林「放浪記」、三浦「忍ぶ川」、島木健作「第一義の道」、丹羽文雄「鮎」その他、青山光二「吾妹子哀し」、中里恒子「時雨の記」、宇野千代「雨の音」、津村節子「さい果て」など、花袋「田舎教師」、鴎外「舞姫」、佐田稲子「夏の栞」など、中野重治「歌のわかれ」「村の家」。「田舎教師」は私小説ではなくてモデル小説、きっちり日記まで残っているのだが、著者は遂にそのことに気づかない。大分いろいろ小説を読んでいるが、体系的に勉強したことがないらしく、最後のほうで「実証」を否定しつつ、自分でも知っていることは実証的に書くなどしっちゃかめっちゃか。瀬戸内の「花芯」を平野謙が「子宮作家」と断じたとか、果ては島村抱月と松井須磨子が情死したとか、いい加減なことがあちこちに書いてある。『日本海作家』という同人誌に連載したらしいが、よくこれで商業出版社から出してもらえるものだと思う。内容はただ感想めいたもの。しかし柴田錬三郎が水上勉を「すいじょうべん」と言ったことなど、戦後作家については面白いことも書いてあるので、一概に愚書と決めつけられない。よって奇書である。

ロード・ジム 全二冊

ジョゼフ・コンラッド 鈴木建三（訳）

講談社／二〇〇〇年
おすすめ度：★☆☆☆☆

意味不明なんだが（二〇一〇年十二月十一日）

とにかく読みにくい。ずーっと語り手の「」つきで話が進み、その中で会話があると『』に入る。それはそれで実験的なものとして、ちっとも感情移入できないのだ。コンラッドの小説は今まで読んだ限りみなそうである。だいたい日本ではノルマントン号事件というのがあって、白人はアジア人を見捨てて逃げるものとなっているわけで、日本人がこういう小説を読んで西洋人の苦悩に共感なんかできるわけがない。コンラッドは自分はポーランド人だから西欧に対峙しているつもりでいるが、日本人から見たらいずれも白人のキリスト教徒である。勝手に苦悩してろ、という気がするのである。

闇の奥
コンラッド　中野好夫（訳）
岩波書店／一九五八年
おすすめ度：★☆☆☆☆

結局、白人の書いたものだ（二〇一〇年十二月十一日）

もう二十年以上も前に「地獄の黙示録」を観て意味分からず、原作も読んだが相変わらず分からん。「地獄の黙示録」のカーツはマッカーサーがモデルじゃないかという加藤典洋の解釈も知っているが、だからどうってことはない。要するにシャーロック・ホームズものの長編が、しばしば後半は、かつてアジアで何かしたという退屈な話になっていくのと同じで、西洋人ってのはアジアとかアフリカを暗黒地帯だと思っている、としか思えないのだよね。で、それに日本人が共感する必然性はないので、単に英文学者が、西洋人の真似をしてありがたがっているだけだろう。ほら、映画でも「アラビアのロレンス」とか「キリング・フィールド」とか、アジアにおける暴虐に理性をもって対峙するのは白人である、っていう、あれと同じ。

ジェルミニィ・ラセルトゥウ
E・ゴンクウル、J・ゴンクウル　大西克和（訳）
岩波書店／一九五〇年
おすすめ度：★★★★☆

新訳が出てもいいくらいのもの（二〇一〇年十二月十一日）

私はこの岩波文庫版ではない『運命の女』のほうで読んだ。「ゴンクール賞」に名を残す兄弟合作の小説だが、今ではあまり読まれていない。さながら直木賞に名を残す直木三十五だが、これはちゃんと面白い。孤独な老嬢貴族に仕える小間使いが、四十一歳になるまで、男と関係し、子供を堕胎したり、借金をこさえたりするみじめな生涯を描いて、ゾラの先駆となっている。まあ、古い翻訳でもさして問題はないからいいのだが、もうちょっと読まれてもいい小説である。

バンビ　森の、ある一生の物語
フェーリクス・ザルテン　上田真而子（訳）
岩波書店／二〇一〇年
おすすめ度：★★★★★

神の発見の物語（二〇一〇年十二月十二日）

生まれたてのノロジカ、バンビの成長の物語。ここでは「あいつ」と呼ばれる人間たちが、動物たちの天敵である。あいつが現れると、動物たちは逃げ惑う。だが、仲間の鹿の一頭は、一時期人間に飼われて帰ってくる。そして自分だけは人間の仲間だと思い、撃ち殺されてしまう。また人間の手先とされる犬は、人間には何でもできるのだと、狐に言う。だが、古老と呼ばれる鹿は、バンビを導いて、撃ち殺された密漁者の死体を見せ、人間が万能ではない、人間も動物も同じであって、その上にいるものがある、と教える。神である（ただし作者はユダヤ教徒）。味わい深い物語である。ディズニーのアニメとはかなり違う。

ミヒャエル・コールハースの運命　或る古記録より
クライスト　吉田次郎（訳）
岩波書店／一九四一年
おすすめ度：★★★★★

大江健三郎に教えられた（二〇一〇年十二月十五日）

『臈たしアナベル・リイ……』で大江健三郎がこの戯曲の上演を企図する人々を描いたのだが、なるほど傑作である。十六世紀ドイツであるから、日本であれば一回の博労がこんな要求をすること自体考えられないのだが、むしろ現代においてありそうな話になっている。コールハースの、妻を失ってなお権力に抗して戦う姿は、古色を帯びた文体によって恐ろしい。なおいかにもこの翻訳は古いのだが、クライスト全集〈第一巻〉小説・逸話・評論その他こちらに新しい翻訳は入っている。

ドイツ古典哲学の本質　改訳
ハイネ　伊東勉（訳）
岩波書店／一九七三年
おすすめ度：★☆☆☆☆

くだらん（二〇一〇年十二月十七日）

いったい岩波文庫に入れる意味があるのかどうか怪しい

本である。詩人ハイネ、つまり哲学の素人が、フランス語で書いた入門書で、神の否定にいたる哲学史を概説しているのだが、第二版の序で、神を否定したのは間違いだったと述べており、訳者はこれを残念なこととしている。だが哲学史ならもっとまともな本がいくらでもあるし、いろいろあてこすりやら当時の情勢もからんでいて、頭が痛くなる。要するにマルクスの友達だったというので岩波文庫に入っているだけ、としか思われない。キリスト教もマルクスもどうでもいい人にとっては読む必要のない本である。

甲乙丙丁　全二冊

中野重治
講談社／一九九一年
おすすめ度：★★☆☆☆

読者を選ぶ小説（二〇一〇年十二月十七日）

既に定説となっていることだが、この小説は、日本共産党の歴史に関心のある人にしか分からない。いちいちモデルがいるわけで、誰であるかが分かるようでないとちっとも面白くないのである。もし単純に共産党の歴史を知りたいのであれば、立花隆の『日本共産党の研究』を読んだほうがいいのだが、分からない自虐を楽しみたい人には、ある種の苦痛を与えてくれるという意味でお勧めできる。

ノートル＝ダム・ド・パリ

ヴィクトル・ユゴー　辻昶、松下和則（訳）
潮出版社／二〇〇〇年
おすすめ度：★★★☆☆

完訳が勧められない作品（二〇一〇年十二月十九日）

この完訳を読みとおすのはつらい。十五世紀末、ルイ十一世治世末期のパリを舞台とした歴史小説だが、ユゴーは『九十三年』でもそうだが、歴史小説を書く時に、それが小説でなくなってしまうほどに、調べたことを細々と書きこむ癖があって、この作の場合特にそれがはなはだしい。ほかにも、浮浪人たちを描く筆が細かすぎて、普通の読者は途中で投げ出してしまう恐れがある。こういうのはむしろ抄訳でいいのであって、一九五四年に松本恵子が子供向けに出した『ノートルダムのせむし男』のほうが、筋だけをきっちり取り出していて良いので、むしろこちらを復刊してほしい。むろん熱心な読者のために完訳はあってもいいのだが、完訳がこの辻昶らのもの以後新訳が出ていないのは、やはり読みにくいからで、抄訳の復刊を希望する。

遙かなる山の呼び声
監督：山田洋次
出演：高倉健、倍賞千恵子
松竹ホームビデオ／二〇〇五年
おすすめ度：★★★★

これはいい（二〇一〇年十二月二十九日）

初めは『シェーン』の真似だな、と思う。ところが観ているうちに、なかなかいいな、と思う。そして、『幸福の黄色いハンカチ』のプレヒストリーらしいぞ、と思う。実は『幸福の黄色いハンカチ』は私の大嫌いな映画である。武田鉄矢は私の好きな俳優だが、あれでは武田の役どころが下品に過ぎた。それに対して、こちらは断トツにいいのだが、世間的には『ハンカチ』のほうがヒット作で、しかもキネ旬ベストワンだから、世間も評論家も「一杯のかけそば」的なものが好きなんだなと思う。

こちらがずっといいのであるが、シナリオがいいのである。全部、抑えて書かれているのである。シークエンスもそうである。今一つ押せば賑やかになるところを、ぐっとこらえているのである。鈴木瑞穂の登場シーンに、説明不足みたいなところがあるが、あれはあれでいいのだ。父親の死因と妻の死因が同じなのが気になるが、それはまあいいだろう。何といってもラストシーンである。泣く。これは泣く。山田洋次は、あまり大ヒットしないほうがいいらしい。

二〇一一年

小さな中国のお針子
監督：ダイ・シージエ
出演：ジョウ・シュン、チュン・コン
パンド／二〇〇三年
おすすめ度：★★★☆☆

美しい映画なのだが……（二〇一一年一月二日）

たいへん美しくロマンティックな映画である。一九七一年から七四年まで下放されていた二人のブルジョワ知識人青年と、仕立屋の孫娘の、妖精のように美しい娘との恋物語。青年の一人はバルザックやフロベール、デュマなどを読んで聞かせるが、中に『ジャン・クリストフ』の訳者として知られ、ピアニスト、フーツォンの父親であるフーレイの名が出てくる。

さてしかし、よく考えると、いかに下放されていても結局はブルジョワ知識人の青年たちが社会的成功者となり、村の人々は貧しいまま、お針子は…という結末は、何か不快なものがある。そういう意味では通俗もの、と言うしかないのだろう。

ケイン号の叛乱　全三冊
ハーマン・ウォーク　新庄哲夫（訳）
早川書房／一九七五年
おすすめ度：★★★★★

戦後文学の名作（二〇一一年一月三日）

エドワード・ドミトリークによって映画化もされているが、どうにもちまちました戦後文学の中では名作の部類に属する。通俗的と見る人もいるだろうが、組織と人間の問題とか、成長小説として、読んで損はない。なんで品切れなんだ？

漱石の死
（新・日本文壇史　第1巻）
川西政明
岩波書店／二〇一〇年
おすすめ度：★☆☆☆☆

日本文壇史の名を汚すもの（二〇一一年一月三日）

伊藤整の『日本文壇史』も、典拠がしばしば分からなくなるなど欠陥はあるが、これがその名を継承するというのはその名を汚すものだ。特にひどいのが先行研究の無視である。それに間違いも多い。試みに久米正雄「破船」事件について記すと、

第二章　恋敵、久米正雄と松岡譲

・漱石が死んだ時、久米と芥川だけが呼ばれた

→危篤になった時点で久米、芥川、松岡、菊池は駆け付けている。夏目家ではわざわざ呼んだりしていない。菊池は漱石には一度会っただけで師事していない。

・久米は母を郷里に置いていた

→久米の母は兄哲夫が函館勤務だったのでこの時は函館。

・職業的な婦人以外に女性と口を利いたことがなかった久米や松岡

→久米は中条百合子と恋愛関係にあった。

・炬燵の中で筆子が久米の手を握った

→筆子は否定している（むろんそれを信じないのは川西の判断である）

・「手品師」で久米と山本有三が絶交

→それ以前に木下八百子をめぐって軋轢があり絶縁していた。

・松岡が東大東洋哲学専修を卒業

→単なる哲学科。「プラグマチズム」で何で東洋哲学か。

・「和霊」で久米は松岡の死を祈った。

→どこをどう読めばそんなことが書けるのか。祈ろうかと思ったができなかったとちゃんと書いてあるではないか。

・土屋文明が松岡の一高時代の友人

→それなら久米も友人であり、久米が郷里へ帰る時に宴を開いた際文明もいた。

一章だけでこれだけアラが出る。全体に典拠不詳。おおまかにはともかく、細かいところは信用しないほうがよい。というか、読んではいけない本である。岩波、人選を誤ったり。

有島武郎事典

有島武郎研究会 編
勉誠出版／二〇一〇年
おすすめ度：★☆☆☆☆

ひどい（二〇一一年一月三日）

有島武郎を読んだことがない、というような人がこういう本を手にすることはないだろう。こういうのは大学や公共図書館に置かれたり、研究者が手元に置くものだ。そう考えたらひどいものだ。先行研究は無視、執筆者は不適切、参考文献を編集部で勝手に削る、など、とうてい真面目な研究事典とは言えない。

旅する巨人
宮本常一と渋沢敬三
佐野眞一
文藝春秋／一九九六年
おすすめ度：★★☆☆☆

ある面白くなさ（二〇一一年一月三日）

本書が大宅壮一ノンフィクション賞を受賞した時、遅すぎるという声と、佐野眞一ならほかに代表作があるだろうという声があったが、実際この本には、ある面白くなさがつきまとう。それは必ずしも佐野の書き方のせいではなく、宮本常一と渋沢敬三という素材のせいではないか。既に死去した人間を「ノンフィクション」として描くなら、もっと生々しい、醜い面などが期待されるのだが、宮本、渋沢というのは、どうも人格円満、優等生的な面ばかりが目立つのである。困ったことだが、宮本の創作である「土佐源氏」一編を読むほうが、この伝記を読むより面白いのである。

続・ドクター中川の〝がんを知る〟
中川恵一
毎日新聞社／二〇〇九年
おすすめ度：★☆☆☆☆

禁煙ファシスト（二〇一一年一月八日）

この人はもともと末期がんの緩和ケアが専門で、養老孟司の弟子らしく死についてのとらえ方などを書いていたのだが、「毎日新聞」でこの連載が始まった当初は良かったが、新聞は禁煙ファシスト勢力だから、二年目あたりからファシスト化していって、がんの原因などという専門外の領域へ踏み込んで、遺伝は大したことない、生活習慣だとインチキなことを言いだし、果ては夫の喫煙で妻が脳腫瘍になったとか、新聞連載だからデータなど出さずにでたらめなことを書き、断煙しても効果が出るのは二十〜三十年後だと言ったり四十年後だと言ったり、まるで信用できない。全体としては有害な本である。

nude
監督：小沼雄一
出演：渡辺奈緒子、佐津川愛美
ハピネットピクチャーズ／二〇一一年
おすすめ度：★★☆☆☆

観なきゃ良かった……（二〇一一年一月九日）

「童貞放浪記」「結び目」が良かった小沼監督だが、これはしょせんキワモノ映画でしかなかったと言うほかない。観なければ良かった。高校を出て上京した顔のいい女が、スカウトされて入った事務所はＡＶ女優ばかり。ヌード写真から始まり、Ｖシネマ、そして遂にＡＶ出演。ここで女は抵抗するのだが、最初からその流れは分かっていたはず。それで辞めてしまうわけではなくてずるずるＡＶ出演と、主人公がただのバカに見えるというのは困ったものだ。それと苦言。ああいう業界を描くのに、誰も煙草吸ってないってありえないだろう。そういう無煙映画には断固抗議したい。

それぞれの終楽章

阿部牧郎
講談社／一九九一年
おすすめ度：★★★★☆

直木賞受賞の私小説（二〇一一年一月十日）

かつて、私小説が直木賞をとった時代の作品。阿部牧郎は官能小説で知られるが、これは父母の郷里の秋田で送った中学時代を中心とした自伝的小説で、佳作である。野球の話が中心かと思って敬遠していたが、五十歳になり、老いを感じつつある大阪在住の作家が、自殺した旧友を秋田に弔う話を縦糸に、東大卒ながら酒癖が悪く不遇の人生を送った父のことなどを語っていく。特にこの父親の姿が印象深い。

ほらふき男爵の冒険

ビュルガー（編）　新井皓士（訳）
岩波書店／一九八三年
おすすめ度：★★★★★

名訳（二〇一一年一月十二日）

子供の頃に部分的に読んだことはあったが、改めて読んでも面白い。しかもこの岩波文庫版は、新井皓士の独特の翻訳がすばらしい。なんで品切れなんだろう。

カラミティ・ジェーン

監督：デビッド・バトラー　出演：ドリス・デイ、ハワード・キール
ワーナー・ホーム・ビデオ／二〇〇二年
おすすめ度：★★★★★

これは傑作だ（二〇一一年一月十三日）

いやあまさかこれほどいいとは思わなかった。歴史上の人物である、男装の女カラミティ・ジェーンをドリス・デイが演じるミュージカル。筋立てはありがちのようだが、それの組み合わせやら、音楽やら、すっきりと気持ちいい。実は前半は、ちょっとよく行方が分からないのだが、後半がまざまざと良くなる。もう、美人のくせに、みんな気づかないふりをして、とか、演劇的楽しさが炸裂。観終わった後は、「サウンド・オブ・ミュージック」を観たあとみたいに、その世界から抜けられなくなる。

とっておき名短篇
北村薫　宮部みゆき（編）
筑摩書房／二〇一一年
おすすめ度：★★★★★

飯田茂実「一文短篇集」を推す（二〇一一年一月十三日）

二人の編者による名短編アンソロジーだが、これには飯田茂実の「一文小説集」が収められている。一文で小説を構成した掌編中の掌編が百八あるのだがこれが実にいい。これだけのためにでも買う価値あり、である。

息もできない
監督：ヤン・イクチュン
出演：ヤン・イクチュン、キム・コッピ
ハピネットピクチャーズ／二〇一〇年
おすすめ度：★☆☆☆☆

クズ映画（二〇一一年一月十五日）

まあクズ映画が高い評価を受けるということはしばしばあるが、これは歴史上一、二を争うクズぶり。ほとんどが暴力描写だというのは、要するに尺を消費するため、中身のあるシナリオが書けなかったから、としか思えないのである。あっちでも暴力、こっちでも暴力で、韓国ってのは警察のいない無法国家かと思ってしまう。まあ、映画評論家ってのは昔から暴力映画が好きだからね。こういうのに高得点入れた映画評論家こそ、一発殴ってやりたいね。

イーゴリ遠征物語
木村彰一（訳）
岩波書店／一九八三年
おすすめ度：★☆☆☆☆

スカスカ（二〇一一年一月二十二日）

いや驚いたね。分量は短篇小説程度しかないのを、スカスカの組に付録をつけてかろうじて一冊にしてある。で内容はというと、全然面白くない。ベオウルフより中身がない。もしロシヤの古代叙事詩でなかったら、誰も顧みなかったであろう単なる中世文書。

冷たい雨に撃て、約束の銃弾を
監督：ジョニー・トー　出演：ジョニー・アリディ、アンソニー・ウォン
ハピネットピクチャーズ／二〇一〇年
おすすめ度：★★☆☆☆

なんだこれは……（二〇一一年一月二十三日）

何だこれは。一家皆殺しの理由は分からないし、撃たれた後なのに元気に動き回るし、一人で大勢相手に銃撃戦やって勝ってしまうし、あんなに殺人が起きているのに警察は何もしないし、むちゃくちゃである。まあ雰囲気がいいと言えば言えるが、それだけ。キネ旬ベストテンに入れるような映画ではない。

苦役列車
西村賢太
新潮社／二〇一一年
おすすめ度：★★★★☆

より広く西村賢太を（二〇一一年一月二十五日）

芥川賞受賞作ということで、これで初めて西村賢太に触れる人も多いだろうが、ケンタの真骨頂はむしろ『どうで死ぬ身の一踊り』（講談社文庫）とか『小銭をかぞえる』（文春文庫）のほうの、同棲している女との関係もののほうにある。併収されている「落ちぶれて袖に涙のふりかかる」のほうが、川端賞落選の周辺を描いて、より嘉村磯多的な私小説世界が展開していると言える。もし「苦役列車」にあきたりない、という人がいたら、先の二著にも手を出されたいと思う。

ふくろう模様の皿
アラン・ガーナー　神宮輝夫（訳）
評論社／一九七二年
おすすめ度：★★★★★

貴種流離譚（二〇一一年一月二十六日）

大学時代に読んで感銘を受けた作品。原題はOwl Serviceである。アイルランドのいくぶん陰鬱な雰囲気の漂う神話に基づいて、三人の少年少女たちの運命を描いている。最終的には機種流離譚の形をとるが、雰囲気もいいし、ガーナーの作品中でも構造が最もきっかりしている。ファンタジーとしては、戦記ものよりもこういうのがいいと思うのだが、さて三十年近く前に読んだものだから、今読んだらどうかは分からない。

（付記）その後、ガーナーの訃報が入り、少女へのわいせつ行為で逮捕されていたことが分かって驚いた。

乗るのが怖い
私のパニック障害克服法
長嶋一茂
幻冬舎／二〇一〇年
おすすめ度：★★★☆☆

やはり薬は使ったほうがいい（二〇一一年一月二十六日）

長嶋一茂のような人が、パニック障害に苦しんだという内容の本を出すことは、多くの、この病気に悩む人に励ましを与えるであろう。しかし神経症の症状は人さまざまで、長嶋の場合は食事療法や精神療法でこれに対処しているが、これは病気がさほどひどくなかったからである。ひどい時は、これでは対処できず、やはり精神安定剤などの薬を用いるべきである。

実際私自身が、何とか薬を使わずに乗り切ろうとして悪化させた経験があるので、これは言っておきたい。

時雨の記
中里恒子
文藝春秋／一九九八年
おすすめ度：★★☆☆☆

美化しすぎ（二〇一一年一月二十九日）

映画化された時に観て退屈で途中でやめてしまったが、原作もまた。

中里自身の経験を描いた私小説のはずだが、自分を外から描いて美しい中年の女としているので、どうも理解しづらい。仮に私小説という枠を外して見ても、美化しすぎである。文学的完成度は低いと言わざるを得ない。

ヒーローショー
監督：井筒和幸　出演：後藤淳平（ジャルジャル）、福徳秀介（ジャルジャル）
よしもとアール・アンド・シー／二〇一〇年
おすすめ度：★★☆☆☆

ピントがずれている（二〇一一年一月二十九日）

シナリオが練れていない、と言うべきだろう。まず二人の主人公のバランスがとれていない。殺人を犯してしまうのと、片方の主人公の恋人の元夫の葬儀が重なるというのがわざとらしく、筋が散乱してしまっている。相手がヤクザなのであれば、報復があるのは分かっているので、いったいどうするつもりだったのか分からない。三十年もたって「ガキ帝国」の作り直しを見せられたようである。キネ旬ベストテンはクズ映画が多い。

さんかく　特別版
監督：吉田恵輔
出演：岡蒼甫、小野恵令奈
ワーナー・ホーム・ビデオ／二〇一〇年
おすすめ度：★★★★★

愚かさのリアリズム（二〇一一年一月三十日）

パッケージと紹介文のおかげで、最初三分の一くらい、くだらないコメディかと思っていたが、そこから後が凄い。

いや、現実にはこういうことはあちこちで起きているのだが、小説や映画で表現されたことはあまりない。なかんずく、ストーカーと化す女の容貌が美であったらこれは作りものに見えてしまうのが、そうではない。さらに男の側の愚かさも容赦なく、身に覚えのある男なら立ちすくんでしまうようで実にいいではないか。ただまあ、一般にはこういうリアリズムは当たらないものだが、ベストテンに選んだ映画芸術は偉い。

秋のホテル
アニータ・ブルックナー　小野寺健（訳）
晶文社／一九八八年
おすすめ度：★☆☆☆☆

通俗小説（二〇一一年二月一日）

第二次大戦後の英国には、多くの女性作家が登場した。マードック、スパーク、ドラブル、エリザベス・テイラー、レッシングなどだが、別に女性作家に限らず、その多くはこじゃれた通俗小説の域を出ない。これなどそのうちでもたちの悪いもので、作者自身を思わせる通俗小説作家を主人公にして、あたかも通俗小説の外へ出ているかのように装いつつ、結局はひとひねりした通俗小説でしかない。カズオ・イシグロなどもそうである。主人公の孤独感なるものも、読者が不快感を覚えない程度に塩梅されていて、痛切な感触を与えてくれない。

漫画家残酷物語・完全版（1）
永島慎二
ジャイブ／二〇一〇年
おすすめ度：★☆☆☆☆

昔はこれで漫画家になれた……（二〇一一年二月五日）

伝説的な名作だとか言われているが、虚心に今読んだら面白くも何ともない、絵は下手、単なる過去の遺産である。漫画史に詳しい人やマニアが礼讃しているだけで、現時点では考古学的な意味しかない。

あゝ野麦峠
ある製糸工女哀史
山本茂実
角川書店／一九七七年
おすすめ度：★★★★★

ベストセラーにして名著（二〇一一年二月六日）

ベストセラーになった本といえば往々にして下らないものだが、稀に名著がある。これもその一つである。刊行は一九六八年、当時まだかろうじて存命だった諏訪工女たちを訪ねて回って取材した成果を、実にうまく按配して記述してある。最後のほうに、工女たちの、農家である自分の家にいるより、製絲工場の方がずっと良かったという証言があって、「女工哀史」に修正を迫っている。

ジェノサイドの丘　全二冊
ルワンダ虐殺の隠された真実
フィリップ・ゴーレイヴィッチ　柳下毅一郎（訳）
WAVE出版／二〇〇三年
おすすめ度：★★☆☆☆

理屈が多い（二〇一一年二月七日）

求めたものが違うのかもしれないが、ルワンダ虐殺についてのルポルタージュとしては、記述が入り組んでいて、なかんずくスーザン・ソンタグ風の「思想的意味づけ」が多くてあまりいい本とは言えない。むしろこういう意味づけをしなければいられないというところに、現代米国の病の一つを見る思いがした。

ひべるにあ島紀行
富岡多恵子
講談社／二〇〇四年
おすすめ度：★☆☆☆☆

文学賞のはずし方（二〇一一年二月七日）

富岡多恵子は、優れた文学者である。小説なら「波うつ土地」、評論なら『中勘助の恋』が名作である。後者は読売文学賞受賞作だが、前者は何も貰っていない。かくしてこの本が野間文芸賞受賞作だが、とにかくつまらない。ただのアイルランド紀行である。文学賞というものが、いかに「はずし」てしまうかの好例ともいうべき例として銘記してもらいたい。

私のチェーホフ
佐々木基一
講談社／一九九三年
おすすめ度：★☆☆☆☆

功労賞的な、あまりに功労賞的な（二〇一一年二月七日）

野間文芸賞受賞作だが、とうていそれに値するとは思われない。若いころはともかく、老いた佐々木の、とりとめのないエッセイである。まかり間違っても、チェーホフとは何かを知るために読むものではない。

黒船前夜
ロシア・アイヌ・日本の三国志
渡辺京二
洋泉社／二〇一〇年
おすすめ度：★★☆☆☆

オリジナリティに疑問（二〇一一年二月八日）

『逝きし世の面影』ほどの愚書ではないが、大佛次郎賞をとるような名著でもない。ここに書いてあるようなことは、既に先行研究に書いてあることであって、オリジナリティに乏しい。司馬遼太郎の『ロシアについて』あたりと、大差はない。とても大佛次郎賞に値する本ではない。

冬のアゼリア 大正十年・裕仁皇太子拉致暗殺計画
西木正明
文藝春秋／二〇〇五年
おすすめ度：★★★★☆

知られざる歴史 （二〇一一年二月九日）

一九二一年の皇太子裕仁訪欧はともあれ、その際に朝鮮独立運動の闘士たちが皇太子を拉致してその機に乗じて独立のための戦乱を引き起こそうとする。

歴史学の方でこの件がどの程度知られているのか、今一つ分からないのだが、失敗に終わったこともあって、あまり知られていない事件である。

西木正明は、こうしたノンフィクション的な素材で一部で知られているが、もっと読まれてもいい作家ではないかと思った。大宅賞の選考委員ではあるのだが。

寂寥郊野
吉目木晴彦
講談社／一九九八年
おすすめ度：★★★★☆

芥川賞受賞作にしては （二〇一一年二月十一日）

駄作が多い大江健三郎以後の芥川賞受賞作にしては、あるレベルに達した小説である。作者がその後書かなくなってしまったために埋もれているのは惜しい。

米国人と結婚した日本人女性が、老齢期を迎え、夫が事業で農薬を撒いたことから発生した訴訟が原因とも、日本人がずっと外国で暮らすことが原因ともいえる、不安定な状態に陥っていくさまを描いている。

藤原薬子
わたなべ まさこ
世界文化社／二〇〇〇年
おすすめ度：★★★★☆

わたなべまさこのエロティック古典 （二〇一一年二月十一日）

『金瓶梅』もそうだが、わたなべまさこのエロティック古典漫画というのはもっとちゃんと評価されるべきである。妖艶な美しさ、というのをちゃんと表現しているし、女性漫画家は男の描き方が下手なものだが、わたなべはうまい。衣裳なども、考証の詳しいところはともかく、実に適宜描かれている。これは藤原薬子で、最後がちょっと駆け足になったのが惜しい。

漱石を書く

島田雅彦
岩波書店／二〇〇二年
おすすめ度：★☆☆☆☆

なんという意味のなさ（二〇一一年二月十三日）

夏目漱石の『こゝろ』という失敗作を、漱石の代表作だと勘違いした凡庸な島田雅彦が、それを下敷きにしたという『彼岸先生』を書いて、少し当たったのをきっかけに書いた漱石論。

題名が「漱石を読む」ではなくて「漱石を書く」になっているが、中身は見るべきものはまったくない、と言っていいだろう。独自の解釈はゼロである。かといって、著者には教養がないから、これを読んで得られる伝記的情報というたものもない。意味のない本である。

文章教室

金井美恵子
河出書房新社／一九九九年
おすすめ度：★★★★★

抜群の不快感（二〇一一年二月十三日）

いわゆる「ニューアカデミズム」のブームで、東大あたりの学生や院生が、俺も浅田彰になるんだ、と怪気炎を上げていた頃の作品。文章教室に通う中年の主婦佐藤絵真の名前はむろん『ボヴァリー夫人』からとったもの。その娘緑子は、どうやら東大生らしく、大学の助手で、文藝や映画の評論家として名を上げている中野勉と恋仲になるが、これは四方田犬彦がモデルらしい。全編に、名を上げてやる、と思っている若者たちへの揶揄風刺が強烈で、当時の私も実に不快だったものである。

丸谷才一の、時代錯誤的であまりうまくない風俗小説に対抗して書かれた、金井流風俗小説である。さあみんな、読んで不快になろう。だって「文藝評論家」とか「思想家」としてデビューしたがる愚かな若者は、今でもたくさんいるのだから。

台風の眼

日野啓三
講談社／二〇〇九年
おすすめ度：★★☆☆☆

連作私小説（二〇一一年二月十四日）

がんの手術をした後の不安の中で、朝鮮で育った子供時代のことなどを思い出すという連作私小説である。日野はもともと私小説風の作風だったが、初期のほうが良かったと思う。

この作の場合、あまりに美しい文章を書こうという意識が強すぎて、意識の裂け目が顔をのぞかせるというようなところがない。文章のお手本的な作になってしまっている。

季節の記憶

保坂和志
中央公論新社／一九九九年
おすすめ度：★☆☆☆☆

異常なまでの退屈さ（二〇一一年二月十四日）

何しろ谷崎賞受賞作だし、福田和也は絶賛しているしで、退屈なのをこらえて読んだがやっぱり退屈だ。庄野潤三の『夕べの雲』みたいな感じなのだが、庄野のような味わいがない。てっきり私小説だと思っていたらそうではなくて保坂には子供はいないのだと知って訳が分かった。つくりものというのは、かくも空疎なものかと納得した。

彼岸先生

島田雅彦
新潮社／一九九五年
おすすめ度：★☆☆☆☆

要するに失敗作（二〇一一年二月十四日）

後年の島田の、いかにもやる気のない感じはなくて、懸命に書いていることは分かる。漱石の『こゝろ』を下敷きにして、さまざまな女と性の遍歴を繰り返した「先生」が遂に狂ってしまうという話なのだが、刊行当時は賞も受けて評判になったものの、一向に面白くない。結局は失敗作ということなのだろう。島田には事実上華麗な女遍歴があるはずなのだから、それをそのまま私小説として書けば、もっと面白かったと思う。

日本の家郷

福田和也
洋泉社／二〇〇九年
おすすめ度：★☆☆☆☆

中身なし（二〇一一年二月十五日）

「文藝評論家」としてデビューすべく、日本の古典文学やら何やらについてにわか勉強した知識に、ハイデッガーで味つけをしてみました、という本で、何ら中身はない。こんなもの呼んでいる間にちゃんとした研究書を読むべきだぞ、若者たち。

兄弟
なかにし礼
新潮社／二〇〇四年
おすすめ度：★★★★☆

事実の重み（二〇一一年二月十五日）

なかにし礼の、自伝的小説であり、直木賞をとらなかった名作である。よく知られた通り、事業や賭博で次々とカネを蕩尽し、作詞家として成功したなかにしを苦しめつづけた兄が死んで「兄貴、死んでくれてありがとう！」と叫ぶにいたる相克を描いたもので、「禮三」と、なかにし自身は実名で出てくる。しかし、前半だけだと、それほどひどい兄とも思えないのだが、切実に感じられるのは、老いて病んだ母親が兄と同居しているために、兄に対して強い態度に出られないというところである。私小説の力強さを感じる。

東京大学で世界文学を学ぶ
辻原登
集英社／二〇一〇年
おすすめ度：★★☆☆☆

優等生的で面白くないなあ（二〇一一年二月十五日）

東大の講義だからかもしれないが、まあ十九世紀以前の西洋の古典小説の解説みたいなのが中心で、作家が書いたのに意外性がない。変に優等生的である。何かもうちょっと、意想外なものがあるといいのだがな。

文学部がなくなる日
誰も書かなかった大学の「いま」
倉部史記
主婦の友社／二〇一一年
おすすめ度：★★☆☆☆

私には割とどうでもいい本（二〇一一年二月十七日）

題名はちょっとあざとい。文学部のことは一章だけで、あとは大学について一般的に言われていることが書いてあるだけなので、不断から雑誌などに書いてある大学に関する議論を読んでいる人には、特に目新しいことはないでしょう。どちらかというとビジネス書だね。

ピストルズ
阿部和重
講談社／二〇一〇年
おすすめ度：★★★☆☆

何と微妙な（二〇一一年二月二十日）

とにかくあの『シンセミア』に続く作品であり、谷崎賞受賞作である。しかし、導入部からあと、前半しばらくの説明のところが長い。だれる。蓮實先生が何と言おうと、そりゃ蓮實先生だってかわいがっている作家だから褒めますしそういう人です。さらに、『シンセミア』はもとより、『ニッポニアニッポン』、特に『グランド・フィナーレ』の主人公が再登場するのだが、それは阿部の読者でないと面白くないだろう。バルザックやゾラは、知らないと面白くないという人物再登場はさせなかった。それでクライマックスはなるほど面白いのだが、さてこれは純文学なのかということになると、「少女忍者小説」ではないかと思える。猿飛佐助とか、よくこんな感じで敵に催眠術掛けたりするんだよね。

　本来なら『シンセミア』で谷崎賞とるべきだったのだし、谷崎賞には愕然とするほどひどいのもあるから、受賞するのはよし。しかし、やっぱりこれ、純文学じゃないんじゃないか……。

罪
林葉直子
モッツ出版／二〇〇一年
おすすめ度：★★★★☆

中原誠との情事のてんまつ（二〇一一年二月二十一日）

一九九八年、突如世間を騒がせた、林葉直子と中原誠の情事のてんまつを林葉自身が書いている。さすが小説家だけあって、ところどころ誤植らしい脱字があるが、綿密に書かれていると言っていいだろう。初めは林葉の側の憧れがあり、しかし情事になってからは、中原が徹頭徹尾自分勝手、という、よくあるパターンで、最後はストーカーになってしまう。

　だが、刊行当時、ちっとも評判にならなかったのは残念である。装丁が良くないし、プロデュースしたという高須基仁のあとがきがかなり変で、自分をラリー・フリントになぞらえている。大手出版社が出さなかったのは、中原から訴えられることでも恐れたのかどうか。しかしそれなら、週刊誌やテレビ報道で知れ渡っているのだから、惜しいことをした。どこかで文庫版で復刊しないものか。幻冬舎アウトロー文庫とか、どうでしょうか。いやそれとも、林葉本人が封印してしまったのかな。

北回帰線
ヘンリー・ミラー　大久保康雄（訳）
新潮社／一九六九年
おすすめ度：★★★☆☆

ええっと（二〇一一年二月二十三日）

名作です。しかしこの翻訳は、読みにくいわけではないのですが、ミラーの他の作品（『セクサス』）などと同様、古いので、卑猥な箇所を削除した版です。本田康典訳（水声社）は恐らく完全訳なので、高いけれどこちらをお勧めします。

ヌードの夜／愛は惜しみなく奪う
監督：石井隆
出演：竹中直人、佐藤寛子
角川映画／二〇一一年
おすすめ度：★☆☆☆☆

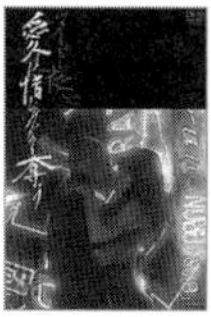

くだらん（二〇一一年二月二十五日）

ノワールだか何だか知らんが、女がきれいで裸がきれい、とかそれだけの映画である。ストーリーは荒唐無稽、やたら血が流れるという、昔ながらのヴァイオレンス＆エロティック映画で、今さらこんなものに何の意味があるのか分からない。まあ、マニア向け映画ですね。

川の底からこんにちは
監督：石井裕也
出演：満島ひかり、遠藤雅
紀伊國屋書店／二〇一一年
おすすめ度：★☆☆☆☆

情において忍びないが（二〇一一年二月二十六日）

満島ひかりが好きなので辛い点をつけたくないのだが、ダメな理由。

・「駆落ちした」「男に五回捨てられた」がなんでいけないのか分からない。これが「ヌードモデルをしていた」なら説得力を持っただろうが、職業差別だとでも思ったのか。
・居酒屋で誰も喫煙していない。これ、ダメ映画。
・ダメだダメだ言うわりに、どうダメなのか分からない。ダメだという前提をムリにこしらえてそれによりかかっている。「中の下」とかいうが、「中」じゃなくて「下」ではないのか。一億総中流幻想みたいなものに媚びている。それに、こういう暮しをしている人はいくらもいる。
・中盤以降、感動させようという意識が空回りしている。子供を使うあたりがあざとい。

始まりの現象
意図と方法
エドワード・W・サイード　山形和美、小林昌夫（訳）
法政大学出版局／一九九二年
おすすめ度：★☆☆☆☆

意味不明ですね（二〇一一年二月二十六日）

邦訳が出る前に英語で読んだけれど完全に意味不明な本でした。ただ「beginning」という言葉をめぐって、とうてい首尾一貫しているとも、方法的な方針が立っているとも思えず、哲学的な思弁をああでもないこうでもないとだらだらだらだら書いただけの本。完全に無価値、だと言っていいでしょう。

仮面の男
アレクサンドル・デュマ　石川登志夫（訳）
角川書店／一九九八年
おすすめ度：★★☆☆☆

うん？（二〇一一年二月二十八日）

『モンテ・クリスト伯』は傑作、『三銃士』もそれなりに面白かったが、これは「ダルタニヤン」シリーズの最後で、四人の銃士が死ぬまでを描く。元の題名はアトスの息子の名で、これはその後半部分。「鉄仮面」こと、ルイ十四世の双子の兄は、当初入れ替えに成功するがすぐばれて幽閉されてしまい、それっきりなので、中身は全然「鉄仮面」ではなく、映画『仮面の男』はかなり脚色したオリジナルである。

ルイ十四世の最盛期へ至る、コルベールの台頭期に、四銃士がからむのだが、面白いかといえばちと微妙である。これならむしろ、フランス史に忠実な小説でも読んだほうがいいのではないかと思ってしまった。

影をなくした男
シャミッソー　池内紀（訳）
岩波書店／一九八五年
おすすめ度：★★☆☆☆

面白くなかった（二〇一一年二月二十八日）

まあ、一世を風靡したというユゴーの『エルナニ』が今読んでも面白くなく、ウォルター・スコットが大して日本では読まれていないのと同様、ロマン派文学というのは今ではあまり面白いものではない。ドイツ・ロマン派はホフマンがいるからまだいいように思うが、これなんか読むとやっぱりロマン派って埋もれた文学だなと思う。お伽噺みたいなもので、特段の面白さはない。『ほら男爵の冒険』なんかは面白かったのだがね。

ペドロ・パラモ

フアン・ルルフォ　杉山晃、増田義郎（訳）
岩波書店／一九九二年
おすすめ度：★★☆☆☆

文学はジグソーパズルか？（二〇一一年三月五日）

うーんうふふ。普通に読んでいくと混乱するが、実は時間がばらばらの断片から成っていて、再構築すると見えてくるというわけだ。しかし、そういう仕掛けに何の意味があるのかね。パズルを解いて、それが何か？　という感じではあるまいか。ほかに本がなくて暇をつぶすためにはいいかもしれないが、そういうことって文学の質の高さと関係あるのかね。一つくらい疑問を投げかけるのがあってもいいだろう。

夢の浮橋

倉橋由美子
中央公論新社／二〇〇九年
おすすめ度：★★★★★

かなりいいのだが（二〇一一年三月五日）

倉橋由美子の反私小説的な作法《さくほう》にあきたらない私だが、これは面白い風俗小説なのである。いわゆる山田桂子シリーズの最初だが、ジェイン・オースティン的ともいえる。現代日本を舞台にしつつ、結婚の相手は同じ階層の者であれば、取り換え可能だということを示して、恋愛結婚至上主義を痛烈に皮肉っているのである。倉橋の再評価は、この作品から始まるべきだと思うが、もう品切れなんだな。

漂砂のうたう

木内昇
集英社／二〇一〇年
おすすめ度：★★☆☆☆

娯楽性を犠牲にして藝術を狙ったもの（二〇一一年三月七日）

みなさん、あれでしょう。何か凄い小説な気はするけど、面白いのかなあ、というところじゃないですか。文章が独特で、泉鏡花をちょっと現代風にした感じ。明治十年の根津遊廓という、まあ坪内逍遥の妻関係で知られる題材ですが、それよりちょっと前、時代風俗をよく勉強して入れ込んでいるが、勉強の痕跡が見えてしまって、ちと鼻につく（しかし『遊女の文化史』が参考文献にあがっているけど、何か関係あるのかな。なおマリア・ルス号事件が娼妓解放のきっかけというのは俗説）。主人公は幕府御家人の次男でその身分を隠している。三遊亭圓朝の芝居噺が仕掛け。お職の花魁がヒロイン。だが主人公が恋をするわけではない。いくら幕府が瓦解したって御家人の子が女郎屋で働くものか。また、若い男なのに、性欲がどう動いているのか、ほとんど分からない。筋は、あることはあるが、謎めいていて、根津遊廓程度でこんなに厳しく体裁を気にするものか、分からない。褒められるために書いた小説という感じが強く匂う。まあそれが直木賞テイストですかね。

先生のお気に入り
監督：ジョージ・シートン　出演：クラーク・ゲーブル、ドリス・デイ
パラマウント ホーム／二〇一〇年
おすすめ度：★★★★☆

ナイスなラブストーリー（二〇一一年三月七日）

ベテラン新聞記者のクラーク・ゲーブルが、大学で新聞記事の書き方を教える教授のドリス・デイのゲスト出演を断る。ゲーブルは中卒で、新聞記者は経験が大切で学問など不要だと思っている。しかし上司から行ってくるよう言われたゲーブルは、教授が若くて美しい女性であることに驚き、身分を偽って聴講生となる。彼が書いた記事はドリスに絶賛される。次第に惹かれあっていく二人だが、ここに心理学教授が現れ、ドリスとデートしているので、ゲーブル、鼻を明かしてやろうと割り込むが、心理学者は何でも知っているのであった。

というウェルメイドなラブストーリーで、大変結構である。ドリス三十八歳、ゲーブル五十七歳である。

坪内逍遥の妻
大八幡楼の恋
矢田山聖子
作品社／二〇〇四年
おすすめ度：★★☆☆☆

新資料なし（二〇一一年三月十二日）

坪内逍遥の妻センは、根津遊廓の娼婦だった。藝者を妻にした政治家・文学者は何人もいるが、娼婦を妻にしたのは明治では逍遥だけである。だが、逍遥がそのことについて細かに記した文書は、没後焼き捨てられてしまった。従って新資料がなければ、こういう本は意味がないのだが、案の定、従来の逍遥伝を綴りなおしただけである。ただ、大村弘毅の伝は古すぎるし、津野海太郎のものはふざけ過ぎているから、新規の逍遥伝として見ればよいのかもしれない。

フランス文壇史
第三共和国時代
河盛好蔵
文藝春秋新社／一九六一年
おすすめ度：★★★★★

一八七〇年から第一次大戦後まで（二〇一一年三月十二日）

読売文学賞受賞の著書である。一八七〇年普仏戦争の敗戦から、第一次大戦後までのフランス文壇史であり、ある程度フランス文学を読んだ人でないと面白くないかもしれないが、はじめはユゴー、フロベール、マラルメなどが登場しつつ、後半になると、ペギー、ロティ、バレスといった、あまりなじみのない名前から、プルースト、ラディゲまでが登場し、ゴンクール賞の創設と経緯あたりで擱筆されている。文壇史なので、作品に深入りすることなく、ノワイユ夫人が男たちを狂わせるさまとか、作家同士の嫉妬や反目、あるいは今も変らぬ、アカデミー入りのための運動や、受賞作、新人売りだしの手法などが分かり面白い。もちろん、その後の研究で改められたこともあろうが、ラディゲ『肉体の悪魔』の実話性については、江口清のラディゲ伝『天の手袋』が詳しい。

作家マゾッホ愛の日々
フィリップ・ペラン　黒主南（訳）
富士見書房／一九八二年
おすすめ度：★★★★★

名作ポルノだと思う（二〇一一年三月十八日）

タヴィアーニ兄弟のさらに弟が作った映画に触発されて書かれたもので、作者も訳者も正体不明だが、ワンダと呼ばれるマゾッホの妻の、少女時代の性の目覚めからを描いて秀作である。

トイレット
監督：荻上直子
出演：もたいまさこ、アレックス・ハウス
ポニーキャニオン／二〇一一年
おすすめ度：★★☆☆☆

ばーちゃんはトイレで喫煙していたのでは（二〇一一年三月二十一日）

庭のテーブルでばーちゃんが喫煙する場面がある。多分家の中では禁煙だったのだろう。だからトイレで密かに吸って、出てきて「自由に吸いたい」とため息をついていたに違いないのである。と深読みさせるための喫煙シーンならなかなか楽しいが、パニック障害の症状って現実とはちょっと違う。子供たち三人にしたって、もうちょっと、性欲はどうなっているのか、とか気になるところで、そういうところは見たがらない人にはいい映画かもしれないが、私には退屈だった。この監督はいつもそうだが。

ラデツキー行進曲

ヨーゼフ・ロート　平田達治（訳）
鳥影社ロゴス企画／二〇〇七年
おすすめ度：★★★★☆

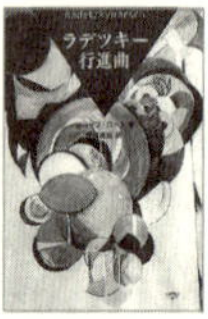

君主国へのノスタルジー（二〇一一年三月二十四日）

私は柏原兵三訳で読んだ。すみません平田先生。一八五九年のソルフェリーノの戦いで、双眼鏡を手に立ちあがった二十九歳の皇帝フランツ・ヨーゼフ一世を押し倒し、敵の銃弾から救ったために、男爵に叙せられたヨーゼフ・トロッタ。時代は過ぎ、その息子の郡長と、孫の少尉カールを主人公として、高齢を保って第一次大戦中の一九一六年まで生きた皇帝と、ハプスブルク家のオーストリア帝国の落日を描く。ユダヤ系の作家ながら、旧帝国の時代にノスタルジーを感じ王党派となりカトリックとなったロートの代表作である。小説作法は既に古めかしく、あたかもリヒャルト・シュトラウスの『ばらの騎士』のような時代錯誤でもあり、また飛ばし読みが出来ない。しかしこれが最高の作だとすると、ほかのを読む気にならない……。

落語評論はなぜ役に立たないのか

広瀬和生
光文社／二〇一一年
おすすめ度：★★☆☆☆

立川流の宣伝文書か？（二〇一一年三月二十六日）

題名と、折り返しにある文章に興味をひかれたのだが、著者は、寄席へ行っても面白い落語家に遭遇するわけではない、と言う。それはいいのだが、だからといって、過去の名人を勧める人を罵倒に近い表現であしらうのは筋違いではないか。恐らく敵は京須偕充なのだろうが、後半はこれまでの著書と同じく、立川流および小三治など著者の好きな現存の落語家の礼讃になってしまい、やはりそれらを生で見ろ観ろということになるのだが、寄席などない地方の人のことを考えていない。これは昨今の現場主義落語評論家の通弊である。それなら、CDで昔の名人を聴くことを勧める京須のほうが良心的なのである。それに著者は、まるで落語評論家がみな立川流を敵視しているかのように言うのだがそんなことは全然あるまい。立川流ほど今絶賛されているものはないのではないか。二言目には、落語評論家とは現在の落語家の誰がいいかを教えるものだと断定するが、過去の名人を勧めて何がいけないのか、分からない。ただ京須偕充らを攻撃するための書物のように見える。

まことに残念ですが…不朽の名作への「不採用通知」160選
アンドレ・バーナード　木原武一（監修）、中原裕子（訳）
徳間書店／二〇〇四年
おすすめ度：★★☆☆☆

まことに残念ながら（二〇一一年三月二十七日）

人々はこの本の宣伝文を見て、あんな名作や大作家が原稿を没にされた、そのさまを知りたくて手にとるだろう。ところが、宣伝文に挙げられているごく一部を除いては、聞いたこともない作家やら、大作家だがその初期の作品で、日本で邦訳すら出ていないようなものがほとんどである。たとえばベケットの『並には勝る女たちの夢』など、この文庫版が出るまでには邦訳が出ていたのに、編集部ではそれに気づいていないらしい。あと、フォークナーやロレンスなど、当時としては暴力的、性的に過ぎたといった例は、格別驚くにはあたらない。中には一応邦訳が出ているものもあるが、私などは、編集者が拒絶したのも理解できるといった類が多い。実際には、数十社から断られたが出したらベストセラーになる、などということは稀有なことなのであって、これから原稿持ち込みをしようとしている執筆者志願の若者を妙に勇気づけたりしないことを祈るばかりである。

近代日本における女同士の親密な関係
赤枝香奈子
角川学芸出版／二〇一一年
おすすめ度：★★☆☆☆

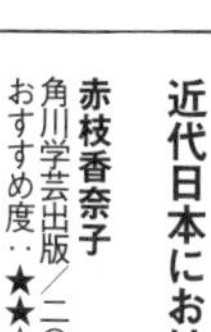

五千円も出すほどのものではない（二〇一一年三月二十八日）

五千円も出すほどのものではなかった。

とにかく序論から、近代になって恋愛は出来ただの、恋愛の起原はトゥルバドゥールだのと古臭い今では無効の説を展開して、佐伯順子だのデビッド・ノッターだのギデンズだの柳父章だのいつもの顔ぶれで感心しない。水野尚なんてトンデモ本の類まで参照されている。

で、本論は『青鞜』における尾竹紅吉とか、『番茶紅』とか、性科学とか吉屋信子とかになっていくのだが、さして新味はない。それに、なんで中条百合子と湯浅芳子を無視するのだ。社会学というのはいかんものだというのは、ギデンズにとらわれ過ぎである、ということが大である。「近代」と限定して、近代しか見ずに話を進めるから偏るのであって、『わが身にたどる姫君』とかを参照しても罰は当たるまいと思うのだが、博士論文だから慎重になったのか、といえば、そうとも言い切れない。

江の生涯
徳川将軍家御台所の役割
福田千鶴
中央公論新社／二〇一〇年
おすすめ度：★★★★★

稀に見る名著（二〇一一年四月一日）

福田千鶴先生はかねて尊敬する歴史学者だが、『江の生涯』（中公新書）はどうせ大河ドラマ便乗本だろうと思っていたら、配役宝典ののよりんさんが、なかなか刺激的な内容だというので読んでみたが、これは凄い名著であると思った。

刺激的というのは、浅井江について、佐治一成との婚姻は約束だけで実際には輿入れしていなかったとか、かねて江の実子とされていた徳川家光、東福門院和子は江の子ではないと推理した点だが、そうした点、あるいは読物としてのまとまりの良さに加えて、一次史料に依拠してのいつもの福田節とも言うべき緻密な書きぶりが素晴らしい。

日本における日本史学者の優秀な人の書くものを読むといつも、文学とか社会学とかの一部がいかに恣意的で感想文的でイデオロギー的であるかを痛感し、恥ずかしくもなるのだが、歴史学だって、権門体制論か東国王権論かなどといった空理空論のもてあそびをしているしイデオロギー的なものはある。

福田著はそういうものとは無縁である上に、歴史学研究入門的にも読める。それでいて、無味乾燥にも陥らず、読んで面白く、飛ばし読みが出来ない。武家社会における人質についての考え方とか、福田氏の持論である妻妾制度についての細かな考察など、読みどころ十分である。最後に、とりあえずみたいに、江のひととなりについて纏めているが、それも実証史学の矩を超えていない。

まあ、世間的に有名な歴史学者が結構いい加減だということもあるのだが、近ごろの名著と称してさしつかえない。

白日夢
監督：いまおかしんじ
出演：愛染恭子、西条美咲
ハピネットピクチャーズ／二〇一〇年
おすすめ度：★★☆☆☆

武智のよりはまし（二〇一一年四月三日）

まあ谷崎先生原作の映画なので観た。武智鉄二の映画は二つともひどいものだったが、これはまあ、サスペンス風にシナリオを作っていて、それはまあましなのだが、主演女優が美人でなければ意味のない映画だと思うのだが、美人とは言い難いし声はアニメ声だし、これでもうぶち壊しである。それに、私の見落としでなければ誰も煙草を吸わない無煙映画である。こういう時代の圧力に負けるような監督は信頼できんよ。

モテなくても人生は愉《たの》しい
森永卓郎
ＰＨＰ研究所／二〇〇八年
おすすめ度：★★☆☆☆

看板に偽りありだよなあ（二〇一一年四月五日）

実は森永卓郎自伝なのだが、最後のほうであっと驚くのが、二十五歳で結婚したということである。大学時代は百連敗していたなどと言っているが、専売公社の関東支部にいた人と結婚したそうで、それで『〈非婚〉のすすめ』は書くし、いいかげんにせえ。

落語の聴き熟し
噺の真意・人物の本音・演者の狙いを聴く
京須偕充
弘文出版／二〇一一年
おすすめ度：★★★★★

「芝浜」への疑念（二〇一一年四月十日）

なんか変なレビューが二つもついているが、もちろんまともな本である。近ごろの落語評論家連の、現在の落語家をちょうちん持ちよろしく絶賛する傾向を憂えて、落語はまず噺である、といくつかの具体例を挙げて論じた本である。その際に、過去の名人の藝を讃えたって、別に矛盾なんかしてはいない。京須が言っているのは、現在の落語家をむやみと持ち上げる連中のことである。もちろん現代にだって名人はいるが、だからといって過去の名人の録画録音を否定しなくてもよい。両方あっていいではないかということであるのは、普通に読めば分かることだ。中で感心したのは、「芝浜」が落語としては夫婦美談に持ち上げられ過ぎではないか、というところ。これはまったく同感である。まあ普通なら四点だが、変なレビューに対抗して五点。

行動経済学
感情に揺れる経済心理
依田高典
中央公論新社／二〇一〇年
おすすめ度：★☆☆☆☆

学者失格（二〇一一年四月十日）

人間はみな経済合理的に行動するわけではない、それを研究するのが行動経済学というものらしいが、果してそれは心理学以上のものなのか、という疑問はさておいて、この本はかなりひどい。依田という京大教授は、共著を出している後藤励とともに、なぜ喫煙がやめられないのかという問題を提起するのが好きである。ここにも一章を割いてそれが論じられているのだが、依田はひたすら、喫煙をやめることが正しい行動だという主張に固執し、社会の「リバタリアン・パターナリズム」による介入を勧めるのだが、その点で既にイデオロギーの押しつけになっている。のみならず、二〇一〇年刊行のこの本において、禁煙ファシズムに対する喫煙者らの激しい怒りが巻き起こっているという、まさにこの学問がとりあげるべき事実をまったく無視しているのだ。仮にタバコをやめようと思っていても、このようにタバコばかりが攻撃されたのでは、却って意地でもやめたくなくなるという「北風と太陽」の問題に、まじめに取り組んだらどうなのか。依田にせよ後藤にせよ、学者失格である。

　喫煙者ないし禁煙ファシズムの批判者は、読むと腹が立つから読まないほうがいい。

モブツ・セセ・セコ物語
井上信一
新風舎／二〇〇七年
おすすめ度：★★★★★

名著だよこれは（二〇一一年四月十二日）

さる「ポスコロ」の研究者が挙げていたので読んだ本だが、「ポスコロ」も、こういう本を学生に読ませたりするなら歓迎だ。ザイールの独裁者モブツについて、その始まりから終焉までを、過不足なく、きっちり描いていて、同時にカビラ独裁が始まるまでのザイール史にもなっている。ちと気になるのが「ですます調」で書かれていることだが、内容がいいからそれはいい。まあしかし執筆の時点で死んでいる昭和天皇を「天皇陛下」と書いていたりするのはご愛嬌だが、それも著者の世代ゆえであろうか。

　むやみと日本の近代史ばかり論じたがる連中が多い中で、こういうあまり知られていないアフリカの一国の歴史についての本は貴重である。

キャタピラー
監督：若松孝二
出演：寺島しのぶ、大西信満
ジェネオン・ユニバーサル／二〇一一年
おすすめ度：★★☆☆☆

長い（二〇一一年四月十四日）

　紛れもなく、江戸川乱歩「芋虫」の映画化なのだが、クレジットされていない。著作権的にいいのかという疑問があるが——。

　それを抜きにして見ると、とにかく不要に長い。原作が短編で、そう起伏のあるものではないからだが、戦時中の強姦シーンがしつこく出てくるし、バケツリレーの場面とか、その他無意味に長い場面が数多く挿入される。とても二時間近くもたせる内容を持っていないのだから、一時間でまとめれば良かったのだが、劇場公開映画ではそれも難しいのか。

鬼怒川
有吉佐和子
新潮社／一九八〇年
おすすめ度：★★☆☆☆

方言が間違っている（二〇一一年四月十六日）

内容については、『紀ノ川』以来の、女の生涯もののひとつであって、特に言うことはない。しかし困るのは、舞台となっている結城地方の方言が間違っていることである。藤澤周平の長塚節伝記小説『白き瓶』もそうだったが、あの地方で「がす」などといった語尾はない。有名作家なのだから、その地方出身者の校閲を仰ぐなどしてほしかったと思う。

氷島の漁夫
ピエール・ロチ　吉氷清（訳）
岩波書店／一九七八年
おすすめ度：★★☆☆☆

過去の遺物かなあ（二〇一一年四月十六日）

『お菊さん』で知られるロティの代表作。昔は絶賛されたらしいが、筋は表紙に書いてある通りで、あと自然描写がまあ、いいかもしれないが、特段すばらしいとは思わない。普通の小説という感じで、過去の遺物のような気もする。

キルプの軍団
大江健三郎
講談社／二〇〇七年
おすすめ度：★★★★★

大江健三郎の一人勝ち（二〇一一年四月十九日）

あまりに素晴らしいので驚いている。大江の次男をモデルとし、語り手として、高校生の少年が、小説家である父、障害のある兄などとともにあって（娘はここではいない）、警官である叔父さん（これも実在）を交えて、ディケンズの『骨董屋』を英語で読んでいる。キルプは、その登場人物である。なお『骨董屋』は、『少女ネル』などの題で子供向けに訳されてもいるし、アニメ化されたこともある。完訳は北川悌二のものが七三年に出ているのだが、大江はこれは参照しなかったようで、誤訳を指摘されたということが、私が読んだ同時代ライブラリー版のあとがきに書いてある。

少年はオーちゃんと呼ばれているから、治とかいうのだろうか。兄は光である。この辺の、まるで私小説のように実際の名を出して、読者の想像力を刺激するのが、大江の巧みさなのだが、内容は全体としてはフィクションで、少年が知りあった原という映画監督と、その伴侶のような、元サーカスの一輪車乗りでヤマグチ百恵という女性などで、その『骨董屋』のヒロイン・ネルと、ドストエフスキーの『虐げられた人びと』のネリーを混ぜ合わせた映画を作ろうとしている。原という人はかつて左翼の過激派に属していたというから、土本典昭あたりをモデルにしているのか。だが、最後にフィクションでしかありえない事件が起きる。西洋の文学作品、しかもあまりメジャーでないものを核にして小説を書くというのも大江が時どき使う手だが、明らかに純文学で、しかし面白く、また一九八〇年代以降盛んになった、通俗小説仕立ての純文学とも違ってまったく独自の世界になっている。実に一九七〇年代以降の日本文学というのは、大江ひとりがあまりに圧倒的だという奇観を呈している。大江のマイナー作品ひとつに、全作品をもって立ち向かっても及ばない純文学作家（世間的には大物）が何人もいるのだから。

賜物　全二冊
ウラジーミル・ナボコフ　大津栄一郎（訳）
福武書店／一九九二年
おすすめ度：★★☆☆☆

仕方のないことだ（二〇一一年四月二十日）

ナボコフといえば『ロリータ』で知られるが、私が予備校生の頃、その新潮文庫版が出るまで、ナボコフの文庫版というのはなかった。だがそれから続々と出始め、世間でもナボコフを二十世紀最大の文学者のように言う人が増えた。それで私も文庫版が出るとさっそく買ったものだが、読み始めてすぐ挫折した。『ヨーロッパ文学講義』などは面白いのだが、この徹底的前衛ぶりは私にはムリ。それから十八年たって沼野充義の新訳が出たので、改めて読み始めるために、この作の主人公が伝記を書いているチェルヌイシェフスキーの『何をなすべきか』を読み始めたが、つまらなくて挫折。とりあえず梗概だけ把握して臨んだが、やっぱりダメだった。社会主義とかロシヤとかいうものへの興味がないし、とにかく前衛的で断片的だ。大学院の授業で精読するにはいいテキストだろうが、普通に読んで楽しめるものではない。では英語で読むかといえばそれほどの興味も惹き起こされない。仕方のないことだ。

夢幻の山旅
西木正明
中央公論社／一九九四年
おすすめ度：★★★★★

ノンフィクション小説作家・西木正明（二〇一一年四月二十三日）

辻まことの伝記小説だが、前半は辻潤のことも描かれている。新田次郎文学賞受賞作だが、直木賞作家・西木正明の、ノンフィクション小説作家としての実力は、あまり知られていないようで残念だ。

辻潤、伊藤野枝の間に生まれ、母を早く失った辻まことの、数奇な生涯が過不足のない筆致で描かれている。なかんずく、その華やかな女性関係。武林無想庵の娘のイヴォンヌ、その他、子供を産ませた女は四人に及ぶ。竹久夢二の息子とか、矢内原伊作の女をとってしまう話とか、興趣が尽きず、面白いことこの上なしだ。しかし、題名が地味すぎて損をしている気もする。

スプリング・フィーバー
監督：ロウ・イエ
出演：チン・ハオ、チェン・スーチョン
アップリンク／二〇一一年
おすすめ度：★★☆☆☆

なんか変（二〇一一年四月二十五日）

妻は教師、という男に、美青年の恋人が出来た。妻は怪しい男に夫の追跡を頼み、それをつきとめるが、知らずにその恋人を妻に紹介する夫。妻は荒れ狂い恋人の職場まで押しかける。しかし今度はその探偵男が、女の恋人がいるのにその美青年とできてしまう。夫は自殺。なんでこの探偵までバイセクシャルだったりするのか謎。

それとタルコフスキーみたいに、何の動きもない場面を延々と長回しで撮るから退屈する。

あした
監督：大林宣彦
出演：高橋かおり、林泰文
パイオニアLDC／二〇〇一年
おすすめ度：★★★★★

美少女がたくさん（二〇一一年四月二十五日）

大林宣彦の作としては「ふたり」に匹敵するものである。原作は「ふたり」と同じく赤川次郎『午前0時の忘れもの』だが、実にロマンティック。それが中途半端にロマンティックなのじゃなくて、超自然現象あり、田舎町なのに出てくるのは美少女美人ばかりという徹底した非現実性がこの作品のいいところだ。高橋かおりのヌードもふんだんに見られるし、ただまああまりに「男向け」映画なので、女受けは悪いかも。

アース
監督：アラステア・フォザーギル
ギャガ・コミュニケーションズ／二〇〇八年
おすすめ度：★★☆☆☆

お子ちゃま向け？（二〇一一年四月二十六日）

ライオンや北極熊が獲物を捕えても、その場面で終わり。その先のむしゃむちゃ食う場面を期待していると肩透かしを食らう。交尾の場面などもなし。要するにお子ちゃま向け。それに、実際には疑わしい地球温暖化の話でまとめるあたりは感心しない。きれいごとばかりである。あまり大人の観るものではない。白クマのところは『ポーラベアー』と似ているが、あっちの方がずっと良かった。

僕が本当に若かった頃
大江健三郎
講談社／一九九六年
おすすめ度：★★★★☆

私が大江から遠ざかっていた頃（二〇一一年四月二十九日）

……に出たもので、今さら読んだが、実はやはり良かったのであった。配列に難があって（ただし私は単行本で読んだ）、最初の二編ほどは随筆風であまり感心しないが、世評の高かった「ベラックワの十年」「僕が本当に若かった頃」などがすばらしい。構成はまるっきり私小説で、しかし中身はフィクション、どこまで事実だか分からないという、大江マジックが堪能できる。なかんずく、東大時代のことなどを描いた「若かった頃」と、「グミの木序」などは、田舎の高校から大学に入りたての大江の様子がかいま見られて興味深い。

ウルトラマンゼロ THE MOVIE
超決戦！ベリアル銀河帝国
監督：アベユーイチ　出演：小柳友、濱田龍臣
バンダイビジュアル／二〇一一年
おすすめ度：★☆☆☆☆

またひとつ汚点（二〇一一年四月三十日）

ウルトラシリーズというのはいろいろ汚点がある（タロウとか）。また一つ汚点が増えた。ゼロというのは、セブンの息子で、やや悪人顔。戦う相手はベリアル。地球は全然出てこないで、ベリアルに襲われていたさる星で兄弟を助けてその兄のほうにゼロが乗り移る。お姫様エスメラルダ（土屋太鳳）とか、その他、ミラーマン、ファイヤーマン、ジャンボーグAを思わせる味方キャラが出てくるが、結局は宇宙を舞台としてバトルするだけ。お子ちゃま向けとしか言いようがない。人間ドラマはなし、概して『スターウォーズ』であってウルトラではない。

赤めだか

立川談春
扶桑社／二〇〇八年
おすすめ度：★★☆☆☆

身内で褒められ過ぎだわな（二〇一一年五月二日）

刊行当時、ずいぶん評判になった本で、講談社エッセイ賞をとっている。しかし何かうさんくさいものを感じて読まずにいたが、いざ読んでみたらやっぱり当たっていた。最後のほうを除いては、よくある前座、落語家の苦労話で、落語界を描いたものなら円丈の『御乱心――落語協会分裂と、円生とその弟子たち』とか、笑福亭松枝の『ためいき坂、くちぶえ坂』のほうがずっと面白い。特にこれの場合、著者が成功者だという前提で描かれているから鼻につく。二人はいつの間にか消えているし。要するに『en-taxi』一派が持ちあげたわけで、福田が絶賛し坪内が賞をやる、という構造だというのが見え見え。

褒められ過ぎなければそれなりにいい本だったのだが、その分一点差し引きである。

ナスレッディン・ホジャ物語　トルコの知恵ばなし

護雅夫（編訳）
平凡社／二〇〇八年
おすすめ度：★★☆☆☆

訳文が凝り過ぎであるとか……（二〇一一年五月九日）

ナスレッディン・ホジャといえば、トルコの一休さん、トルコの与太郎など、笑い話を一身に体現した人物である。私も子供の頃少し読んだが、これは大人向け完全版といえようか。解説は詳しくてよろしい。しかしその本文が、大阪弁をおかしくしたみたいな珍妙な文体で訳されている。こなれていて読みにくくはないが、あんまりこり過ぎているのでだんだん嫌になってくる。ホジャの笑い話は落語と似ているものも多いので、比較文学の材料としてはいいのだが、あまり多いと、だんだん同工異曲、飽きてくる。普通にホジャの笑い話を楽しみたいのであれば、『ホジャの笑い話〈1〉トルコの民話』（ハルク叢書）のほうがいいだろう。いや、これも労作ではあるのだが……。

憲法とは何か
長谷部恭男
岩波書店／二〇〇六年
おすすめ度：★☆☆☆☆

とても学問とは思えない（二〇一一年五月十三日）

東大の憲法学というのはこういうものかと唖然とする。全編、九条護憲のためにあれこれと珍妙な理屈を並べているだけ、と言っても過言ではない。九条を改正しなければ、北朝鮮と小競り合いになった時に自衛隊員が相手を射殺したら殺人罪に問われてしまうわけだが、それについて著者がどう考えているのか、まるで分からない。

菩提樹
丹羽文雄
新潮社／一九七〇年
おすすめ度：★★☆☆☆

読み通すのはつらい（二〇一一年五月二十二日）

丹羽文雄の父が浄土真宗の僧侶で、妻の母と密通しており、ために妻が逃げだしたことは丹羽が書いている。これはその父を視点人物とした半私小説だが、長すぎる。繰り返しが多いし、フィクションの部分も興を殺ぐ。

十三人の刺客
監督：三池崇史
出演：役所広司、山田孝之
東宝／二〇一一年
おすすめ度：★☆☆☆☆

歴史を誤解させる残酷映画（二〇一一年五月二十三日）

オリジナル版はまだましだったが、これはひどい。徳川時代というのは、こんな暗君が大名をやっていられる時代ではないし、ましてや老中になどありえない。オリジナルのほうは、まだ「時代劇」レベルだったが、これはもう残酷シーンだらけのひどいものになっていて、なんで評価されたのか不思議である。

こんな主君がいたら「押し込め」か、隠居間違いなし。

どぶ
監督：新藤兼人
出演：乙羽信子、宇野重吉
角川書店／二〇〇一年
おすすめ度：★★★★☆

謎の低評価（二〇一一年五月二十四日）

公開当時のキネ旬では十九位なのだが、不思議だ。ベストテンに入っていてもおかしくない名作である。山本周五郎原作かと勘違いするが、乙羽信子の汚れ役も、殿山泰司らの底辺の男らの描写も秀逸である。ただ、後半がだれる。哀話仕立てにしない結末のほうがよかった気はする。

夫の始末
田中澄江
講談社／一九九八年
おすすめ度：★★☆☆☆

これはいったい……（二〇一一年五月二十六日）

女流文学賞、紫式部文学賞受賞作だが、読みにくいことおびただしい文章である。私小説で、夫（田中千禾夫）との三十年の生活をつづったものだが、何しろキリスト教徒の田中澄江は、結婚するなら童貞でなければいかん、自分以外の女と浮気などしたら殺す、という人である。しかも別の座談会では、避妊もいかんと言っていて、これでよく文学をやってこられた、というのと、夫はさぞ苦しかったろうと思う。だが、その、著者の「変」さが、おかしくて笑う（女流文学賞の選考委員にはそう言う人もいたが）という域に達していない。八十八歳という高齢をめでての功労賞だったのであろう。

わが星『OUR PLANET』
監督：柴幸男
出演：ままごと、三浦康嗣
play／HEADZ／二〇一一年
おすすめ度：★☆☆☆☆

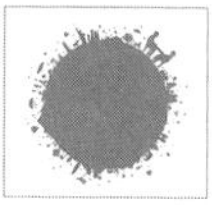

うるさい（二〇一一年五月二十九日）

岸田戯曲賞受賞作である。戯曲は読んでいたから、こうのべつ音が流れていたのではさぞうるさいだろうと思っていたら案の定、うるさくて耐えられず、内容どころではなかった。

騒音に満ち満ちている現代社会を楽しく思う人でなければ、とてもこれは楽しめないだろう。そういう意味では、ちょっと平田オリザを見直すくらいであった。

ばかもの
監督：金子修介
出演：成宮寛貴、内田有紀
TCエンタテインメント／二〇一一年
おすすめ度：★★★☆☆

DQNの世界（二〇一一年六月五日）

原作を読んだ時は、いいと思ったのだが、そのうちわからなくなった。映画を観たらなお分からない。木に縛りつけて……という部分が、ある必然性をもって描かれているのではなくて、ただ恐ろしい行為を描きたくて描いたようにしか思えないからである。

あと前半の、妙に簡単にセックスできてしまう主人公というのが、感情移入できない。雰囲気も分からない。そう簡単にまとめるなと言われるだろうが、「ああＤＱＮの世界ってこうなんだろうな」というのが、たどりつく結論である。しかし純文学の映画化にしては、美男美女ばかり出てくるのは、違和感がでかい。すまん。

共同研究
ポルノグラフィー
京都大学人文科学研究所共同研究班
平凡社／二〇一一年
おすすめ度：★☆☆☆☆

一編の論文についての苦情（二〇一一年六月五日）

私の名前が出てくると聞いて、書店にあったので立ち読みして、たまげた。私の名は一か所だけ、沖縄大学准教授の圓田浩二という者の論文に出てくるのだが、圓田は立命館大卒、関西学院大で博士号をとっており、フィールドワークによって、「援助交際」をしているのは女子高生は多数ではない、ということを発見したらしい。それで、援助交際を女子高生がするものとした、私と永田えり子の、九〇年代末の文章からちょこっと引用して、「学者という肩書を持つ者でさえ」そんなことを言っていたと非難がましく書いているのだ。

いや、どこまで人間が卑しいのであろうか。私や永田の論は、『制服少女たちの選択』を書いた宮台真司に対応したもので、「制服少女」が女子高生以外の何であるのか。つまり、援助交際は女子高生がやるものだというのは、誰が言い出したかは知らね、「学者という肩書を持つ者」としては、宮台が大前提として置いたもので、しかもその当時、そんな不良少女の売春なんてのは昔からあった、という批判に対して、いや、学校でも成績がいい子もやっているのだ、と宮台は反論していたのだ（しかしこれは反論にはなっていない。不良少女は頭が悪いなどということは前提になっていないからだ）。

つまりこの圓田というやつは宮台派で、当時宮台を批判した私や永田に嫌がらせをするために、こんなことをしているとしか思えないのである。

男の絆
明治の学生からボーイズ・ラブまで
前川直哉
筑摩書房／二〇一一年
おすすめ度：★☆☆☆☆

間違いの多いものである（二〇一一年六月五日）

全体としては、ゲイ解放運動の本だが、学問的によくない。佐伯順子や柳父章の、すでに私が批判しきった「恋愛」に関する説を踏襲している。そのくせ赤川学の本も見ているのだから妙だ。用いる資料に偏りがあって、近代の小説類が多い。

一番の問題は、セジウィックが『男同士の絆』の冒頭に書いた、ホモソーシャルはミソジニーだがホモセクシャルは違うという説を引き継いでしまっていることである。セジウィック自身がこの点については、後のほうでは、ホモセクシャルとホモソーシャルの境界は明確ではないとしている。ただ前者は、フェミニズムとゲイ解放運動の「連帯」を示唆しているため、強調されている。その結果前川は、「男の絆」(ホモソーシャル)からは、女とゲイが排除された、としてしまう。だが、ゲイの世界に強いミソジニーがありうることは、今では常識である。このことをあえて無視して議論は進んだ、と見えた。

そして最後に、日本は同性愛に寛容な国だというのは嘘だという。オバマは勝利演説で、白人も黒人も、ゲイもストレートも、と言ったが、日本でそういう政治家はおらず、石原慎太郎のような差別的な政治家がいるだけだ、テレビなどでゲイは「からかい」の対象として出てくるだけだ、と言う。

これは間違いである。西洋では同性愛はキリスト教的な罪であり、同性愛者が殺害されることもあり、長い歴史の果てに、オバマがそう言っているだけである。おすぎとピーコや美輪明宏は、からかいの対象ではない。むしろ、日本であると海外であるとを問わず、女性同性愛こそが最下層に置かれている。この二つを切り離して論じることはできない。また仮に米国で石原のような発言をする政治家がいたとしても、それはむしろキリスト教原理主義者たちの大いなる支持を受けうるのである。

こおろぎの神話
和田芳恵私抄
吉田時善
新潮社/一九九五年
おすすめ度:★★★★☆

和田芳恵伝(二〇一一年六月七日)

直木賞作家にして編集者、樋口一葉研究家として昭和文学史に名を残す和田芳恵の、近傍にいた人物の手になる、私的伝記である。戦前は新潮社の編集者、戦時中に妻を亡くし、戦後も『日本小説』を創刊するが経営が破綻、借金取りから身を隠して数年、周囲には、豊島与志雄の子の豊島澂、野上彰といった人々が顕現する。そして女の影がさす。和田芳恵の後半生を描いたものとして、良いものである。

ビゼー
「カルメン」とその時代
ミシェル・カルドーズ　平島正郎、井上さつき（訳）
音楽之友社／一九八九年
おすすめ度：★★★★

ビゼー伝記にしてカルメン論ないしフランス十九世紀文化論（二〇一一年六月八日）

単に、日本語で読めるビゼーの伝記を探したつもりだったのだが、また異色作である。伝記的事項は最初に年譜の形でまとめられており、そのあとは、あの「ニューアカデミズム」風の文体で、ビゼーの結婚相手とその母親との確執と狂気が描かれ、ビゼーの母の死後九か月たってビゼー家の女中が産んだ私生児は実はビゼーの子であったとか、当時のオペラ界の様子から、フランスの政治史、そして『カルメン』がメリメの原作からいかに変貌したかを、才気煥発に論じ去り論じ来る。もちろん『カルメン』は音楽がいいのであって、リブレットをいくら分析しても、それは二次的なものに過ぎない。あと、さらりと読み流せる本というわけにはいかず、私としては略系図をつけてほしかったが、まあそれにしても、結構面白くて勉強になる本であった。

フランス軍中尉の女
監督：カレル・ライス　出演：メリル・ストリープ、ジェレミー・アイアンズ
20世紀フォックス・ホーム／二〇〇八年
おすすめ度：★☆☆☆☆

面白くも何ともない（二〇一一年六月十三日）

原作がまた長くて退屈なしろもので、二通りの結末があって、だから何なんだ、というもの。だいたいファウルズなんて三流作家である。それでこれが何で評価されたのか分からないのだが、映画も原作に忠実に退屈である。だいたい、劇中劇の構造なんて、今どきオペラの演出でまで取り入れられるが、だから何？　でしかない。そこへ、メリル・ストリープときたら、もう退屈なこと間違いなしである。私は若いころ、原作を読んだ時間がもったいなかったとさえ思っている。

修理屋
バーナード・マラムード　橋本福夫（訳）
早川書房／一九六九年
おすすめ度：★★★★☆

なかなか良いもの（二〇一一年六月十六日）

マラマッドは、今では『アシスタント』が代表作とい

うことで、私もそう思うが、『フィクサー』が原題のこれは、刊行当時高い評価を受けたものだ。日露戦争直後の政情不安定なロシヤで、妻に逃げられたユダヤ人が、一人キエフへ出て、ユダヤ人であることを言えないまま、ロシヤ人の下で働くことになるが、その娘から誘惑されたりする（この場面がいい）。しかし近所で子供の惨殺事件が起こり、ユダヤ人であることがばれた彼は逮捕され、その殺人犯に仕立て上げられようとする。ただ一人、冤罪の疑念を抱いて調査を進めていたロシヤ人は、公金費消の疑いで牢獄へ入れられ、自殺に見せかけて殺されてしまう。物的証拠が乏しいために、自白を迫る警察と、それを拒む彼に、裁判はなかなか開かれず、過酷な牢獄内での生活が二年も続く。カフカ風ともいえるが、よりリアルである。ただ、後半が長すぎるのが欠点で、それが『アシスタント』ほどの達成を今日認められていない原因であろう。

あかね空
山本一力
文藝春秋／二〇〇四年
おすすめ度：★★☆☆☆

エロス不足（二〇一一年六月十六日）

全選考委員の推薦で直木賞をとった長編だが、評価に迷う。時代考証はよくなされている。導入部もいい。だが、全体に妙にご都合主義だし、作者が「家族力」なんてものを書いていると、けっこうイデオロギー的なものかなと思う。あと江戸屋のおかみと相州屋のばあさんが親しいことを平野屋が知らないのはあまりに不自然といった傷もある。さらに、山本周五郎を思わせると言われると、なるほどと気づくのは、山周作品にただよう淫靡なエロスが欠けていることで、家族揃って安心して見られる時代ドラマみたいな感じ。

ラスト・オブ・モヒカン
監督：マイケル・マン　出演：ダニエル・デイ・ルイス、マデリーン・ストウ
ポニーキャニオン／二〇〇〇年
おすすめ度：★☆☆☆☆

色々な意味で最悪な映画（二〇一一年六月十八日）

だいたいこれは原作からして「？」な代物で、ただアメリカで初めてベストセラーになったということで有名なのである。アメリカ大陸へ白人が乗り込んで（占領して）争っていて、それに先住民が巻き込まれているわけだが、作の視点はあくまで白人にあって、一応先住民にも目配りをしているのだが所詮は脇役なのだ。それに筋がごてごてしていて分かりにくい。白人の女二人ってのがまたいかにも白人作家が書いたもので、九〇年代にもなってこんなもの映画化するなんて、というかするなら先住民視点から改変しなきゃとても観られた代物じゃないのだよ。

まんが医学の歴史
茨木保
医学書院／二〇〇八年
おすすめ度：★★★★★

とんでもなく面白い（二〇一一年六月二十五日）

いやー「まんが何とか」でこんなに面白いのはカゴ直利の大河ドラマもの以来だ。絵もうまいし構成もうまい。何かと汚く気持ち悪い場面を、実にかわいらしく描いている。西洋の歴史と日本の歴史との按分もいいし、著者自身を語るエッセイもいい。こんな医者がいていいのか。

とはいえ、医学史専攻の人によると、やはりこういう「ヒポクラテス—ガレノス—ヴァレリウス」というのは単純すぎるらしいので、あくまで参考程度に、娯楽として読んだほうがいいでしょうね。

白いリボン
監督：ミヒャエル・ハネケ　出演：クリスチャン・フリーデル、レオニー・ベネシュ
紀伊國屋書店／二〇一一年
おすすめ度：★★★☆☆

暗い、長い（二〇一一年六月二十六日）

白黒で、第一次大戦勃発前の、オーストリア帝国内の男爵が支配する荘園の町の陰惨な事件を描く。妻が死んだあと看護婦を性の相手にしながら、しまいにはお前には飽きたと、性のはけ口にしただけだと言う医師。牧師や教師といった人たちも、さまざまな陰湿な事件に、深く容喙しようとはしない。しかも長いから、途中で精神状態が悪くなって吐き気すら催した。

しかし、こうした前近代的な封建制度の社会は、戦争によって終わるだろう。戦争が人をこうした陰鬱さから解放することがある、という意味もまた含まれているのだが、これは自由に観るべき映画であって、評価が高いのが不思議だと思ったら、そう言えばいい。気持ち悪いと思ったらそう言えばいい。言いたいことの言えない世界が、この映画の世界なのだから。

マルセル・プルースト

エドマンド・ホワイト　田中裕介（訳）
岩波書店／二〇〇二年
おすすめ度：★★★★☆

いいけれどちょっと変（二〇一一年六月二十七日）

プルーストの簡便な伝記で、しかも『失われた時を求めて』の女たちが実際には男たちだったために、プルーストが恋した男たちが女の恋人をもつのがレズビアンになってしまう、といったことも解説した本。しかし、ちょっと変なところもあって、原著のせいなのか翻訳のせいなのか、「オペラ『ラ・トラヴィアータ』のもとになった『椿姫』の作者デュマ・フィス」といった説明は、切り捨ててもいいのではないか。「『政学』の略称で知られる自由政治学院」とか、元は何なのかと思わせる。それからどういうものか、アルフォンス・ドーデについて、今では全然読まれないみたいに書いてあるのも日本では変だし、『私の風車小屋からの手紙』は普通『風車小屋だより』なのだが、訳者が意図的にやったのかどうかが分からない。仏文専攻の人が英文を訳したわけだが、別にこれといった間違いはないものの、せめて英文学の人との共訳にして、訳注をつけても良かったのではないかと思う。

WALKABOUT　美しき冒険旅行

監督：ニコラス・ローグ　出演：ジェニー・アガター、リュシュアン・ジョン
ブロードウェイ／二〇〇四年
おすすめ度：★★★★★

隠れた名作か、児童ポルノか（二〇一一年七月五日）

一九七〇年前後のオーストラリア。父は娘と幼い息子を道連れに一家心中でもはかったのか。そこを逃れた姉と弟が放浪の旅に出る。そこで出会うアボリジニの少年。そして！　全裸で泳ぐジェニー・アガターが衝撃的。これは撮影が一九六九年で、アガターはまだ十六歳だったともされるが、現在の版では無削除。それはそれとして、文明と野生の対比の中に、文明批判が浮かび上がってくる、いくらか前衛的な映像。日本ではほとんど知られていない映画のようだが、名作かもしれない。児童ポルノ扱いされませんように。

ぬるい毒

本谷有希子
新潮社／二〇一一年
おすすめ度：★★★★☆

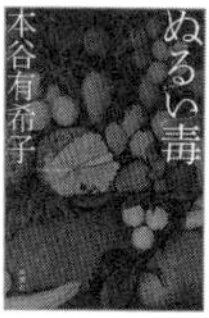

面白いではないか（二〇一一年七月八日）

恋愛がまるでスパイ小説みたいな心理的駆け引きになってしまっていて、大変面白く読めた。本谷有希子は映画や舞台も観ているし、いわば異常な人物を描くのが得意のようだが、これは後半でいくらか演劇っぽくなるが、やはり小説でしか描けないものがあるのではないか。

芥川賞候補作だが、あれはあまり面白すぎるととれない、ということもあるので、どうかと思うが、ぬるま湯みたいな恋愛小説よりはよほど面白いと思った。

王妃の離婚

佐藤賢一
集英社／二〇〇二年
おすすめ度：★★☆☆☆

このあと腕を上げるのだろう（二〇一一年七月十二日）

日本人が中世フランスの史実をもとに小説を書くというのは珍しい。辻邦生の『背教者ユリアヌス』なみである。仮にフランスの作家が同じ素材で書いたらとうてい勝てまい。

著者の大学院での専攻は修士が西洋史、博士が仏文学で、専門家とはいえない。ただ細かいことは知っているのだろうが、いかんせん登場人物が一向に十五世紀フランスの人間に見えなくて、現代の日本人に見える。中世フランスがある程度猥雑であったのはよいとして、主人公の昔の女へのこだわり方が、もろにハードボイルド小説の常套なのには退屈を感じる。それと、人と人との関係があんまり簡単に結びつきすぎであろうし、さあ有能弁護士登場というあたり、悪い意味でマンガ風である。しかし三十一歳の時の作品だから、この後もっと腕を上げていくのだろう。

名前とは何か なぜ羽柴筑前守は筑前と関係がないのか

小谷野敦
青土社／二〇一一年
おすすめ度：★★★★★

そりゃ匿名批判を批判している本だからなあ（二〇一一年七月十三日）

自分の本のレビューなど普通は書かないのだが、おかしなものがついているので自己防衛のために書いておく。本書は近ごろ研究が進んでいる武家官途についての関心に基づいて書いたもので、おおかたはそういった話なのだが、最後に、夫婦別姓論は家制度のためのもので、子供の姓はどうするのだといった野田聖子の無責任を批判し、匿名での批判を徹底批判している。日本のアマゾンレビューはなぜか匿名が多く、匿名で活躍する連中にはよほどこの部分が気に入らなかったのだろうと思う。

パララックス・ビュー
監督：アラン・J・パクラ　出演：ウォーレン・ビーティ、ヒューム・クローニン
パラマウント ホーム／二〇一〇年
おすすめ度：★☆☆☆☆

失敗作（二〇一一年七月十五日）

大統領候補の上院議員が暗殺される。観客はウェイターが撃ったのを見ているが、別の男が追われ、転落して死ぬ。主人公の新聞記者は三年後、この事件を改めて調べる。となると面白そうなのだが、それからあとが妙に凝り過ぎて、わけが分からないまま終わってしまう感じ。だいたいアラン・J・パクラって「大統領の陰謀」も愚作なんだ。ところでこの作品、当時のキネマ旬報でたった一人、六点を入れている人がいる。ほかはまったくなし。その一人が川本三郎である。

フランチェスコ
監督：リリアーナ・カヴァーニ　出演：ミッキー・ローク、ヘレナ・ボナム＝カーター
ハピネットピクチャーズ／二〇一〇年
おすすめ度：★☆☆☆☆

キリスト教徒でない者にはどうでもいい作品（二〇一一年七月十五日）

パゾリーニの「奇跡の丘」は、キリスト教に改宗しようかと思うほどすばらしかった。聖フランチェスコについては「ブラザーサン、シスタームーン」など前にも映画化されているが、これはとにかく長い。所詮はローマ教会の認可を受けた聖人だけに、キリスト教徒でない者（カトリックでないキリスト教徒はどうだか知らないが）にとっては、はなはだ退屈なしろものである。いったいに日本では、キリスト教徒でなければ分からないはずのものに感動してしまう人が多くて、それがまさに非キリスト教的なあり方である、という矛盾を改めて感じた。

妖獣都市
監督：屋良有作
出演：屋良有作、藤田淑子
ジャパンホームビデオ／二〇〇〇年
おすすめ度：★☆☆☆☆

俗悪。そういうのが好きな人向け（二〇一一年七月十七日）

海外のアニメにも影響を与えたというので見てみたが、もう俗悪だし、登場人物は類型的だし、観るに耐えない。や、こういう世界が好きだという人には受けるでしょうが、万人向けとは言えない。絵にも全然オリジナリティーがないし。

乱暴と待機
監督：冨永昌敬
出演：浅野忠信、美波
キングレコード／二〇一一年
おすすめ度：★☆☆☆☆

わけが分からない（二〇一一年七月二十二日）

もちろん能書きはある。本谷の他の劇とか映画とか小説とか知っていればその系譜上にあることは分かるが、これはいくら何でもわけ分からなすぎである。新しいものを作ろうとして見事に失敗した作品。

暗い流れ
和田芳恵
講談社／二〇〇〇年
おすすめ度：★★★★★

驚くべき名作（二〇一一年七月二十三日）

本来なら十点つけたいところである。なんで品切れになっているのか理解できない。自伝的小説といっても、これは恐ろしくエロティックである。前近代的な気風の残る田舎での、今から見れば乱れきった男女関係に、まだ少年の主人公が巻き込まれていく。女が背中に負うて小便をさせるのから始まって、少年少女が性器をこすり合わせる遊び、陰毛が生えたのを友達に見せたり、事故で死んでしまったその友達の母親が好きになって、それを察知した母親が少年にセックスの手ほどきをしたりする。地味な自伝小説だろうと思ったら大間違いである。

彩り河
監督：三村晴彦
出演：真田広之、名取裕子
松竹／二〇〇九年
おすすめ度：★☆☆☆☆

絵に描いたような駄作（二〇一一年七月三十日）

まるで一九六〇年代みたいな、銀行の融資がどうとかいう話にスナックのママとかがからむ大時代な映画で、ものすごい豪華キャストなのに、むしろこういう映画を松竹が作ってしまうという、その内幕のほうを教えてほしいと言いたくなるような、絵に描いたような駄作。名取裕子が登場するたびに、女声のハミング曲が流れるのはまるでギャグ。晩年の松本清張のダメさを強調したようなしろものだ。

ソーシャル・ネットワーク
監督：デヴィッド・フィンチャー　出演：ジェシー・アイゼンバーグ、アンドリュー・ガーフィールド
ソニー・ピクチャーズ／二〇一一年
おすすめ度：★☆☆☆☆

つまらん（二〇一一年八月九日）

単純に面白くない。なんでこんな映画が話題になったのかといえば、若くして成功した青年の話で、フェイスブックの話題性があるからだろう。しかしフェイスブックというのは英米人仕様にできているので、全然面白くない。やはり言語と文化にはけっこう壁があるようだ。

つぎはぎ仏教入門
呉智英
筑摩書房／二〇一一年
おすすめ度：★★☆☆☆

目新しいことはないのでは？（二〇一一年八月九日）

妙に他のレビューが高得点なので買ってみたが、別に目新しいことが書いてなかった、というのが本当のところである。冒頭に、第二次大戦が起きるまでは第一次大戦を第一次大戦とは言わなかった、とある。ここで、昭和四年の会話で「第一次大戦」と言わせた小林信彦の『うらなり』を皮肉っておけば、呉智英らしいのだが、それはない。キリスト以前にキリスト教はなかった、とか、言われてみればそうなのだが、なかなか気づかない例として挙がっているのだが、私には別に、何とも思われなかった。

本文のほうも、ある程度仏教について学んできた者には、特に新知見はないように思う。まあ呉智英といえば、同時代の論者をばったばったとなぎ倒すところが面白いのだが、歳をとって丸くなったのか、せいぜい大川隆法とかそういうのが揶揄されるだけで、呉智英節とも言うべきものは、見出せない。

スウェーデン女王クリスチナ　バロック精神史の一肖像
下村寅太郎
中央公論社／一九九二年
おすすめ度：★★★★★

隠れた名著（二〇一一年八月十日）

十七世紀のスウェーデン女王クリスティナの伝記である。哲学者・下村寅太郎がこんなものを書いていたのは意外だが、デカルトの晩年にスウェーデンに彼を呼び、風邪をひかせて殺してしまったとか、果ては「怪傑デカルト」のように、女王がセックスの相手にしてこき使ったため死んだとか、そんな話で知られるが、あとのほうはほら話。若くして、三十年戦争の英雄グスタフ＝アドルフの後を継ぎ、生涯独身で、まるで男のようで、三十年戦争を終結に導いた後は、退位してカトリックに改宗し、ローマ法王のもとで過ごした波乱の生涯を描いており、十七世紀ヨーロッパ史の勉強にもなる、いい本である。

怪獣大奮戦　ダイゴロウ対ゴリアス
監督：飯島敏宏
出演：犬塚弘、三波伸介
東宝／二〇〇五年
おすすめ度：★★★★

忘れられた名作（二〇一一年八月十一日）

「東宝チャンピオンまつり」で、『怪獣総進撃』を改題した『ゴジラ電撃大作戦』と、『パンダ・コパンダ』と併映された、円谷プロ作品。その時観て面白かったが、今回改めて観て、二度涙が出た。シナリオがいいのである。犬塚弘のキャラクターが実にいい。そして子門真人の主題歌が、二つともいい。子供によるナレーションがいい。

結局、ダイゴロウは勝つけれども、発明おじさんが作った遮断装置は、全然役に立たなかったのである。そこに漂う哀しみがいい。おじさんは成功者にもならず、姪の天地総子からも冷たくされる。小林昭二その他、わき役もいい味を出している。

冷たい熱帯魚
監督：園子温
出演：吹越満、でんでん
ハピネットピクチャーズ／二〇一一年
おすすめ度：★☆☆☆☆

僭越ながら、クズ映画です（二〇一一年八月十三日）

「クズ映画」。「愛のむきだし」がけっこう面白かったので、「自殺サークル」「紀子の食卓」とこれを観て、ああ、「愛のむきだし」は例外だったんだなあと分かった。

まあ人を殺して死体を解体するというような血がやたら出る、また性欲むきだしの人間どもが出てくるという、何と言うかDQNの世界を描いたとでもいおうか。しかしDQNだって現実にこんな状況に耐えられるのはかなり異常な人間で、もちろん異常な状況が一種の別の崇高性を帯びるということはあるわけだが、この映画にはそれはないな。要するに殺人を見た段階で警察へ駆け込んでいれば良かったのだよ吹越君、という感じしかしない。映画は二時間必要なので駆け込まなかったのかな、などと皮肉を言いたくなる。

小原庄助さん
監督：清水宏
出演：大河内伝次郎、風見章子
紀伊國屋書店／二〇〇六年
おすすめ度：★☆☆☆☆

ひたすら退屈（二〇一一年八月十五日）

よくこんな退屈な映画が商業ベースに載ったものだと呆れる。全然主役のキャラクターは面白くないし、まあいわば茶会とかそういうものに出た味わい（私は茶会に出たことはないが）というところか。

小説日本婦道記
山本周五郎
新潮社／一九五八年
おすすめ度：★★★★☆

直木賞辞退作（二〇一一年八月十六日）

山本周五郎が偉大な作家であることは今さら言うまでもないことだが、戦時中に連作として書かれた「日本婦道記」から、新潮文庫のために選んだのが、これである。特に前半部がすばらしく、二編ほどは読んでいて涙がにじんだ。封建道徳の下での婦道礼賛であるから、抵抗のある人もいるだろうが、決して無理に女ばかりが忍従するという構成にはなっていない。特に、岡崎藩を舞台としたものが多く、どの土地のいつごろの出来事かを、虚構ながらにおさえて書かれているのがいい。残念なことは、現代の作家でこういうものが書ける人がいないということで、もしいるというなら、教えてもらいたいとすら思う。まあそれは、山本周五郎と同程度に書けたら、それは大変なことなのだが……。

愛するとき、愛されるとき
監督：瀬々敬久
出演：江澤翠、河合龍之介
東映／二〇一一年
おすすめ度：★★★★☆

なかなか面白い（二〇一一年八月十八日）

ある種のポルノにあるような、性的犯罪のようなものの対象になった女が、自らその男を求めるようになるという、犯罪を助長するような内容であるとはいえるが、もともとこの姉妹がどっかおかしい、ということはあり、キム・ギドクほどの異常性の徹底はないけれど、猟奇的エロティック・サスペンスとしてはなかなか面白い。カメラワークも、不安をかきたてていてうまい。特に主演の江沢翠が、美人なのかそうでないのか微妙なところながら私にはたいへんようございました。父親がボケるには若すぎる気がするが、若くしてボケたってことかな。

エロスの祭司
評伝ピエール・ルイス
沓掛良彦
水声社／二〇〇三年
おすすめ度：★★★★★

力作伝記（二〇一一年八月二十一日）

専門家によると、細かい間違いが多いそうだが、私が気づくほどのことはなく、実に面白く読んだ。生涯に三千人の女と交わり、最後は性病や麻薬中毒で死んでいった詩人・作家の伝である。姓はフランス式に「ルイ」とすることもあるが、『女と人形』で知られる作家で、ドビュッシーを見出し、アンドレ・ジッドを悪の道へ引き入れ、アルジェリアから娼婦を連れ帰って愛人としていたとか、破天荒な生涯で、そういう方面の好きな人にはこたえられない面白さといえよう。

地の塩の人
江口榛一私抄
吉田時善
新潮社／一九八二年
おすすめ度：★★★★☆

凄絶な生涯（二〇一一年八月二十三日）

詩人の江口榛一が自殺したという新聞記事は、私が高校生のころ、新聞に大きく出た。むろん私はその名を知らなかった。「地の塩の箱」という、寄付したい人が金を入れ、必要な人がそれをとるという運動をしていた人だ。

これはその客観的伝記というより、戦後江口が『素直』の編集長だったころそこで働き、梅崎春生らと知り合った著者の半私小説的なもので、その分まとまりは悪いが、酒癖、女癖が悪く妻は自殺未遂、次女は自殺、妻はがんで死ぬ、貧苦とまことに壮絶な人生が描かれており一読に値する。

リオ・ブラボー
監督：ハワード・ホークス　出演：ジョン・ウェイン、ディーン・マーチン
ワーナー・ホーム・ビデオ／二〇〇一年
おすすめ度：★☆☆☆☆

ひたすら退屈（二〇一一年八月二十七日）

ハワード・ホークスというのは「赤ちゃん教育」が傑作なのに、それ以外の作品がつまらない。これもその一つ。娯楽映画なら娯楽映画らしく見せ場を作ってほしいものだが、延々と二時間以上、ほとんどただ待っているだけの映画。しかも主演女優は美しくないし、ジョン・ウェインのファンでもなければ面白くも何ともないだろう。

ワシントン・スクエア
ヘンリー・ジェイムズ　河島弘美（訳）
岩波書店／二〇一一年
おすすめ度：★★★★☆

旧訳よりいいとは言えない（二〇一一年八月二十九日）

かつて『女相続人』の邦題で映画化された際、角川文庫で蕗沢忠枝の訳が出た。これは品切れになって久しいが、こちらは新訳といっても十四年前のものだ。しかし、蕗沢訳よりいいとは言えない。妙に文章をやわらかくしようとして、ジェイムズらしくなくなっている。どうも岩波文庫はこのところ、今でも通用する旧訳を排して特に優れてもいない新訳を出す傾向があり、よろしくない。角川で蕗沢訳を復刊してほしいものだ。

原作はむろん名作であるが、『ロデリック・ハドソン』の新訳をむしろ出してほしい。

北条氏と鎌倉幕府
細川重男
講談社／二〇一一年
おすすめ度：★★☆☆☆

大言壮語の気味（二〇一一年八月二十九日）

「北条氏はなぜみずから将軍にならなかったのか」という、近ごろよく出される問いに、身分が低かったから、という答えがあるが、著者は、それは違うと言う。では何が出てくるのかと思ったら、その必要がなかったから、というのでは、別にそんなことは従来も言われてきたことの一つ、というより後退であって、拍子抜けである。惟康親王が源氏を名乗っていたことについても、著者はたいそうなことのように指摘はするが、だから何だということもない。征夷大将軍は源氏だなどというのは、後代になって出来た後付けの理屈でしかないことを理解していないらしい。あるいは、北条得宗専制はいつ始まったかなどと問うていろいろな説をあげるのだが、そんなものは次第に出来上がっていったと言えばいいのであって、議論自体が無意味。それにこの著者は「命題」を誤用している。博士号をもつ歴史学者としてはずいぶんレベルの低い著者だと思った。

ハタリ！
監督：ハワード・ホークス　出演：ジョン・ウェイン、ハーディ・クリューガー
パラマウント ホーム／二〇一〇年
おすすめ度：★☆☆☆☆

実にくだらん（二〇一一年九月一日）

なんでこんなに評価が高いのか理解できない。西洋人どもがアフリカへ出かけてお気楽な動物狩り。絶滅に瀕しているサイなんか狩っている。恋愛遊戯もひたすらバカバカしく、テレビのラブコメか、と言いたくなる。女優も別に美人じゃないし、なんでハワード・ホークスってのはこんなくだらない監督に成り下がったのだろう。

柳生一族の陰謀
監督：深作欣二
出演：萬屋錦之介、松方弘樹
東映ビデオ／二〇〇二年
おすすめ度：★☆☆☆☆

豪華キャストの荒唐無稽映画（二〇一一年九月五日）

冒頭いきなり、元和九年に徳川秀忠が死んだとくる。実際に死んだのはそれから九年後で、どうつじつまを合わせるやら。その上、そのあとナレーションで、大坂夏の陣から十四年、と言うのだが、元和九年なら八年しかたっておらん。で、駿河大納言に将軍を譲りたい秀忠を柳生但馬守が暗殺したとかで、忠長派と家光派がちゃんばらを繰り広げる。一六〇三年に念仏踊りを披露した出雲の阿国が若い女で出てきてそれが忠長の愛人で、怒った名古屋山三郎が忠長を殺して、家光が将軍になったと思いきや、宗矩のやり方に怒った十兵衛が家光の首を切ってしまっておしまい。これ、どうやって史実とつなげるんだ。あまりの阿呆らしさに声もない。

祭りの準備
監督：黒木和雄
出演：杉本美樹、江藤潤
ジェネオン エンタテインメント／二〇〇八年
おすすめ度：★★★★★

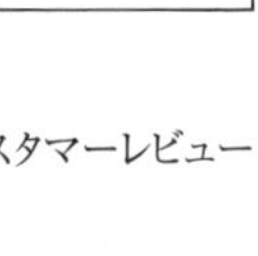

ええ傑作ですとも（二〇一一年九月五日）

高校一年の時、竹下景子目当てに飯田橋ギンレイの名画座へ観に行ってびっくりした。若者たちが祭りの準備をする話だと思っていたら、まあ高知の、前近代的な性の生きる世界で、江藤潤の若者が、やくざもんの原田芳雄とか、気が変になって帰ってきて砂浜の舟の中で誰にでもやらせる女とか、オナニーしているところを母親に見つかるとか、女のところへ忍んでいって裸になったら自分の祖父がもう通っていたので全裸で逃げ出すとか、左翼的学習グループに参加していた竹下景子が、そのリーダーのすかした男に捨てられて江藤と同衾（竹下景子唯一の完全ヌード）とか、わけが分からなかったのである。最後に江藤は、郷里を捨てて一人上京するが、実家では籠の小鳥が逃げ出すという喚喩が使われていたのであった。中島丈博も黒木和雄も、これが最高傑作と言うべきだろう。

遠雷

監督：根岸吉太郎
出演：永島敏行、ジョニー大倉
ジェネオン エンタテインメント／二〇〇八年
おすすめ度：★★★★★

不思議だったんですよね（二〇一一年九月五日）

なぜ、栃木県あたりの田舎でビニールハウス農業をやっている若者の、見合いをすればその帰りに女をラブホテルへ連れ込んだり、スナックへ行っては女に触ったり、ビニールハウスの中でセックスしたり、そんな自分とは無縁なDQN（当時そんな言葉はなかったが）の生活が、こんなに共感できるのか、大学生の私には不思議で、その時初めて、自分と無縁なように見える人々も、ある想像力をもって共感しうる、ということを学んだのです。そして石田えりと田舎風の結婚式を自宅で挙げて、泥臭く「私の青い鳥」を歌うラスト、おっとその前に、女と逃げたはいいが女を殺してしまったジョニー大倉の、哀切な告白シーンもあったのだった。この映画の原作者として立松和平は歴史に名が残る。が、「蜜月」もちょっと惜しい気がする。

アレクサンドリア

監督：アレハンドロ・アメナーバル　出演：レイチェル・ワイズ、マックス・ミンゲラ
松竹／二〇一一年
おすすめ度：★★★★☆

思い入れゆえ（二〇一一年九月十日）

私は明治大学で教えていた頃、十九世紀英国のチャールズ・キングズレーの長編小説『ハイペシア』（ヒュパティアの英語読み）を訳読に使っていて、大正時代の翻訳があることも知らず、自分で邦訳を出そうと思っていた、ということもあり、思い入れがある。

四世紀アレクサンドリアで、キリスト教と古代ギリシア哲学とがどういう関係にあったか、など、普通は知らないことだし、実在の女性哲学者ヒュパティアも、日本ではまだ知られていないので、ぜひお勧めしたい映画である。ヒュパティアが、十五世紀にケプラーが発見する、太陽の周りを地球が楕円軌道を描いて周回していることを発見したというのはフィクションだが、なかなかうまい。しかしキリスト教圏で、キリスト教徒がいかに暴虐であったかというのを描くというのは、やはり二十一世紀だなあと思わせる。

英国王のスピーチ
監督：トム・フーパー　出演：コリン・ファース、ジェフリー・ラッシュ
ハピネットピクチャーズ／二〇一一年
おすすめ度：★★☆☆☆

平板（二〇一一年九月十一日）

何でこんなに評判がいいんだ？　ワンアイディア。ストーリーを訊いたら観る必要ほとんどなし、の映画である。私の好きなヘレナ・ボナム＝カーターがいい味出してなかったら一点である。つまりあれかな、第二次大戦の頃の英国王のちょっと恥ずかしい側面を描くという話題性かな。日本ならありえないからね。チャーチルが似てなさすぎ。

あとさ、ヒトラーと戦うといえば聞こえはいいけど、香港、マレーシアからインドまで広大な植民地を持っていて、それを解放しようとして戦った日本人もいたんだから、日本人がこういうのに普通に感心しちゃいけないと思うぞ。

黙阿弥の明治維新
渡辺保
新潮社／一九九七年
おすすめ度：★☆☆☆☆

失敗作（二〇一一年九月十五日）

この本が出るあたりまで、私は渡辺保の著作をすべて読むほどに心酔していた。理屈では説明できない歌舞伎を、理屈で説明するところが、渡辺の批評の面白さだった。だがそれは、理屈で説明できるものを選んでいたのであり、これは見事に、黙阿弥を理屈で説明することはできないことを示した失敗作となった。歌舞伎狂言作者に「思想」はない。その時勢、座元、役者などにあわせて書いていくだけなのだ。だから、狂言の内容を近代的文藝評論の方法で扱おうとすると、うまくいかない。黙阿弥の伝記なら、河竹登志夫の『黙阿弥』（文春文庫）を一読するのがいいだろう。

小説の研究
川端康成
講談社／一九七七年
おすすめ度：★☆☆☆☆

伊藤整の代作（二〇一一年九月十六日）

これは伊藤整の代作であることが分かっている。代作でも面白ければいいのだが、ちっとも面白くない。いずれ消え去る書物であろう。

終着駅　トルストイ最後の旅
監督：マイケル・ホフマン　出演：ヘレン・ミレン、クリストファー・プラマー
ソニー・ピクチャーズ／二〇一一年
おすすめ度：★★☆☆☆

庶民感覚とのかけ離れ（二〇一一年九月二十二日）

八十三歳の老文豪が、著作権を世界平和のために譲り渡そうとし、妻が抵抗する。いったい、子供たちは自分で働いてないのかいなと呆れる。だから没後も読まれる作家の子供は、碌なものにならない。伯爵で、広大な邸宅に住み、しまいにはこのヒステリーの妻から逃げ出して駅長室で死ぬ。私は個人崇拝というのをしないので、八十三歳の人間が死のうがどうしようが知ったことではない。そりゃ十分死ぬべき年齢だ。あまりに庶民感覚とかけ離れていて、観ていて白けてくる。若くして夫に死なれて小さい子供を抱えて苦労している女とかが観たらどう思うであろうか。まあ、トルストイ死去という、当時日本でもアホらしい論争が起きた事件を再現したという意味で二点にしておくが、いやーベストセラー作家には一般庶民とは違った悩みがあるもんですなあとしか言いようがないね。

ギッシング短篇集
ギッシング　小池滋（編訳）
岩波書店／一九九七年
おすすめ度：★★★★☆

なかなか面白い（二〇一一年九月二十五日）

ギッシングといえば昔「ヘンリ・ライクロフトの私記」を読んで退屈して、内容も覚えていないが、これはなかなか面白い。やはり男女関係を扱った「境遇の犠牲者」や「詩人の旅行かばん」「くすり指」が、通俗的だが面白い。重厚な長編や、現代日本の小説にうんざりした時などに読むとほっとする類のものである。

燃えて生きよ　平林たい子の生涯
戸田房子
新潮社／一九八二年
おすすめ度：★★★★☆

小堀甚二がかわいそう……（二〇一一年九月二十六日）

平林たい子の伝記で、晩年のたい子に筆記者として師事した著者（存命）による。近ごろ群ようこが『妖怪と妖精のあいだ』という伝記を書いたがそちらは未見。とにかく、すさまじいまでの男遍歴で、宇野千代を超えると言ってもいい。それが、十七歳の頃から始まっている。中には粗暴な男もいたが、むやみと性欲が強かったらしい。二十代でやっと小堀甚二と結婚しておちついたかに見えたが、戦後になって流行作家になると、二十近く年下の江田三郎（五月の父）に惚れ込み、結婚してくれと恋文を出す。小堀のほうは、たい子の留守にお手伝いに子供を産ませてしまうが、たい子はまた別の若い男に恋文を出していて、もう離婚しようかとなったところへ、小堀が隠し子がいると打ち明けると、朝日新聞へ電話してマスコミネタにして大騒ぎ。すさまじいすったもんだの末にやっと離婚するが、疲れ果てたのか、小堀は五十代で急死してしまう。読後感はひたすら、小堀がかわいそう…というものだった。

ルイズ　父に貰いし名は
松下竜一
講談社／二〇一一年
おすすめ度：★★★★★

大杉栄の娘（二〇一一年九月二十七日）

大杉栄と伊藤野枝の間に生まれ「ルイズ」という西洋風の名前をつけられてしまった娘の半生を、あの松下竜一が追った名作ノンフィクションである。ルイズに焦点を当てつつ、大正を生きた大杉・伊藤らも浮かび上がる。

生々流転
岡本かの子
講談社／一九九三年
おすすめ度：★★☆☆☆

かなり異様な作品（二〇一一年十月五日）

かの子急死後、『文學界』に連載された長編。蝶子という不思議な少女が少しずつ成長していく話、といえば通俗めいているが、蝶子のとも作者のともつかない思弁が延々と続いて、話は容易に進まず、かなり異様な作品であって、かの子の狂気の部分が色濃く出ていると言えよう。有吉佐和子も愛読したといい、有吉の作品などはこれを普通に洗練させたものともいえる。好きな人は好きかもしれないが、異様である。なおちくま文庫『岡本かの子全集６』にあるので、そちらの方が安く入手できる。

ペインティッド・バード
イエジー・コシンスキ　西成彦（訳）
松籟社／二〇一一年
おすすめ度：★★★★★

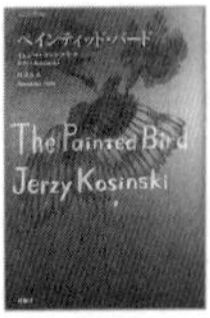

たぶん隠れた名作（二〇一一年十月五日）

この作家の名前はなかなか表記が一定せず、私は昔これを青木日出夫が訳した『異端の鳥』で読んだがその時は「イェールジ・コジンスキー」だった。あまり期待せずに読んだのだがなかなか不気味でかつ迫力があり、名作と言っていいだろうと思った。この翻訳は見ていないが、とりあえず。

野性の証明
監督：佐藤純彌
出演：高倉健、薬師丸ひろ子
角川映画／二〇一一年
おすすめ度：★☆☆☆☆

トンデモ映画（二〇一一年十月五日）

えー要するに名作と言われ、かつ簡単に観られる映画は観尽くしてしまってこんなものを観ているわけですが、角川映画といえば下らないものとされていましたがホントーにひどい。筋は不必要に複雑で登場人物が何が目的なんだかだんだん分からなくなっていくし、何しろ自衛隊を悪の組織扱いしているわけで、下手すると「アカ映画」。森村誠一は共産党だが角川春樹はそうじゃないのによくこんなもん作ったと思う。高倉健、中野良子というのは「君よ憤怒の河を渉れ」の再現で、筋も全体には似ているのだが、「憤怒」ほど明快でも突き抜けてもいない。西村寿行原作かと思ってしまう。まあトンデモ映画なら笑って話せるネタがあればいいんだがそれすらない。

英国俳優物語
エドマンド・キーン伝
大場建治
晶文社／一九八四年
おすすめ度：★★★★★

英国演劇史も分かる好著（二〇一一年十月十三日）

古い本ばかり褒めるので嫌がられるが、いいものはいい。シェイクスピア以後の英国演劇の歴史も分かる、十九世紀はじめの異能の俳優キーンの伝記。こういうのは文庫とかにしてほしいなあ。

乙女の港
川端康成
実業之日本社／二〇一一年
おすすめ度：★★☆☆☆

中里恒子の作である（二〇一一年十月十四日）

別途書いたがこれは川端康成の作ではない。中里恒子の作である。解説の内田静枝はそこを強弁して、川端がかなり手を入れたと言っているが、川端が手を入れたのは文章であって筋立てではない。いつまでもこの作を川端作として出し続けるのは良心に反する。新潮文庫の『竹取物語』

も川端ではない。
作品そのものは四点くらいつけてもいいのだが、残念である。

飽きる力

河本英夫
日本放送出版協会／二〇一〇年
おすすめ度：★★☆☆☆

オカルトか？（二〇一一年十月十八日）

オートポイエーシスの解説の本らしいのだが、著者はオートポイエーシスが難しくて分からず翻訳をしながら八百か所の解説をして、しかしある時ふとその意味が分かり、嘔吐して寝込んでしまったという。そう言われると何だかオカルトじみている。

妙にスポーツの例が多く、スポーツに興味のない私にはよく分からなかった。まあ、創造的な仕事をしている人が、転換点を見つける時には、みたいな参考にはなるだろうが、退屈なルーチン仕事に飽きている人には何の意味もない本である。

評伝・高見順

坂本満津夫
鳥影社／二〇一一年
おすすめ度：★☆☆☆☆

困ったお方だ（二〇一一年十月十八日）

没後四十五年、まだ高見順の詳しい伝記は出ていない。それで、この著者はダメだと前に分かっていたのに、「評伝」という字につられて買ってしまい、ああこれはあの著者だと気づいたわけだが、実に「評伝」も「伝記」も、年譜に書いてある以上のことはなくて、例によって珍奇な文章で、代表作についての感想が並べられるだけ、高見が私生児だったという話で、いきなり俵万智はシングルマザーになりそれを宣伝して小説『トリアングル』を書いたのも万智ちゃん流か、などと言い出す。他もなべてこんな調子である。

レキシコンに潜む文法とダイナミズム

由本陽子
開拓社／二〇一一年
おすすめ度：★★★★★

楽しく学べる言語学（二〇一一年十月二十三日）

残念なのは題名が専門書みたいであることで、確かに専門書ではあるのだが、難しいところを飛ばせば一般人の言語学入門書としても読める。「山小屋」と「犬小屋」では、語の成り立ちが違うといったことが、著者の専門である。大ファンだという漫画「ののちゃん」も使われていたり、関東と関西の「たぬき」そばの違いとか、卑近な話題も多く楽しめる。なかんずく、たぬき二つを並べた写真の下に、置物の狸の写真があるのがかわいい。もちろん大問題は、言語習得の過程である。

大本襲撃　出口すみとその時代
早瀬圭一
新潮社／二〇一一年
おすすめ度：★★★☆☆

ちょっと大本寄りではないか（二〇一一年十月二十五日）

大本教について、第三者が書いた読物というのはなかなかない。本書は第三者のノンフィクション作家が、昭和十年代の警察による大本の検挙、出口すみという二代目教主を中心に大本の歴史を描いたもので、貴重な一冊である。しかし戦後のことは、主題から外れるとはいえ、やや大本寄りの記述ではないか。最後に現在の教主である出口紅へのインタビューがあり、大本に都合の悪いことは書けなかったのではないかという疑いが残る。たとえば聖子が継いだ際の内紛は一切書かれていないし、大本と象徴天皇制の関係も触れられていない。

それと、最後に紅のみならず東大教授島薗進にインタビューしているが、宗教の一般的知識以上のものを出ておらず、この程度の内容なら著者自身が勉強して書けばすむことで、権威主義の匂いがする。またこの文庫版のカヴァー折り返しにある著者プロフィールが、生年も出身地も出身大学も書いてないのは、どういうわけか。中身がいいだけにいろいろおかしな点が目立つ本である。

怪竜大決戦
監督：山内鉄也
出演：松方弘樹、小川知子
東映ビデオ／二〇〇四年
おすすめ度：★★★★★

予想を裏切る面白さ（二〇一一年十月三十一日）

東宝のゴジラに続き、日活がガッパ、大映がガメラ、松竹がギララと怪獣映画を作る中、怪獣を作らなかった東映が作った「怪竜」「大ガマ」などの登場する時代劇。どうせチャチなものだろうと侮って観はじめたら面白い。近江の架空の城を乗っ取った悪者たちに、殺された城主の息子で、ガマ仙人から妖術を習った児雷也（松方弘樹）が立ち向かう。ヒロインは小川知子、敵役は大友柳太朗で、この大友がやたら滑舌が悪いが、特撮も古拙な味わいがあるし、シナリオは過不足なく、カメラワークにも工夫がある。もちろん現代のSFXに及ぶべくもないが、よくぞやったりと思う。歌舞伎からいくらか摂取して、勧進帳の趣向も使っているのがまたいい。

帰郷

大仏次郎
毎日新聞社／一九九九年
おすすめ度：★★☆☆☆

昔有名だった通俗小説（二〇一一年十一月四日）

大仏次郎は、鞍馬天狗、フランス史伝、そしてこの『帰郷』『宗方姉妹』のような現代小説に、『天皇の世紀』など、多彩な文筆活動をした人で、今もよく全貌がとらえられない。『帰郷』は新聞連載小説だから、一応通俗小説の形式をとっているが、藝術院賞を受けていて、私が若いころはずっと新潮文庫に入っていた。解説は山本健吉だが、実に的確にこの小説の通俗ぶりを描き出していた。守屋恭吾は「モンテ・クリスト伯」であり『イノック・アーデン』だというのだ。四歳の時別れた娘との金閣寺での再会とか、その母がどういうわけか参議院選に出ようとしている俗物の有名学者と結婚していたりとか、恭吾を憲兵隊に売った高野左衛子の名前とそのふるまいのあまりの通俗小説ぶりに、今では失笑を禁じ得ない。そして山本も指摘する通り、恭吾がいったい二十年間どうやって生計を立てていたのか、肝心のことが全然分からない。山本によれば、これは戦後日本の批判だというのだが、それも笑止で、今ではもうどうでもいいことだし、世間体を気にする俗物学者など、どの国のどの時代にだって存在する。まあ、昔はこういう小説が流行したのだという、風俗史的な意味で読むとわりあい面白い。もっともこの小説をネタに日本人論を展開した間抜けなお方もいたけれど。

持ち重りする薔薇の花

丸谷才一
新潮社／二〇一一年
おすすめ度：★☆☆☆☆

何だこの評価の高さは（二〇一一年十一月十七日）

田中弥生さんがいいと言っていたので読んでみたが、まあ『たった一人の反乱』以来、十年に一度発表してきたこれまでの作品の、どれとも大差ない退屈さである。「ブルー・フジ・カルテット」なんてかっこ悪い名前が、いい名前とされるあたりからもうおかしく、その弦楽四重奏団の生々しい歴史を語るといって、別に読者の誰かの肺腑をえぐるわけでもない、むしろ生ぬるい、そうとう時代遅れの男女間のごたごたが語られるだけ。私小説をバカにするとこういうつまらない小説しか書けなくなるという見本のようなものか。しかし同じ風俗小説でも舟橋聖一はうまかったけどね。

絞死刑
監督：大島渚
出演：佐藤慶、渡辺文雄
紀伊國屋書店／二〇一一年
おすすめ度：★★☆☆☆

死刑反対論の映画（二〇一一年十二月三日）

小松川女子高生殺しの犯人であるコリアン男の死刑を描いて、それをスラップスティックにして、死刑反対論をぶった映画である。まあ左翼映画なので、フェアな議論が行われるわけじゃなくて、日本は朝鮮を支配したとか（支配されるとコリアン男が殺人を犯してもいいのか？）といった議論にはならず、国家が殺人を犯すのは許されない、ということにいつの間にかなっている、この映画の作り手が笑える映画である。なお教誨師の役を、のち右派の論客となった石堂淑朗がやっている。死刑廃止論者のバカぶりを笑うにはいい映画。

戦場のメリークリスマス
監督：大島渚　出演：デヴィッド・ボウイ、トム・コンティ
紀伊國屋書店／二〇一一年
おすすめ度：★☆☆☆☆

愚作（二〇一一年十二月三日）

なんであんなに騒がれたのかまったく謎の映画である。ヴァン＝デル＝ポストの原作は確か二つの短編で、それは筋が通っているのだが、こちらはそれを混ぜ合わせた上にへんてこに脚色したから意味不明な映画になっている。なんでいきなり男同士で抱き合うんだかさっぱり分からないし、ビートたけしは全然軍人らしくないし、やたらさわやかな顔で「メリークリスマス」とか言うし、何が言いたいのか分からん。

わたしを離さないで
監督：マーク・ロマネク　出演：キャリー・マリガン、アンドリュー・ガーフィールド
20世紀フォックス・ホーム／二〇一一年
おすすめ度：★☆☆☆☆

予想以上のものが何もない映画（二〇一一年十二月十一日）

簡単な解説を読んで、予告編を見て、まあ下らなそうだなと思いつつ観てみると予想通り、それ以上のものはない、という映画。それにまたどういうわけか美男美女ばかり出てくるのだが、この手のおはなしは昨今どこにでも転がっていそうで、しかし一方こういうことを許している社会というのが存在するかどうかも疑わしい。駄作と言っていいだろう。

斬
綱淵謙錠
文藝春秋／二〇一一年
おすすめ度：★★★★★

首切り山田浅右衛門の明治（二〇一一年十二月十四日）

中央公論社編集者で、谷崎潤一郎の担当だった綱淵の直木賞受賞作である。近世徳川幕府直参として代々斬首役を務めた山田浅右衛門が、明治を迎えてたどる運命。直木賞受賞作としては意外なほどの名作である。

立原正秋
高井有一
新潮社／一九九四年
おすすめ度：★★★★★

傑作伝記小説（二〇一一年十二月十五日）

ずいぶん前に読んだものだ。読み終えて奥付を見て、あれっと思った。「たちはらせいしゅう」とルビが振ってある。「まさあき」のはずだ。

伝記に見えるが、小説であるらしい。「まさあき」ではなく「せいしゅう」とすることで、ひょいと一皮ぶん、小説にしたのでもあろうか。

伝記として見た場合、これがすばらしいのは、立原礼賛ではないことである。在日でありながら、日本の古典的美に固執した立原の、限界を見据えて描かれているからだ。時に立原の、通人ぶったふるまいは目に余ることがあったようだが、そういったことも、高井は容赦なく、しかし愛情をもって描いている。立原の死を描く終結部に、涙がこぼれた。

ブラック・スワン
監督：ダーレン・アロノフスキー　出演：ナタリー・ポートマン、ヴァンサン・カッセル
20世紀フォックス・ホーム／二〇一一年
おすすめ度：★★★★★

バレエ批判でもある傑作（二〇一一年十二月十五日）

傑作は言い過ぎかもしれないが、当初、何かもっとリアルなバレリーナものを想像しただけに、ズラウスキーみたいな（及ばないが）展開は心地よかった。怖いことはめっちゃ怖い。しかしあと味がいい。というのは、「白鳥の湖」

を祀り上げてくりかえし上演するバレエ界とか、バレリーナ同士の確執みたいなものを描くことへの批判になってもいるからだ。母親との関係もリアルで、ああこういう母親だと娘は病むよなあと思わせる。

二〇一二年

モール・フランダース　偽りと欲望の航海
監督：デヴィッド・アットウッド　出演：アレックス・キングストン、ダニエル・クレイグ
アット エンタテインメント／二〇〇九年
おすすめ度：★★★★

名作（二〇一二年一月八日）

「モル・フランダーズ」には映画もあるが、このドラマ版のほうが断然すばらしい。特に主演のアレックス・キングストンの、表情によって美醜が変わって見えるところ。九〇年代に放送されたのをビデオに録っておいて何度も観たものだが、いつの間にかDVDになっていた。より多くの人に観られたら幸いだと思う。

ヒア アフター
監督：クリント・イーストウッド　出演：マット・デイモン、セシル・ド・フランス
ワーナー・ホーム・ビデオ／二〇一一年
おすすめ度：★☆☆☆☆

イーストウッドは丹波哲郎になった（二〇一二年一月二十四日）

いやー胡散臭いとは思っていたが、オカルト野郎だったかイーストウッド。どう見たってこれは本気で死後の世界とか霊能力者とか信じてるね。アメリカ人ってバカだからそういうの信じているやつは多いんだ。日本にも多いのか？　キネ旬ベストテンに入るとは、映画評論家ってやっぱりバカなんだな。こういう映画見せるなら、霊能力者連れてきて驚かせてからにしてほしいね。実に下らん。

グレアム・グリーン伝
内なる人間
マイクル・シェルデン　山形和美（訳）
早川書房／一九九八年
おすすめ度：★★☆☆☆

何ともったいないことを（二〇一二年一月三十日）

グリーンの伝記ときたら、これは期待せざるをえない。しかし、原著そのものが割とひねくった文章なのを、この悪訳ぶりときたらどうであるか。私はこの山形和美（男）という、その世界では偉い人らしく著作集まで出ていて翻訳も多い人の著作も他の翻訳も読んでいないが、訳者あとがきを見るに、かなり「日本語が不自由」な人らしい。まあ大抵の英文学者が、これなら原著を読んだほうがましだと思う代物で、この訳者がこれまで、研究書、評論ばかり訳してきて、文学作品を訳していないのは当然だと思われるが、そういう人を訳者に選んでしまった早川書房は大きなミスを犯したというべきだろう。まさかに、こういう翻訳が、別の人によってまともに訳される機会というのは、もしかしたら訪れないかもしれないからである。しかしこの山形って人は翻訳文化賞とかとっているのだが、これ実は山形が自分で作った学会が出したもの。つまり自分で自分にあげた賞。

グレアム・グリーンと第三の女
『情事の終わり』を生んだ秘められた情欲
ウィリアム・キャッシュ　山形和美（訳）
彩流社／二〇一〇年
おすすめ度：★★☆☆☆

珍訳名著（二〇一二年一月三十一日）

ここまでとんでもない翻訳だと笑いのネタになるといういい例である。

「グリーンの最も多産な時期における創造次元の影響を調べる人は誰でも、彼の真面目な情婦がみな外国人であったという事実を拾い損ねざるを得ない」といった類の訳文が延々と続く。バカな大学院生にやらせたとしか思えないのだが、買ってしまった人は災難である。しかし、しばし心を落ち着けてみれば、これほど楽しい読物はない、とも言える。ただ、出版社に苦情を言って代金を返してもらう権利くらいはあるだろう。

冬の小鳥
監督：ウニー・ルコント
出演：キム・セロン、パク・ドヨン
紀伊國屋書店／二〇一一年
おすすめ度：★☆☆☆☆

納得がいかない（二〇一二年二月四日）

一九七五年の韓国といえば朴正熙の軍事独裁政権下だから、当初、父親は政治犯で牢獄にでも入ることになったのかと思っていたら、そうでもない。ジャン＝ジャック・ルソーじゃあるまいし、子供を孤児院へ捨てるなんてことがなんで許されるのか。何か解決があるのかと思って観ていたら何もなし。しかもどうやら、子供を捨ててもいいらしい。こんなのがなんで名作扱いされるのか、理解できん。

狂えるオルランド
ルドヴィコ・アリオスト　脇功（訳）
名古屋大学出版会／二〇〇一年
おすすめ度：★★☆☆☆

本当のことを言えば（二〇一二年二月二十日）

完訳した方に敬意を払い、通読した方にも敬意を払います。その忍耐力に。

十六世紀のヨーロッパでベストセラーだったといいます

が、私にはとても読み通せませんでした。人物はむやみとたくさん出てくるし、脇話は多いし、まるでごった煮状態。散漫。実を言うと十六〜十七世紀の小説ってこんなのばっかりです。だから文学史的意味はあるんですよ。だが現代の読者が楽しんで読めるものとは、私には思えない。
　普遍的価値からいっても、『源氏物語』の足元にも及ばない、歴史の遺物です。

戦火のナージャ
監督：ニキータ・ミハルコフ　出演：ニキータ・ミハルコフ、オレグ・メンシコフ
パラマウント ホーム／二〇一一年
おすすめ度：★☆☆☆☆

駄作（二〇一二年二月二十日）

　ソ連時代の作家は、ショーロホフとかパステルナークとか、『戦争と平和』の真似をしてやたら雄大な長編を書いて、しかしそれが妙に冗長でつまらなかったものだが、ミハルコフも歳をとってそれになってきた感じである。戦闘シーンの凄さだけが撮りたいのではないかと思えるほど、シナリオの詰めが甘い。本筋なんかどこかへ行っちゃうことしばしで、ものすごく長くて退屈に感じる。まあソ連時代から政治と関わりなく映画を撮ってきたミハルコフの、何にでも順応してしまう性格が裏目に出たってとこかな。

あとがき

本書は、中川右介氏から申し出があり、突然作ることになったものである。

近ごろ、新刊書を読んでいて実に困るのが「看護師」である。女なら「看護婦」でいいのに、法令で男女ともに看護師とする、となったとたん、まるで言論統制か、憲法で保障されている言論の自由が制限されたかのように、産経新聞のようなものまで、「女性看護師」などとバカバカしい表記をするようになった。せっかくのいい本なのに、「看護師」が出てくるだけで（まあ男ならいいが）、筆者の言語の自由というものへの感度の鈍さを感じて嫌になる。別段信念があって書いているのではなく、自動的に、一斉に変える、ということが問題なのだ。小説でそういうことがあると、文学者としての言語感覚さえ疑う。

実は私は、勝手に「小谷野賞」というのを設けて、一年一冊の本に授与している。賞金がないし、本人への通知もしていない。これの特徴は、私一人で選んでいるのはもちろんだが、知人友人には与えないこと、それからこれが重要なことなのだが、ある年の賞は、二年後に決めてもいいということだ。というのは、その年の受賞作をその年ないしは明けてすぐなどに決めようとすると、見落としがあるからで、それは大資本の宣伝に踊らされるからである。また、他の賞を受賞していないことが条件で、これは当然、刊行から一年は待たないと分からないからである。これまでの受賞作は、

二〇〇七年　勝目梓『小説家』講談社（刊行は二〇〇六年）
二〇〇八年　古屋健三「老愛小説」『文學界』八月号
二〇〇九年　小林標『ローマ喜劇』中公新書

二〇一〇年　福田千鶴『江の生涯』中公新書

本当に感心した、という本は、なかなかないものである。ところで本書中では漏れたが、中町信の推理小説『模倣の殺意』（原題『文学賞殺人事件』）は面白かった。

ともあれ、お楽しみあるいは激怒いただければ幸いである。

二〇一二年二月末日雪の日に

小谷野敦

小谷野　敦（こやの　とん）
1962年茨城県生まれ、埼玉県育ち。東京大学文学部英文学科卒。同大学院比較文学比較文化専攻博士課程修了、学術博士。元大阪大学言語文化部助教授。比較文学者、作家。2002年に『聖母のいない国』でサントリー学芸賞受賞。
評論や評伝に『もてない男』『恋愛の昭和史』『谷崎潤一郎伝』『里見弴伝』『久米正雄伝』『現代文学論争』『猿之助三代』など。
小説に『悲望』『童貞放浪記』（映画化）『美人作家は二度死ぬ』『中島敦殺人事件』『母子寮前』（芥川賞候補）『東海道五十一駅』『遊君姫君―待賢門院と白河院』がある。

小谷野敦のカスタマーレビュー
2002 − 2012

第1刷発行　2012年4月1日

著　者●小谷野　敦
発行者●中川右介
発行所●株式会社アルファベータ
107-0062　東京都港区南青山2-2-15-436
TEL03-5414-3570 FAX03-3402-2370
http://www.alphabeta-cj.co.jp/
印刷・製本　倉敷印刷
装幀・組版　スローガン

ISBN 978-4-87198-655-7 C0095

索引

あ

い

う

え

お

か

き

く

け

こ

さ

し

す

せ

そ

た

ち

つ

て

と

な

に

ぬ

ね

の

は

ひ

ふ

へ

ほ

ま

み

む

め

も

や

ゆ

よ

ら

り

る

れ

ろ

わ

欧文